Gertrud Karg-Bebenburg

Dietrich von Bern

Gertrud Karg-Bebenburg

DIETRICH VON BERN

Roman

INHALT

KAPITEL 1

Der Kampf mit dem Drachen

Laut wieherte der Schimmel, Schauer liefen über seinen schlanken Leib. Die kleinen Hufe schlugen nervös in den sumpfigen Boden. Witternd drehte er den Kopf von einer Seite zur anderen, die Nüstern weit gebläht. Falke roch Gefahr, er spürte den Tod – ganz in der Nähe, er drang aus dem Felsenspalt.

Und da spürte es auch der junge König. Eine dichte Dunstwolke strömte auf Dietrich von Bern zu, ein Geruch von Moder und Schwefel umwehte ihn. Diesen Geruch kannte er doch, erinnerte ihn an die schrecklichsten Momente seines Lebens, als ihn der Riese Sigenot in die Drachenhöhle geworfen hatte.

»Hildebrand, wir sind in ein Drachennest geraten!« schrie er verzweifelt seinem Waffenmeister zu.

Hildebrand kam nicht mehr dazu, zu antworten. Aus dem Felsenspalt kam es pitsch, patsch, patsch: Auf kurzen Stummelfüßen schoben sich drei kleine Drachen aus der Höhle. Noch waren ihre Panzer weich, doch schon lebte in ihnen der Drang, ihre Feinde zu vernichten. Sie machten sich bereit, mit ihren kleinen, messerscharfen Zähnen nach allem zu schnappen, was sich bewegte. Alle gleichzeitig wollten sie in Hildebrands Bein beißen – das aber war die letzte Bewegung ihres Lebens: Mit drei Schwerthieben trennte der Recke, der Held, ihnen die Köpfe vom Leib. Dann sprang er schnell zurück. Denn selbst im Tode noch verbreiteten die drei jungen Scheusale einen bestialischen Gestank.

Der König aber blieb wie angewurzelt stehen. Im finsteren Spalt, dort, wo er am allerdunkelsten war, wo man mit Mühe nur Umrisse erkennen konnte, schien sich ein Fels zu bewegen. Doch nein, es war kein Fels, vielmehr wälzte sich ein Ungeheuer aus der Höhle, zu der der Riß im Felsen führte. Die vier Beine des Scheusals, dick wie der Stamm einer hundertjährigen Fichte, schienen viel zu kurz für den mächtigen Körper. Aber unaufhaltsam trugen sie den Drachen näher zum Berner. Auf dem kurzen dicken Hals saß ein platter, rostfarbener Schädel, ein scharfer Hornkamm reichte vom häßlichen Kopf über den ganzen Rücken bis zum kräftigen Schwanz, der unablässig hin und her peitschte.

Grünlich schimmernde Augen, die weit hinten auf dem Kopf der Bestie saßen, starrten Dietrich unverwandt an. Selbst als sie sich immer mehr schlossen, bis nur mehr ein schmaler Spalt zu sehen war, fühlte der König den Blick auf sich gerichtet. Ihm war, als ob ihn diese Augen lähmten, ihm alle Kraft aus Körper und Geist zogen, als ob sie ihn auf dem Platz festnagelten, auf dem er stand. Es kostete ihn eine fast übermenschliche Anstrengung, die Erstarrung, die ihn ergriffen hatte, wieder abzuschütteln. Mit einem Ruck zog er Nagelring, sein herrliches Schwert, das einst die Zwerge im hohlen Berg geschmiedet hatten, aus der Scheide. Laut aufbrüllend stürzte sich der König auf den Drachen.

Doch – was war das? Dietrich ließ Nagelring auf den Kopf des Drachen sausen, das Schwert prallte jedoch vom Hornpanzer ab, als ob es auf Granit gestoßen wäre. Noch einmal versuchte der König, das Ungeheuer tödlich zu treffen. Das Untier schüttelte nur den Kopf, als ob es über diesen läppischen Angriff des kleinen Menschen verwundert wäre. Dann allerdings entdeckte es die leblosen Körper der jungen Drachen. Weit riß es sein schreckliches Maul auf, so daß der König die furchtbaren Zähne sehen konnte, und gab einen heiseren Schrei von sich. Der Drache wandte sich nun vollends Dietrich zu und blies ihm seinen stinkenden, feuerheißen Atem ins Gesicht. Nur

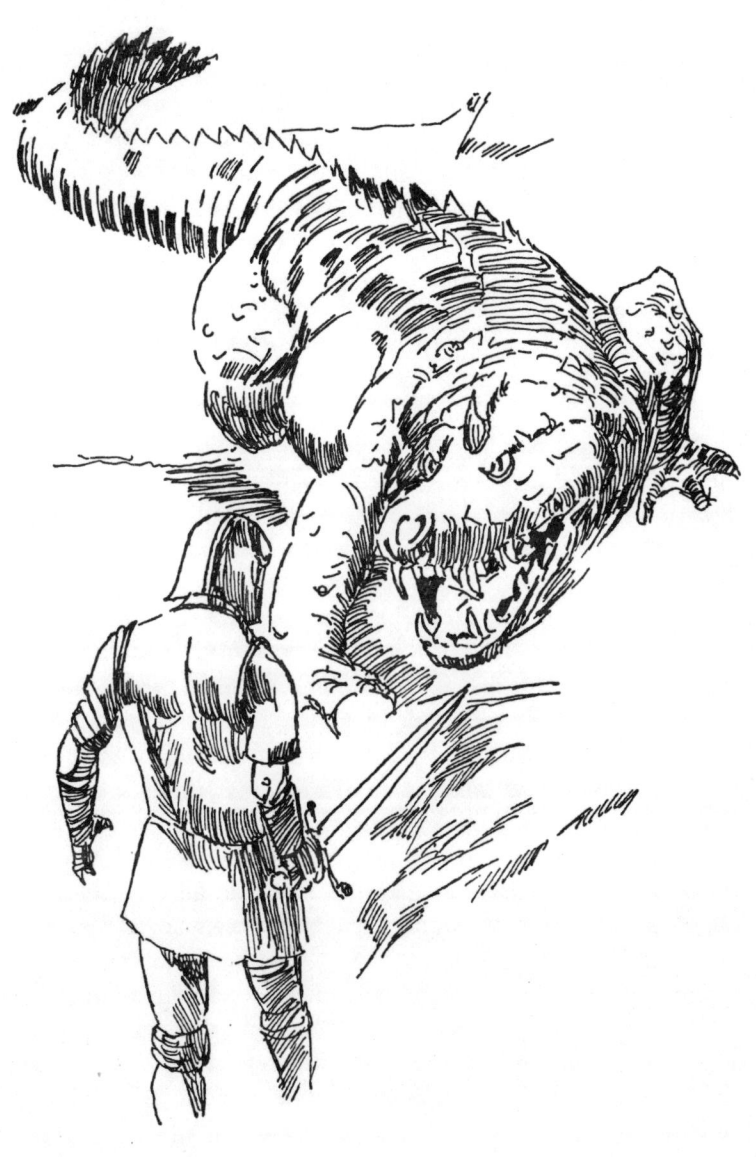

mit Mühe und im letzten Moment konnte der Berner sein Antlitz hinter seinem Schild verbergen, sonst wäre er vom Atem des Drachen verbrannt worden.

Der Anblick der kopflosen Leichen der drei jungen Drachen schien, so sehr sich Dietrich auch darüber wundern mochte, die Wut des Ungeheuers bis ins Unermeßliche zu steigern. Der häßliche platte Kopf lief rot an, als ob im Inneren des Drachen ein Feuer brenne. Das Urwelttier streckte einen plumpen Fuß mit langen, gebogenen Krallen nach dem König aus. Gleichzeitig zuckte der häßliche Kopf vor, die messerscharfen Zähne stießen nur wenige Zentimeter an Dietrich vorbei. Der sprang im letzten Augenblick zurück, aber jetzt war es vorbei mit seiner Bewegungsfreiheit. Hinter ihm ragte hoch die Felswand auf, vor ihm versperrte der Drache jeden Ausweg.

Als der Drache sein Maul zu einem neuen Angriff aufriß, nahm der König all seinen Mut zusammen und stieß Nagelring, eines der besten Schwerter der gesamten Ritterschaft des Abendlandes, tief in den Rachen der Bestie. Aber – der König glaubte schon, das Herz bleibe ihm stehen – mit einem häßlichen Knacken brach der Schwertgriff ab, die Klinge steckte nun tief im Rachen des Drachen. Einiges Würgen, einige krampfhafte Zuckungen, die den ganzen häßlichen Körper des Scheusals erschütterten – und der Drache spuckte das Schwert aus, als hätte er nur einen kleinen Zweig im Maul gehabt.

Jetzt versuchte Dietrich, den Drachen zu erledigen, indem er ihm die größten Steine ins Maul schleuderte, die er in der Hast ergreifen konnte. Auch dieser Rettungsversuch blieb vergeblich: Mit einigem Ächzen und unter lautem Gerumpel verschluckte der Drache einen Stein nach dem anderen. Wohl wurden die Bewegungen des Untieres langsamer, schwerfälliger. Aber mit unerbittlicher Ruhe und Selbstverständlichkeit – als fühle es, daß ihm sein Opfer nicht entkommen könne – schob es sich immer näher an den Gotenkönig heran.

Dietrich bemühte sich förmlich, mit der Felswand in seinem Rücken zu verschmelzen. Da, ein letzter Rettungsanker: er griff seinen Schild, den er im Kampf fallen gelassen hatte, und steckte ihn aufrecht ins weit aufgerissene Maul des Drachen. Nun schien die Gefahr für den Moment gebannt, denn der Drache konnte sein Maul nicht mehr zumachen, konnte nicht mehr nach Dietrich schnappen. Ein Krampf lief durch den Körper der Bestie, der Kopf glühte feuerrot, weit riß es die unheimlichen grünen Augen auf.

Da – ein Knack, ein Krach! Unter Anspannung aller seiner Kräfte hatte der Drache den Schild zerdrückt und spie ihn wütend in Richtung des Königs. Der stand nun schutzlos dem Untier gegenüber und –

»Sag, träumst du eigentlich mit offenen Augen? Ich habe dich schon dreimal gefragt, ob du etwas zur Jause willst.«

Wütend, grantig drehte Katharina den Kopf zu ihrer Mutter. Warum mußte sie sie gerade jetzt stören? Jetzt hatte sie doch zum ersten Mal seit Tagen wenigstens für einige Zeit auf ihren Unfall vergessen.

»Nein, ich will nichts«, knurrte sie die Mutter an.

»Na, so unfreundlich mußt du wieder nicht sein. Ich wollte dir ja nur etwas Gutes tun.« Der Mutter tat Katharina herzlich leid, trotzdem ärgerte sie sich über diesen Ton. Schließlich konnte Katharinas Unfall auch durch Unfreundlichkeit nicht ungeschehen gemacht werden.

Katharina versuchte, in ihren Tagtraum zurückzukehren. Vergeblich. Mit voller Wucht fielen die Gedanken über ihr Pech, über die Trostlosigkeit der Tage, die vor ihr lagen, wieder über sie herein.

Sie war auch wirklich vom Unglück verfolgt. Da mußte sie sich in der ersten Ferienwoche, als die Familie erst seit einigen Tagen bei den Großeltern am Land war, das Bein brechen. Und nicht bei einem spektakulären Unfall, mit dem sie dann später in der Schule wenigstens Eindruck schinden konnte – etwa bei einem tollen Sturz von einem scheuenden Pferd oder bei einer waghalsigen Kletterpartie. Nein, wie ein Idiot war sie vom Rad gefallen und hatte sich den Unterschenkel so unglücklich gebrochen, daß jetzt das ganze Bein in Gips steckte – von der Hüfte bis zum Knöchel.

Sie hatte zwar nur einige Tage im Krankenhaus bleiben müssen. Und mit Krücken konnte sie jetzt auch gehen. Aber trotzdem: was waren das für Ferien! Total versaut und vermurkst! Der geplante Griechenlandurlaub fiel zumindest für sie aus. Wozu sollte sie auch am Strand liegen,

wenn sie ohnedies nicht ins Wasser konnte! Und selbst hier, bei den Groß-
eltern, konnte sie wenig mehr tun, als vom Haus auf die Terrasse oder in
den Garten zu humpeln und sich dort in einen Liegestuhl zu legen. Denn
wenn sie ihr Bein zu sehr anstrengte, tat es ihr noch immer ziemlich weh.

Andreas, ihr Bruder, ja, der hatte es gut. Gemeinsam mit Freunden aus
dem Dorf war er in der Früh in den Wald gegangen, um die neue Video-
ausrüstung auszuprobieren, die er vor kurzem zu seinem fünfzehnten
Geburtstag bekommen hatte. Das Geschenk war keine Überraschung ge-
wesen, und so hatte Katharina seit langem mit ihrem Bruder die tollsten
Pläne geschmiedet: Sie wollten einen richtigen Film drehen, eine Krimi-
nalgeschichte, mit einem Drehbuch und mit verteilten Rollen. Alles war
fertig, das Drehbuch, die Besetzung, sie hätte sogar eine Hauptrolle spielen
sollen. Und jetzt das!

Natürlich ließ sich Andreas in seinen Plänen nicht stören. Und hatte
ihre Rolle an Bärbel weitergegeben, ausgerechnet an Bärbel, diese Schnee-
gans. Katharina vergaß völlig, daß sie bisher mit Bärbel eng befreundet
gewesen war und sich in den letzten Wochen sehr auf das Wiedersehen
gefreut hatte. Jetzt war sie nur mehr die Konkurrentin, die ihr die Rolle
»gestohlen« hatte.

»Lies doch etwas«, hatte die Mutter gesagt, als Katharina aus dem
Krankenhaus heimgekommen war und über Langeweile gejammert hatte.
Lesen – sie konnte doch die nächsten Wochen nicht nur lesen. Sie wollte
Abenteuer erleben, so wie Dietrich von Bern. Aber – wie war sie über-
haupt auf Dietrich von Bern gekommen? Da war doch dieses alte Buch
vom Großvater, das sie gestern auf ihrem Nachttisch gefunden hatte. Da
waren einige Abenteuer des Berners abgedruckt gewesen, darunter auch
die Geschichte vom Drachenkampf. Die hatte sie in ihren Gedanken gera-
de noch aufregender, noch spannender nach- und miterlebt, als ihre Mut-
ter sie so unsanft unterbrochen hatte.

Wie weit war sie mit ihren Gedanken überhaupt gekommen? Wie
stand es um Dietrich? War er nicht in höchster Gefahr?

Dietrich stand schutzlos dem Drachen gegenüber. Er fühlte, daß seine
letzte Stunde geschlagen hatte, denn wie sollte er sich ohne irgendeine

Waffe gegen dieses Untier verteidigen können. Ein heißes Gebet zum Himmel, dann wollte er sein Leben mit bloßen Fäusten so teuer wie möglich verkaufen.

»Fang«, rief da plötzlich eine helle Stimme. Dietrich sah auf. Durch die Luft flog blitzend ein Schwert. Der unbekannte Helfer hatte so meisterhaft gezielt, daß der König sofort den Schwertgriff in die Hand bekam. »Das Auge«, war sein einziger Gedanke. Tatsächlich schien das Auge die einzige Stelle zu sein, an der der Drache verwundbar war, die nicht durch den steinharten Panzer geschützt war. Mit letzter Kraft – denn der gefährliche Kampf hatte den König sehr erschöpft – stieß er das Schwert seines Retters in das vor Wut weit geöffnete linke Auge des Drachen. Ein krampfhaftes Zucken erschütterte den ganzen Leib des Untiers, ein letzter heiserer Schrei – dann sank der Drache tot zu Boden.

Mit einem tiefen Seufzer der Erleichterung und nach einem kurzen Dankgebet zum Himmel ging Dietrich vorsichtig, erschöpft und steifbeinig um den toten Drachen herum. Der Gestank, den das Untier im Tode ausströmte, war noch viel schlimmer als die Ausdünstung des lebenden Tieres, viel schlimmer auch als der Gestank, den die drei toten jungen Drachen verströmten. In einiger Entfernung von den leblosen Körpern stand Meister Hildebrand, der seinem König nicht hatte zu Hilfe kommen können, weil in der engen Felsenschlucht für zwei Kämpfer kein Platz war.

Die wenigen Schritte bis zu Meister Hildebrand erschienen Dietrich wie eine Ewigkeit, denn der Kampf mit dem Drachen – auch wenn er viel kürzer gedauert hatte, als es Dietrich vorgekommen war – hatte ihm arg zugesetzt. Aus mehreren Wunden blutend und all seiner Kräfte beraubt, sank er ohnmächtig vor Hildebrand nieder.

Als er wieder zu sich kam, hatte er den Eindruck, Hildebrand hätte ihn in einen Fluß geworfen. Denn um den König wieder zum Leben zu erwecken und ihn aus seiner tiefen Ohnmacht zu reißen, hatte der Waffenmeister mehrfach seinen Helm beim nahen Wasserfall gefüllt und ihn über dem König ausgegossen.

Mühsam setzte sich Dietrich auf und sah sich um. Wo war sein

Retter, der ihm im letzten Moment so meisterhaft das Schwert zugeworfen hatte? Da, in einiger Entfernung stand – in seltsam verlegener Haltung – ein glänzend gerüsteter Ritter. Aufächzend – denn noch taten ihm alle Knochen weh – stand Dietrich auf und ging zu dem Ritter. Nur er konnte ihm das Schwert zugeworfen haben. Die Meisterschaft des Wurfes ließ Dietrich vermuten, daß er einen erfahrenen Ritter vor sich habe. Aber aus dem geöffneten Visier des Helmes sah ihn – ängstlich, trotzig und doch auch stolz – das Gesicht eines jungen Mannes, fast noch eines Knaben an.

»Hast du mir das Schwert zugeworfen? Hast du mir dadurch das Leben gerettet?« fragte der Berner voll Staunen. Denn es schien ihm unglaublich, daß sich ein so junger Bursche allein in diese Einöde und dann noch dazu in die Nähe des Drachen gewagt haben sollte.

»Ja, Herr«, antwortete der junge Ritter mit jener hellen Stimme, die Dietrich im Augenblick höchster Todesnot vernommen hatte. Und wie es höfischer Sitte entsprach, verneigte sich der junge Mann vor dem König, den er sofort erkannt hatte, und stellt sich vor: »Ich bin Rentwin, der älteste Sohn des Markgrafen Helferich von Tuskan.«

»Ei, dann sind wir Verwandte«, sagte Hildebrand, »denn ich bin Hildebrand und stamme aus dem Geschlecht der Wülfinge, wie du sicher weißt. Daher bin ich dein Oheim. Aber was machst du, ein Knabe, ganz allein hier mitten in der Einöde?«

»Oh, ich wollte Abenteuer erleben, die sich mir zu Hause nicht geboten haben. Immerzu sollte ich mich nur im Gebrauch der Waffen üben, aber ich durfte sie niemals in einem echten Kampf einsetzen. So zog ich vor drei Tagen, als alles noch schlief, heimlich meine Rüstung an, sattelte mein Pferd und ritt in die Berge. Denn ich hatte gehört, daß hier wilde Drachen hausen, die immer wieder in bewohntes Land einbrechen und den Bauern das Vieh rauben. Diese Drachen wollte ich vernichten, um endlich würdig des Ritterschlages zu sein. Dann wollte ich Euch, König Dietrich, meine Dienste anbieten. Aber«, Rentwin stockte kurz, »bis heute habe ich keine Drachen gefunden. Und getötet habe ich nicht einmal heute einen.«

Dietrich mußte über diese Rede lächeln – über den feierlichen, wohldurchdachten Beginn, der eines höfischen Ritters würdig gewesen wäre, mehr aber noch über den Schluß, denn hier brach die ganze Knabenhaftigkeit des jungen Helden durch. Der König konnte Rentwins Wunsch nach Abenteuern ebensogut verstehen wie dessen Wunsch, den Waffenübungen und der Einförmigkeit in der Burg seines Vaters zu entkommen. Denn der König war noch jung und erinnerte sich genau, wie er selbst nach seinen ersten Abenteuer gedürstet hatte. Nur im Kampf gegen mächtige Feinde wie Riesen und Drachen, die eine Gefahr und Heimsuchung für die ganze Gegend sind, konnte ein junger Edelmann Ruhm und Ehre erlangen. Und danach verlangte es allen, die eines Ritterschlags würdig sein wollten.

»Also, du bist heimlich von der Burg deines Vaters weggeschlichen«, polterte da Hildebrand in die Überlegungen und Erinnerungen des Königs hinein. Der rauhe Ton und das Gebrumm des Waffenmeisters konnten aber nicht verbergen, wie gut ihm sein junger Verwandter gefiel.

»Glaubst du vielleicht, daß dies eine echte Heldentat für einen Ritter ist? Hast du gar nicht daran gedacht, welche Sorgen sich dein Vater und deine Mutter machen müssen? Mit Heimlichkeiten und Ungehorsam gegen die Eltern verdient man sich jedenfalls nicht den Ritterschlag.«

Beschämt senkte Rentwin den Kopf. Schon am ersten Morgen seines Abenteuers war ihm bewußt gewesen, daß er nicht richtig handelte. Aber der Wunsch, endlich Abenteuer zu erleben, ein Held zu werden, von dem auf allen Burgen erzählt und gesungen wird, war übermächtig gewesen. Doch nun fürchtete er sich vor der Heimkehr, fürchtete sich vor dem Donnerwetter und der Strafe seines Vaters. Denn er war ja kein Held geworden. Wohl war er zuerst stolz darauf gewesen, daß er Dietrich das Schwert zugeworfen hatte. Eine Heldentat war es aber doch nicht, denn Dietrich und nicht er selbst hatte den Drachen erledigt! In seinem Kummer konnte er sich nicht einmal mit der Tatsache trösten, daß selbst Hildebrand dem König nicht hatte zu Hilfe kommen können und daß er sich viel näher als dieser an den König und den riesigen Drachen herangewagt hatte.

Aber bevor die drei ihr Gespräch fortsetzen konnten, hörten sie Hörnerklang. Eine Schar glänzend Bewaffneter ritt in den Talkessel, an dessen Ende, bei der Drachenschlucht, der Kampf stattgefunden hatte.

»Mein Vater«, schrie Rentwin glücklich und gleichzeitig ängstlich auf. Und bald schon hielt der Markgraf an der Spitze seiner kleinen Schar vor den dreien an. Ernst, traurig und besorgt blickte er auf seinen Sohn, dem erst jetzt zu Bewußtsein kam, welchen Schmerz er seinen Eltern zugefügt hatte.

Da trat Dietrich vor. Bevor noch der Markgraf ein Wort sagen konnte, erzählte der König, wie ihm Rentwin das Leben gerettet hatte. Besonders betonte er den Mut des jungen Mannes, sich so nahe an den furchtbaren Drachen gewagt zu haben, daß er Dietrich das Schwert zuwerfen konnte. Auch die Meisterschaft im Werfen – ein Zeichen für Rentwins gewandten Umgang mit den Waffen – blieb nicht unerwähnt. Die Worte des Königs – auch Helferich hatte ihn gleich erkannt – machten den Vater unsagbar glücklich.

»Darf ich Euch, edler Herr, und Euren Waffenmeister, meinen Verwandten, zu mir auf Burg Arone einladen? Dort könnt Ihr Euch vom furchtbaren Kampf erholen und neue Kräfte für die Rückkehr nach Bern oder für neue Abenteuer sammeln.«

»Ich danke dir für deine Einladung, Markgraf Helferich, und nehme sie gerne an. Allerdings können wir uns nur einen kurzen Aufenthalt bei dir leisten, denn wichtige Geschäfte rufen mich zurück in meine Residenzstadt Bern. Du weißt, daß ein König seinen Thron nicht zu lange verlassen darf.«

Dietrich wollte nicht nur bald nach Bern zurück. Er plante auch insgeheim, Rentwin mit sich zu nehmen. Der Wunsch des jungen Mannes nach Abenteuern sollte erfüllt werden. Und Dietrich war sich auch sicher, daß er in Rentwin einen allzeit getreuen Gefolgsmann finden würde, der ihm in allen Kämpfen tapfer zur Seite stehen würde. Bevor er aber seine Pläne enthüllte, wollte der König Rentwin und auch den Markgrafen näher kennenlernen. Denn Dietrich war noch zu kurz König, um alle seine Gefolgsleute genau zu kennen, selbst wenn sie ihm – wie auch Helferich – in Bern ihre Huldigung dargebracht hatten.

Der Ritt nach Arone verlief ohne weitere Abenteuer. Bald schon sah die kleine Schar die stolze Burg vor sich liegen, denn Helferich, der jeden Weg und Steg seines Gebietes genau kannte, führte sie auf dem kürzesten Weg zur Feste. Um die Mittagszeit kamen sie in der Burg an. Die Markgräfin, Rentwins Mutter, empfing sie. Die Schloßherrin konnte es kaum fassen, daß ihr Sohn heil und unversehrt zurückgekommen war. Aber sie traute sich nicht mehr, Rentwin so wie früher zu umarmen. In der glänzenden Rüstung und als Begleiter des Königs schien er ihr plötzlich ganz fremd.

»Seid willkommen, edler Herr«, wandte sich die Markgräfin an den König. »Ich bin meinem Gemahl dankbar, daß er Euch in unsere Burg gebracht hat. Ich werde sofort Befehl geben, daß die besten Räume für Euch und Euren Begleiter gerichtet werden.«

»Habt Dank, edle Herrin. Meister Hildebrand, ein Verwandter Eures Mannes, und ich werden gerne einige Stunden ruhen. Denn wir haben einen harten Kampf mit Drachen hinter uns, den ich selbst nur durch das mutige Eingreifen Eures Sohnes überlebt habe.«

»Mit Eurer Erlaubnis werden wir am Abend ein Fest feiern«, sagte da Helferich. »Denn die Anwesenheit des Königs in der Burg Arone ist ein freudiger Anlaß für uns alle, die wir hier auf der Burg leben. Zuallererst aber mag meine Gemahlin, wenn Ihr einverstanden seid, nach Euren Wunden sehen. Sie ist wohlbewandert in der Betreuung von Verletzungen und kennt die Heilkraft aller Kräuter, Sträucher und Wurzeln, die hier in den Bergen wachsen. Eine gütige Quellelfe, die ich einmal vor der Nachstellung eines mißgünstigen Menschen retten konnte, hat zum Dank der Markgräfin diese Geheimnisse anvertraut.«

Gerne gab Dietrich seine Einwilligung zu beiden Vorschlägen. Denn seine Wunden brannten und schmerzten, und er wußte genau, wie schnell die heilkräftigen Kräuter wirkten, die in der gesunden Bergwelt wuchsen. Vom abendlichen Fest aber erhoffte er sich eine nähere Bekanntschaft mit Rentwin und dessen Vater, um feststellen zu können, ob der junge Mann würdig sei, den Ritterschlag zu empfangen und als Dietrichs Gefährte mit nach Bern zu kommen.

Dank der Heilkünste der Markgräfin und nach einigen Stunden der Ruhe in den prächtig ausgestatteten schönsten Schlafgemächern des Schlosses fühlten sich Dietrich und Hildebrand wie neugeboren und gingen voll froher Erwartung auf das Fest in den hohen Rittersaal. Dort erwarteten bereits Helferich, die Markgräfin und alle Getreuen des Markgrafen die beiden Recken aus Bern. Dem König fiel aber sofort auf, daß Rentwin fehlte.

»Wo ist Rentwin, dein tapferer Sohn, der mir das Leben gerettet hat?« fragte Dietrich den Markgrafen.

»Der Knabe ist noch zu jung, um mit Euch und uns zu feiern«, meinte Helferich. Doch Dietrich erklärte mit Nachdruck:

»Rentwin war nicht zu jung, um mir das Leben zu retten. Da ist er wohl auch alt genug, um mit uns gemeinsam am Festmahl teilzunehmen!«

Der junge Mann, der bis dahin traurig in seiner Stube gesessen war, wurde also geholt. Man sah den Eltern und auch dem Sohn deutlich an, wie stolz sie alle über diese Auszeichnung waren.

Der Kampf Dietrichs mit dem gräßlichen Drachen und die furchtbaren Schäden, die dieses Untier in der Gegend angerichtet hatte, waren das wichtigste Gesprächsthema beim abendlichen Bankett, bei dem trotz der kurzen Vorbereitungszeit die edelsten Speisen und Weine aufgetragen wurden. Auch andere Abenteuer des Berners sowie anderer bekannter Helden wurden erzählt, obwohl die meisten Geschichten allen Anwesenden bekannt waren. Doch hörte man sie immer wieder gerne.

Dietrich ließ sich nicht anmerken, daß er die ganze Zeit Rentwin genau beobachtete. Und was er sah und hörte, stimmte ihn im höchsten Maß zufrieden. Trotz der königlichen Auszeichnung blieb der Knabe bescheiden und nahm nur dann am Gespräch der Älteren teil, wenn jemand direkt das Wort an ihn richtete. Dann aber waren seine Antworten klar und durchdacht und zeigten eine Reife, die weit über seine Jahre hinausging.

»Ich möchte eine Bitte an dich richten, Markgraf Helferich«, schaltete sich darum Dietrich in das Gespräch ein. »Ich habe an deinem Sohn Gefallen gefunden; er hat das Zeug zu einem großen, tapferen Ritter in sich. Deshalb will ich, wenn du es erlaubst, ihn mit mir nach Bern nehmen und ihn dort zum Ritter schlagen. Dann kann er als mein Dienstmann bei mir in Bern bleiben und mich bei meinen Abenteuern und Kriegsfahrten begleiten.«

Rentwins Gesicht strahlte hell auf, als er diese Worte hörte. Gespannt blickte er auf seine Eltern, die neben dem König auf dem Hochsitz an der Stirnwand der Halle saßen. Würden sie ihm wohl die Erlaubnis geben, mit Dietrich zu reiten? Aber obwohl sich der Markgraf und vor allem die Markgräfin nur schwer vorstellen konnten, sich für lange Zeit von ihrem ältesten Sohn zu trennen, konnten und wollten sie dieses ehrenvolle Angebot doch nicht ausschlagen. Denn im Gefolge von Dietrich von Bern zu reiten, war für viele junge Ritter und Edelleute der heißeste Wunsch ihres Lebens. Und auch für die Eltern stellte der Vorschlag Dietrichs eine große Auszeichnung dar.

Und so ritt Rentwin am nächsten Morgen gemeinsam mit Dietrich und Meister Hildebrand los, in Richtung Bern. Der Abschied von der Mutter, die er frühmorgens in ihrer prächtigen Kemenate aufgesucht hatte, war ihm nicht leichtgefallen. Vor allem als er die tapfer unterdrückten Tränen in den Augen der Mutter gesehen hatte, wollte ihn fast die Rührung – aber auch eine erklärliche Furcht vor der unbekannten Zukunft – überkommen. Er zögerte den letzten Abschiedsgruß immer wieder hinaus, bis ihn die Mutter fast aus ihrer Kemenate drängen mußte. Sie gab ihm zum Abschied nicht nur ihre besten Segenswünsche mit, sondern auch ein geweihtes Medaillon, das er immer bei sich tragen sollte. Dann verabschiedete er sich auch von seinen Geschwistern; die neidvolle Bewunderung der beiden jüngeren Brüder, die in ihm nun einen Helden sahen, erleichterten den Abschiedsschmerz. Auch der Abschied vom Vater fiel ihm leichter, da Rentwin hoffen durfte, den Markgrafen doch immer wieder in Bern zu sehen.

Als die drei in den hellen, strahlenden Morgen trabten, ahnte Rentwin noch nicht, daß sein Leben für viele Jahre mit dem des Berners verbunden bleiben sollte. Und auch Dietrich ahnte noch nicht, daß er seinen liebsten Gefährten gefunden hatte, dem er sich noch enger verbunden fühlen sollte als selbst mit Meister Hildebrand. Denn nicht nur im Alter stand Rentwin dem König näher, seine Unerschrockenheit und seine Sehnsucht nach Abenteuern machten ihn dem König ähnlich.

Der Ritt ging flott vonstatten, da die drei nur ein einziges Packpferd mit einigen Gewändern Rentwins mit sich führten. Die eigentliche Ausstattung, die eines Gefolgsmannes von Dietrich würdig sein sollte, wollte Rentwin erst in Bern erstehen; sein Vater hatte ihn dafür großzügig mit einem Beutel Gold ausgestattet. Wie üblich, ritt Dietrich voran, während sich Rentwin bescheiden an Hildebrand hielt, von dem er einige Auskünfte erhoffte.

»Oheim, als Ihr gestern am Kampfplatz das zerbrochene Schwert Dietrichs aufgehoben habt, da schien es mir, als ob der König sehr betroffen sei und die Waffe gar nicht anschauen wollte. Ich weiß nun, daß es viele Mären über das Schwert des Königs gibt, doch kenne ich sicher nicht die wahre Geschichte. Könnt Ihr so freundlich sein, mir zu erzählen, wie der König dazu gekommen ist. Ich will nicht aus Unwissenheit ihm gegenüber vielleicht einen Fehler machen.«

»Da hast du gut beobachtet, Knabe. Dietrich selbst hat mir gestern auf der Burg deines Vaters gesagt, daß er die Freude an Nagelring – so heißt nämlich das Schwert – verloren hat. Dabei ist er sicher, daß es die Zwerge im hohlen Berg, die einstmals dieses Schwert geschmiedet haben, kunstfertig wiederherstellen können. Ein Bote dieser Zwerge, die Dietrich auf ewig für seine Hilfe dankbar sind, ist bereits gestern abend nach Arone gekommen, um das zerbrochene Schwert zu holen. Doch Dietrich wird in Zukunft immer daran denken, daß ihn dieses Schwert in hartem Kampf in Stich gelassen hat, und sich nicht mehr an sein erstes Abenteuer erinnern, bei dem er es gewonnen und die Dankbarkeit der Zwerge errungen hat.«

»Könnt Ihr den Ritt verkürzen, Oheim, indem Ihr die Geschichte erzählt?« fragte Rentwin. Und Hildebrand war gerne dazu bereit.

»Dietrich war damals ein junger Bursche wie du, den es auch nach Abenteuern gelüstete und der nicht mehr den Gebrauch der Waffen nur üben wollte. Sein Wunsch nach Ehre und Ruhm war um so größer, als er ja der Sohn von König Dietmar war, der damals über die Goten in Bern herrschte. Nun drang nach Bern die Kunde, daß in den Bergen – nicht weit von der Burg deines Vaters – ein gräßlicher Riese mit Namen Grim große Trübsal über das Land brachte. Er stahl den Bauern das Vieh, raubte in den Wäldern das Wild des Königs und brachte jeden Wanderer um, der so vermessen war, sich in diese Gegend zu wagen. Grim verübte seine Untaten nicht allein, sondern gemeinsam mit seiner Schwester Hilde. Diese Riesin war fast noch schrecklicher als ihr Bruder. Man sagte von ihr, daß sie noch niemals Mitleid mit einem ihrer Opfer gehabt hätte und daß das Töten ihr großes Vergnügen bereite. Von diesen beiden Ungeheuern wollte nun Dietrich das Land befreien.

Der junge Königssohn schlich sich aber nicht heimlich weg« – Rentwin errötete bei dieser Bemerkung bis in die Haarwurzeln –, »sondern ritt mit Erlaubnis von König Dietmar eines Morgens mit mir in die Berge. Nach einem langen Ritt kamen wir zu einer Waldlichtung, wo wir Rast machen wollten. Dietrich hörte etwas im Gebüsch rascheln, haschte danach – und hatte einen Zwerg gefangen. Es war Elbegast, bekannt als der geschickteste Dieb unter allen Zwergen.«

»Es gibt also wirklich Zwerge? Ich habe schon viel von ihnen gehört, aber noch niemals einen gesehen«, unterbrach da Rentwin seinen Oheim.

»Natürlich gibt es Zwerge. Sie leben aber nur hier, in den Bergen, wo sie Unterschlupf in unterirdischen Höhlen finden können und wo es auch nicht so viele Menschen gibt wie unten im Tal. Hier in den Bergen mit ihren riesigen Wäldern leben überhaupt viel mehr Wesen, als wir uns oft denken. Hast du nicht selbst erzählt, daß dein Vater einmal eine Quellnymphe gerettet hat? Und hast du nicht selbst die Drachen gesehen? Aber kannst du dir vorstellen, daß diese Geschöpfe unten im geschäftigen Tal leben? Solange es die Berge mit ihren Wäldern und ihrer Ruhe gibt, haben diese Wesen hier ihre Heimat. Und wir müssen sie achten und schützen, wenn sie nicht gefährlich sind. Denn sie sind Geschöpfe wie wir.

Aber zurück zu Dietrichs erstem Abenteuer. Er hatte also Elbegast gefangen, der aber diesmal nicht stehlen wollte, sondern nur seine verlorene Tarnkappe suchte. Er war sehr glücklich, als er hörte, daß wir den Kampf mit Grim und Hilde suchten. Denn die beiden Riesen wüteten auch furchtbar unter dem Zwergenvolk, dessen Anführer er war, und zwangen die kleinen Männer immer wieder, ihnen zu Diensten zu sein. Er sei nur deswegen zum Dieb geworden, erzählte uns Elbegast, weil er und sein Zwergenvolk nur mehr durch Diebstähle die Forderungen von Grim und Hilde erfüllen konnten. Denn alles Gold und alle Karfunkelsteine, die die Zwerge den Riesen auch aushändigten, waren den beiden nicht genug. Die Schätze des hohlen Berges waren durch die beiden Riesen schon erschöpft, und um das Leben der Zwerge zu retten, mußte Elbegast nun bei den Menschen stehlen. Er wußte aber nicht, wozu die beiden Riesen all diese geraubten Schätze brauchten, da sie keinen Handel trieben. Sie wollten sie vermutlich nur besitzen und manchmal anschauen.

Elbegast sagte dem Königssohn, daß dieser den Riesen Grim nur mit dem Schwert Nagelring besiegen könne, das ihm die Zwerge hatten schmieden müssen. Er versprach Dietrich, ihm dieses Schwert zu bringen, und hielt auch tatsächlich Wort. Denn die Not unter den Zwergen war so groß, daß sie sich sogar mit Menschen gegen Grim und Hilde verbündeten. Nachdem Elbegast das Schwert herbeigeschleppt hatte, zeigt er uns noch den Weg zu Grims Höhle, dann setzte er seine wiedergefundene Tarnkappe auf und entschwand unseren Blicken. Wir hörten nur mehr seine eiligen Schritte, dann raschelte ein Grasbüschel. Elbegast war wieder im hohlen Berg verschwunden.

In seiner Höhle war Grim gerade dabei, mehrere Wildschweine zu braten, denn er und seine Schwester hatten einen unersättlichen Appetit. Als er nun Dietrich im Feuerschein sah, wollte er nach seinem Schwert greifen. Doch das hatte ja Dietrich. Also riß Grim unter wütendem Gebrüll einen brennenden Ast aus dem Feuer und ging damit auf Dietrich los. Dem jungen Helden gelang es jedoch, den Riesen mit einem einzigen Streich des Schwertes Nagelring zu töten. Daß dieser Kampf nur so kurz gedauert hatte, war meine Rettung. Denn inzwischen hatte sich Hilde – angelockt durch die Wutschreie ihres Bruders – von hinten auf mich gestürzt und drohte mich zu erwürgen. Doch auch dieses gräßliche Weib wurde von Dietrich besiegt und getötet. In der Höhle fanden wir neben vielen wertvollen Schätzen, die die beiden Riesengeschwister im Laufe der Jahre geraubt oder die sie von den Zwergen bekommen hatten, auch den prachtvollen Helm, den Dietrich seither immer im Kampf trägt. Er nannte den Helm Hildegrim und hat noch nie bereut, daß er ihn genommen hat. Der glänzende Karfunkelstein an der Spitze des Helmes leuchtet dem König beim Kampf in der Nacht.

Das also ist die Geschichte des Schwertes Nagelring.«

Rentwin war tief befriedigt, daß er nun die wahre Geschichte kannte. Er hatte aber noch eine Frage an Hildebrand.

»Gestern beim Festmahl erzählte der König, daß er des Morgens das Drachennest sofort am Geruch erkannt habe, da die Drachen einen bestialischen Gestank ausströmen. Hat König Dietrich schon einmal mit Drachen kämpfen müssen?«

»Nun, ein Kampf war es nicht. Trotzdem bestand Dietrich ein lebensgefährliches Abenteuer mit Drachen«, antwortete Hildebrand. »Allerdings spricht der König nicht gerne darüber, da er nur mit meiner Hilfe dem Leben wiedergegeben wurde. Trotzdem will ich dir auch dieses Erlebnis erzählen, damit du nicht aus Unbedacht etwas sagst, was des Königs Grimm erregt. Höre also:

Wir hatten die Leichen von Grim und Hilde in ihrer Höhle gelassen. Dort fand sie ihr Neffe Sigenot, ein noch schrecklicherer und stärkerer Riese als die beiden. Als er die leblosen Körper seiner beiden Anverwandten sah, schwor er dem König und mir schauerliche Rache; die Zwerge hatten ihm nämlich gestehen müssen, daß wir beide mit Grim und Hilde gekämpft hatten und daß Dietrich die beiden erschlagen hatte.

Sigenot hauste in den Wäldern und Bergen noch ärger, als dies seine Verwandten getan hatten. Auch die Zwerge mußten ihm dienen. Die Klagen über Sigenot drangen bald bis Bern, wo Dietrich nach dem Tod von König Dietmar inzwischen den Thron bestiegen hatte. Als der König hörte, wie gräßlich der Riese im Norden seines Reiches hauste, wollte er sofort zum Kampf mit ihm aufbrechen. All mein Bitten half nichts: Dietrich wollte allein reiten. Nur er habe die beiden Riesen Grim und Hilde getötet, daher sei es nur gerecht, daß auch nur er sich der Rache ihres Verwandten aussetze. Wenn er nach acht Tagen noch nicht zurückgekehrt sei, dürfe ich mich aufmachen, um ihn zu rächen, wenn ich dies auch wirklich wollte. Schweren Herzens mußte ich mich diesem Befehl beugen.

In den Bergen traf Dietrich bald auf Sigenot. Kühn gab er sich als der Gotenkönig zu erkennen, der gekommen war, um das Lampartenreich vom Unhold Sigenot zu befreien. Ein furchtbarer Kampf entbrannte auf einer kleinen Waldlichtung. Sigenot war nicht nur ein Riese mit einer Stärke wie zwölf große Männer, er wußte auch trefflich mit der Waffe der Riesen zu kämpfen: mit einer Eisenstange, gegen die selbst Nagelring nicht ankonnte. Schließlich, nach hartem Kampf, traf er mit der Stange den König mit aller Wucht auf den Kopf. Zwar hielt der Helm Hildegrim dem Streich stand, doch durch die Härte des Schlages wurde der König bewußtlos. Nun glaubte Sigenot, daß er sein Werk der Rache vollenden könne.

Er packte den bewußtlosen König, wie du vielleicht einen kleinen Sack packen würdest, und brachte in zu seiner Höhle. Darunter, in einem tiefen und finsteren Loch, hauste eine junge Drachenbrut. Denen wollte er Dietrich vorwerfen. Denn es war viel grausamer, den König langsam durch die jungen Untiere sterben zu lassen, als ihn schnell mit einem Streich zu töten. Gedacht, getan! Mit einem einzigen Schwung warf der Riese den König in das Loch unter seiner Höhle und schickte ihm noch seine Verwünschungen nach. Jetzt wollte Sigenot auf mich warten, da er sicher war, daß ich kommen würde.

Dietrich hat mir nicht sehr viel über die Zeit in der Drachenhöhle erzählt, doch weiß ich, daß er Furchtbares ausgestanden haben muß. Um ihn war es pechschwarz, finsterer als in der finstersten Nacht. Die jungen Drachen verbreiteten den bestialischen Gestank, den du ja kennst. Ständig umzüngelten sie den König und suchten eine Möglichkeit, ihn zu beißen und sein Blut auszusaugen. Dietrich konnte sie nicht abwehren, da er ja keine Waffe hatte. Er hatte nur eine Möglichkeit, um sich zu schützen: Er mußte die ganze Zeit aufrecht an die Felswand gelehnt stehen bleiben, damit die jungen Drachen keinen Spalt in der Rüstung erreichen konnten. So harrte er aus, niemals die Hoffnung auf Rettung aufgebend.

Ich selbst war voll Unruhe und düsterer Gedanken. Ein schrecklicher Traum zeigte mir Dietrich in höchster Todesnot. Und so brach ich bereits nach vier Tagen auf, um meinem König zu folgen und ihn entweder zu retten oder zu rächen. Bald traf ich auf die Waldlichtung, auf der Dietrich mit dem Riesen gekämpft hatte. Dort stand Falke, der prächtige Schimmel, und schaute mich aus großen Augen traurig an, als ob er um das Unheil seines Herrn wüßte. Sigenot, der wohl mein Pferd gehört hatte, stürmte herbei. Wieder entbrannte ein harter Kampf. Doch ich kannte die Kampfart der Riesen besser als der junge König, und so konnte ich durch eine List Sigenot besiegen. Ich tat, als ob ich gestürzt wäre, Sigenot lief herbei und schwang seine Eisenstange, um auch mich bewußtlos zu schlagen. Denn er hatte mir gesagt, daß ich das gleiche Schicksal wie Dietrich erleiden sollte. Im Augenblick, als er mit der Eisenstange ausholte, stach ich ihn tief in den Leib. Ein zweiter Schwertstreich tötete schließlich den Riesen.

Doch wo war Dietrich? Ich fand die Höhle des Riesen. Du kannst dir wohl meine Freude vorstellen, als ich auf meinen Ruf von tief unten die schwache Stimme meines Herren hörte. Wie aber sollte ich den König aus dem tiefen Loch holen? Ich machte aus umherliegenden Kleidern des Riesen einen langen Strick, an dem ich den König herausziehen wollte. Doch, ach, die Knoten waren zu schwach – der Strick ging auf, als ich Dietrich bereits gerettet glaubte. Der König fiel wieder in das Drachenloch zurück.

Nun wollte ich vor der Höhle nach etwas suchen, aus dem ich eine Leiter machen konnte. Da traf ich auf einen Zwerg, der voll Dankbarkeit war, weil das Zwergenvolk von dem Ungeheuer erlöst war. Er kam mit mir in die Höhle und warf eine Zauberleiter zu Dietrich hinab; diese Leiter erreichte immer genau jene Länge, die im Augenblick benötigt wurde. Die Rettung des Königs kam wirklich im letzten Moment. Denn der grauenhafte Gestank der Drachen hatte ihn schon fast erstickt. Nur ein Recke von der Stärke Dietrichs konnte es überhaupt so viele Tage im Drachenloch aushalten.

Nun weißt du also, wieso der König den Gestank der Drachen sofort erkannte. Doch wir wollen aufhören mit den alten Geschichten. Dort vorne glänzen schon die Türme von Bern in der Sonne. Wir haben unseren Ritt fast beendet.«

Aufatmend lehnte sich Katharina zurück. Ja, diese Abenteuer gefielen ihr. Jetzt wollte sie mehr von Dietrich und seinem Leben wissen. Mühsam zog sie sich aus dem Liegestuhl hoch, in dem sie die Heldentaten Dietrichs für sich nacherlebt hatte.

»Na, Humpelbeinchen, wo willst du denn hin?«

Gleich nachdem Katharina aus dem Krankenhaus gekommen war, hatte ihr Andreas diesen »liebevollen« Spitznamen gegeben, der sie maßlos ärgerte. Aber jetzt hörte sie gar nicht hin. Und auch die begeisterten Schilderungen ihres großen Bruders über seine Dreharbeiten im Wald ließen sie kalt; noch vor einer Stunde wäre sie vor Neid und Wut fast geplatzt, weil sie nicht mitmachen konnte. Jetzt war ihr das gleichgültig.

Katharina humpelte ins Haus. Sie wollte unbedingt mit dem Großvater reden und ihn fragen, ob er noch weitere Geschichten über Dietrich von Bern und dessen Freunde hatte oder ob er selbst etwas über den Sagenkönig wußte. Sie mußte nicht mehr in den Wald gehen, um ein Video zu drehen. Sie wollte sich jetzt selbst ihr eigenes Video machen. Im Kopf.

KAPITEL 2

Dietrichs Gefährten

Hell erklangen alle Glocken in Dietrichs Stadt Bern, als der König gemeinsam mit Hildebrand und Rentwin in seine Residenzstadt einritt. Obwohl Dietrich nach seinem Kampf mit dem Drachen nur eine Nacht auf der Burg Arone verweilt war, war die Kunde von dem gefährlichen Abenteuer und dem herrlichen Sieg Dietrichs diesem doch schon vorausgeeilt. Und so waren die Straßen voll glücklicher Menschen, die ihrem wiedergekehrten König zujubelten.

Staunend sah sich Rentwin um, denn Bern war die erste große Stadt, die er in seinem jungen Leben erblickte. Was er sah, entzückte ihn. Und von nun an sollte er jede Stadt, in die er kam, mit Bern vergleichen. Alle Häuser waren festgefügt aus Stein, die Tore waren umkränzt von mannigfaltigem Schmuck, den Rentwin gerne näher betrachtet hätte. Da sah er einen Adler über einem Portal, dort einen Löwenkopf. Die meisten Fenster waren sauber mit geöltem Papier verkleidet, an einem besonders prächtigen Palast gab es sogar einige Glasscheiben. Die Straßen waren breit und ordentlich gefegt, nirgends gab es jene Haufen von Unrat, die er immer wieder in den Dörfern der Umgebung von Arone erblickt – und auch gerochen – hatte.

Die Menschen, die sich so sehr über Dietrichs Heimkehr freuten, schienen alle gesund und zufrieden zu sein. Nirgends war ein Bettler zu erblicken, im Gegenteil, Rentwin schien es, als ob in Bern nur Edelleute lebten, so prächtig waren alle gekleidet.

»Sind das alles Dietrichs Gefährten?« wandte er sich an seinen Oheim. Zwar wollte er vor Hildebrand nicht als allzu unwissend erscheinen, doch überkam ihn die Furcht, sich vor diesen Menschen falsch zu verhalten.

»Du meinst wohl, weil alle so sauber und schön gekleidet sind?« erkannte Hildebrand sofort, worauf die Frage abzielte. »Nein, das sind die Bürger von Bern. Der König legt großen Wert darauf, daß die Menschen in seiner Residenzstadt in Frieden und Wohlstand leben. Er gleicht darin ganz seinem Vater Dietmar, der sehr viel zur Verschönerung der Stadt getan hat. So ist der Dom, den du gleich sehen wirst, während der Herrschaft Dietmars errichtet worden. Und Dietrich hat dann die besten Steinmetze aus dem ganzen Abendland kommen lassen, um die Altäre und Figuren im Inneren des Domes fertigzustellen. Das Gotteshaus findet nicht seinesgleichen im ganzen Abendland.«

Während dieses Zwiegesprächs war die kleine Gruppe bis zu dem großen Platz vor der Burg geritten, wo die drei abstiegen. Dort erwarteten sie Diener, die ihnen die Pferde abnahmen. Bevor Falke, Dietrichs Schimmel, in seinen Stall geführt wurde, verabschiedete sich der König noch mit einem zärtlichen Streicheln von seinem Pferd. Er liebte es wie einen Freund. Und auch Falke war seinem Herrn treu ergeben. So ließ er niemanden auf seinem Rücken sitzen, wenn ihm der König nicht ein Zeichen gab, daß er dies gestatte.

Als sie in die Burg eintraten, riß Rentwin vor Erstaunen die Augen weit auf. Noch nie hatte er einen so herrlichen Bau gesehen! Die Burg Arone war ihm immer prachtvoll erschienen, wenn er sie mit den Festungen der einfachen Ritter verglich, zu denen er seinen Vater manchmal begleitet hatte. Doch im Vergleich zu Dietrichs Burg war Arone einfach und bescheiden. Das große Doppelportal, das außen mit einer Unzahl von Adlern und Löwen – die Wappentiere Dietrichs – umrankt war, öffnete sich in eine große Vorhalle. Wertvolle Teppiche und gestickte Bilder schmückten die Wände. Rentwin konnte diese Meisterwerke im hellen Sonnenlicht bewundern, das durch das weit geöffnete Portal und die hohen schmalen Fenster hereinflutete. Rechts und links führten breite Steintreppen entlang der Seitenmauern in die oberen Gemächer.

In der Vorhalle begrüßten sie Wolfhart und Alphart, zwei junge Ritter, die gleichfalls aus dem Geschlecht der Wülfinge stammten und daher mit Hildebrand und auch Rentwin verwandt waren. Obwohl sie kaum älter waren als Rentwin, hatten sie doch schon beide den Ritterschlag empfangen und so manche kühne Tat vollbracht. Rentwin war voll Neid auf seine beiden Vettern und schwor sich innerlich, auch selbst durch Heldentaten zu beweisen, daß er des Vertrauens Dietrichs würdig war.

»Wo ist Heime, meine Gefährte?« fragte da Dietrich. »Warum kommt er nicht, mich zu begrüßen?«

»Er ist zu den Ställen gegangen, als deine Ankunft, mein König, gemeldet wurde«, erwiderte Alphart. »Du weißt doch, wie sehr er die Pferde liebt. Und seine ganz besondere Liebe gilt Falke, deinem herrlichen Schimmel. Wahrscheinlich wollte er sehen, ob es dem Pferd auch an nichts fehlt.«

Rentwin wunderte sich über den vertrauten Ton, den Dietrichs Gefährten gegenüber dem König anschlugen. Bald schon sollte er erkennen, daß nur die allerengsten Gefährten in diesem Ton mit Dietrich sprechen durften. Ihre Ehrfurcht vor dem König war deshalb nicht geringer als die der anderen Gefolgsleute und Untertanen Dietrichs.

»Ach ja, Heime kann nicht vergessen, daß er als Sohn des Studas, des Pferdezüchters, mit Pferden aufgewachsen ist. Doch Ehre, wem Ehre gebührt: Ich kenne niemanden, der mit diesen Tieren so gut umgehen kann wie Heime. Ich gedenke noch immer mit Freude des Tages, als ich Heime unter meine Gefährten aufgenommen habe.«

Daß Dietrich den Sohn eines Bauern und Pferdezüchters zu seinem Gesellen gemacht hatte und sogar veranlaßt hatte, daß er zum Ritter geschlagen wurde, wurde immer wieder in allen Burgen erzählt. Denn Bauernsöhne wurden üblicherweise nicht Ritter, da mußte schon ein so hochherziger Herr wie Dietrich die gewohnten Regeln durchbrechen. Rentwin kannte daher die Geschichte dieses Gefährten recht gut:

Der Ruhm Dietrichs war schon nach seinen ersten Heldentaten, und bevor er noch zum König gekrönt worden war, durch alle Lande gedrungen. Fahrende Sänger und Wandersleute verkündeten überall die Abenteuer des blondlockigen Gotenfürsten. So drang die Mär aus dem Süden auch über die Alpen bis nach Schwaben, wo Studas hauste, ein weithin bekannter Pferdezüchter. Studas hatte einen Sohn, der allgemein Heime genannt wurde, weil er ungeheuer stark war – so wie der Lindwurm Heime, der in den tiefen Wäldern des Schwabenlandes hauste.

Den ganzen Tag übte sich Heime, ein kleiner, vierschrötiger junger Mann mit pechschwarzen Haaren und dunklen Augen, im Gebrauch der Waffen. Von der ehrsamen Arbeit seines Vaters wollte er nichts wissen, ihm waren nur Rispe, sein schwarzer Hengst, und sein Schwert Blutgang wichtig. Er wollte nicht Bauer oder Pferdezüchter werden wie sein Vater, sondern ein berühmter Ritter, von dem dann auch die fahrenden Sänger erzählen sollten. Er grübelte hin und her, wie dies zu machen sei, fand aber lange keinen Ausweg. Als er aber immer wieder vom hohen Ruhm Dietrichs hörte, wußte er seinen Weg.

»Ich will nach Bern ziehen, Vater, und mit Fürst Dietrich kämpfen. Denn er ist der berühmteste Held des Abendlandes. Wenn ich ihn besiege, werde ich zum Ritter geschlagen, und mein Ruhm wird durch alle Lande dringen.«

Alles Flehen des Vaters, der um das Leben seines Sohnes fürchtete, war vergeblich. Heime blieb dabei: er wollte mit Dietrich kämpfen. Schließlich gab der Vater nach und stattete Heime aus, wie es sich seiner Meinung nach für einen Ritter geziemte. Vergnügt trabte Heime los, in die weite Welt. Doch der Weg wurde ihm lang. Denn da er kein Ritter oder Edelmann war, konnte er nicht in den verschiedenen Burgen einkehren, die auf seinem Weg lagen. In den Herbergen für das fahrende Volk erntete er aber immer wieder Hohn und Spott, weil er durch seine Redeweise und sein Benehmen den Bauern erkennen ließ, der er ja noch immer war.

»Ein Bauer verkleidet sich als Ritter!« riefen ihm immer wieder die Jungen in den Dörfern nach und lachten ihn aus.

Schließlich verlor er häufig den Weg, weil er – um diesem Hohn zu entgehen – weite Umwege um die Dörfer machte und daher niemanden nach der richtigen Richtung fragen konnte. Er wußte nur eines: er mußte nach Süden, denn Bern lag in Italien, an der Etsch. Am Weg über die Alpen, in den fast undurchdringlichen Wäldern, hatte er manche Abenteuer mit wilden Tieren zu bestehen. Oft sank ihm der Mut, und nur sein unbezwinglicher Starrkopf hinderte ihn daran, wieder den Weg in die schwäbische Heimat zu suchen.

Als er schließlich, der Etsch entlang reitend, die Türme von Bern vor sich sah, war er gerade in der richtigen Stimmung für einen Kampf. Die Wut über die vielen Demütigungen und Beschwernisse der Reise kochte in ihm. Und so stapfte er, Rispe am Zügel führend, mit schweren Schritten durch die Straßen Berns und gerade auf den Königspalast zu. Am Portal fegte er einen Bediensteten zur Seite, der ihn am Eintritt hindern wollte, und –

»Verflixt, jetzt sitze ich wirklich in der Tinte. Aus meinem Video wird wohl nichts werden!« Mit lauten Schritten stapfte Andreas in das Wohnzimmer, in dem Katharina saß.

»Kann man denn in diesem Haus nie seine Ruhe haben? Muß mich denn jeder stören?« fuhr sie ihren Bruder an.

»Wieso, du hast doch ohnedies nur in die Luft geschaut«, meinte Andreas.

»Ich habe nicht nur in die Luft geschaut, sondern nachgedacht. Und sag jetzt nicht, daß ich nicht denken kann. Aber warum soll aus deinem Video nichts werden?«

»Bärbel hat gerade angerufen, daß sie morgen mit ihrer Mutter für ein paar Tage wegfährt. Und wenn sie dann zurückkommt, wird die Zeit für die Dreharbeiten zu knapp. Aber worüber denkst du denn eigentlich nach?«

»Das geht dich gar nichts an«, meinte Bärbel recht unfreundlich. »Ich gehe jetzt zum Großvater, weil ich etwas mit ihm besprechen muß. Allein!«

Großvater hatte ihr versprochen, daß er ihr mehr von Dietrich von

Bern erzählen wollte. Er hatte auch noch einige Bücher, die er Katharina geben konnte. Aus denen wollte sie sich die Grundlagen für ihr Video im Kopf zusammensuchen. Aber darüber wollte sie nicht mit Andreas sprechen, weil er sie doch nur auslachen würde.

Heime rief laut: »Wo ist Dietrich von Bern, der Königssohn? Ich muß mit ihm sprechen!«

Und schon eilte er mit dröhnenden Schritten in die große Halle, wo Dietrich mit einigen Freunden saß. Der Fürstensohn stand auf und blickte dem vierschrötigen Bauern in Ritterrüstung verwundert entgegen. Er war es nicht gewohnt, so angesprochen zu werden. Ebensowenig war es üblich, daß ein Ritter – und dafür hielt Dietrich den Gewappneten – in voller Rüstung in die Halle einer Burg eintrat.

»Ich bin Heime aus dem Schwabenland, der Sohn des Bauern Studas«, erklärte da Heime. »Ich fordere Euch, Dietrich, zum Zweikampf. Denn ich will beweisen, daß ein Bauer genauso viel wert ist wie ein Ritter. Wenn ich Euch besiege, will ich dann zum Ritter geschlagen werden.«

Alle im Saal Anwesenden lachten laut auf, weil die Rede Heimes ihnen gar wunderlich erschien. Nur Dietrich blieb ernst.

»Warum soll der Sohn des bekannten Pferdezüchters, dessen Ruhm bis nach Bern gedrungen ist, nicht genauso viel wert sein wie ein Ritter auf einer der Burgen im Lampartenreich? Ich nehme die Herausforderung an. Wir wollen gleich zum Turnierplatz gehen, dort kann Heime zeigen, was er alles gelernt hat.«

Lärmend zog die ganze Hofgesellschaft zum großen Turnierplatz vor den Mauern der Stadt. Die Edelleute erwarteten sich ein vergnügliches Schauspiel, denn sie waren sicher, daß Dietrich den Bauerntölpel, wie sie Heime insgeheim bei sich nannten, schon mit dem ersten Speerstoß vom Pferd werfen würde.

Die beiden preschten aufeinander los – Heime auf Rispe, Dietrich aber auf dem besten Pferd aus den königlichen Ställen. Denn er hatte sofort erkannt, daß er nur mit einem ausgezeichneten Pferd gegen Rispe gewinnen konnte. Im ersten Gang trafen beide Gegner mit vol-

ler Wucht den Schild des anderen, doch blieben sie beide fest im Sattel sitzen. Wieder stürmten sie aufeinander los und trafen den Schild des Gegners. Da – ein Schrei ging durch die Menge, die dem Turnier zusah: Dietrichs Pferd wankte und stürzte und begrub den Königssohn unter sich. Durch einen solchen Sturz hatten schon viele tapfere Kämpfer im Turnier das Leben verloren. Doch Dietrich konnte sich unverletzt unter seinem Pferd hervorarbeiten.

Und jetzt begann der Kampf zu Fuß mit dem Schwert. Wild prasselten die Hiebe der beiden auf den hochgezogenen Schild des Gegners, immer wieder versuchte Heime einen Ausfall, um Dietrich aus seiner Deckung zu locken. Der junge Bauernsohn war ein gefährlicher Gegner, seine ungeheure Kraft ließ ihn lange nicht erlahmen. Aber dann zeigte sich doch, daß Dietrich im Schwertkampf gewandter und geübter war und daß er seine große Kraft noch besser als sein Gegner umsetzen konnte.

Schließlich lag Heime am Boden und erwartete tapfer den Todesstreich, der meistens ein Turnier beendete. Hatte er doch schon auf der Fahrt nach Bern oft sein Leben riskiert. Und nun, da er nicht gesiegt hatte, sondern dem Berner unterlegen war, schien ihm dieses Leben nichts mehr wert. Doch aufatmend stieß Dietrich das Schwert in den sandigen Boden und streckte Heime die Hand hin.

»Du bist es wahrhaft wert, Heime aus Schwaben, daß ich dir das Leben schenke. Du hast so wacker gekämpft, wie mancher Mann, der schon zum Ritter geschlagen ist. Wenn dir der Sinn danach steht, will ich meinen Vater bitten, dich zum Ritter zu schlagen und will dich unter meinen Gefährten aufnehmen.«

Mit Freuden nahm Heime dieses hochherzige Angebot an, entsprach es doch seinen geheimsten Wünschen. Denn ein Sieg über Dietrich – dessen Tod im Turnier hatte er nie gewünscht – sollte ihm ja nur den Weg unter die Ritterschaft öffnen.

»Gerne will ich dein Gefährte werden, Fürst Dietrich. Und ich werde mich so eifrig im Waffenhandwerk üben, daß mich in Zukunft keiner mehr besiegen kann. Doch ich sehe, daß die Pferde des königlichen Hofes eines Dietrich nicht würdig sind. Bevor du mich zum

Ritter schlägst, will ich dich mit dem besten Pferd versorgen, daß ich finden kann.«

Und Heime nahm für einige Zeit Abschied von Dietrich. Als er wiederkam, führte er Falke mit sich, das beste Pferd seines Vaters. Studas hatte bereits im Fohlen die wertvollen Anlagen erkannt und das Pferd vom ersten Tag an selbst betraut. Nun hatte er den prachtvollen Schimmel gerne hergegeben, als er vom Großmut Dietrichs gegenüber seinem Sohn gehört hatte.

»Hier, Dietrich, ist Falke, der edelste Hengst aus der Zucht meines Vaters. Er wird dich von nun an treu und tapfer durch alle Kämpfe tragen.«

An diese Geschichte mußte Rentwin denken, als der König nach Heime fragte. Wirklich hatte Falke seinem Herrn bisher treu bei jedem Abenteuer, in jeder Gefahr gedient und ihn nie im Stich gelassen.

Bald kam auch Heime, um den König zu begrüßen. Obwohl Rentwin wußte, daß er ein tapferer Krieger war, der durch Dietrichs Fürsprache zum Ritter geschlagen worden war, gefiel ihm Heime gar nicht. Die anderen Gefährten Dietrichs – nicht nur Wolfhart und Alphart, sondern auch Siegstab oder Hornbogen und viele andere – hatten dagegen sofort sein Herz gewonnen. Rentwin schalt sich selbst als überheblich und dumm, daß er Mißtrauen gegen Heime hegte, da ihn doch der König selbst unter seine Gefährten aufgenommen hatte. Aber trotzdem konnte er ihm keine Freundschaft entgegenbringen. Die Zukunft sollte zeigen, daß Rentwins Gefühle richtig waren.

Hildebrand, der sich für seinen jungen Verwandten verantwortlich fühlte, gab Rentwin in die Obhut von Wolfhart und Alphart. Die beiden sollten ihm die Burg und seine Schlafstätte zeigen. Da hatte Rentwin wieder viel zu schauen. Die große Halle, in der Rentwin den anderen Gefährten Dietrichs vorgestellt worden war, war noch reicher geschmückt als der Vorsaal. Bis zur Höhe eines sehr großen Mannes war von den Mauern nichts zu sehen, denn überall hingen kostbare Teppiche, die viele edle Frauen gewebt und gestickt hatten.

Die Teppiche zeigten viele Abenteuer, die Dietrich, seine Ahnen oder andere Könige – so der Lampartenkönig Ornit, der einst von

Drachen getötet worden war – erlebt und durchkämpft hatten. Aber auch die Geschichten von heiligen Männern und Frauen konnte man auf den Teppichen bewundern, ebenso Mären aus grauer Vorzeit, als noch die Römer über das Land geherrscht hatten. Am Boden lag eine dicke Schichte Stroh, um die Kälte der Steinmauern abzuhalten. Wohlduftende Kräuter waren darüber gestreut, um Krankheiten zu vertreiben und eine angenehme Stimmung zu schaffen.

Der Hochsitz schließlich, an dem Dietrich und seine liebsten Gefährten des Abends bei Speis und Trank zusammensaßen und oft den Balladen der Sänger lauschten, war wahrhaft eines Königs würdig. Reiche Schnitzereien zierten jeden Stuhl und Schemel, am prunkvollsten war der Thron des Königs geschmückt: Große und kleine Löwen und Adler zeigten deutlich, für wen dieser Sitz bestimmt war, Kreise als Sinnbild für die Ewigkeit sollten den Wunsch nach einem langen Leben für den König ausdrücken.

Über eine der beiden Treppen, die vom Vorsaal abgingen, gelangte Rentwin mit seinen beiden Begleitern in das obere Stockwerk. Während er hinaufstieg, bewunderte er die ungeheure Dicke der Mauern der Burg: Die Fensterhöhlen waren mindestens zehn Fuß tief. Diese Burg konnte sicherlich selbst gegen eine gewaltige Übermacht von Feinden verteidigt werden, obwohl sich Rentwin nicht vorstellen konnte, daß irgend jemand gegen Dietrich zu Feld ziehen würde.

Oben waren die Schlafgemächer von Dietrich und seinem Gefolge. Rentwin wurde von Alphart und Wolfhart in deren Kammer aufgenommen. Er freute sich darüber, da er hoffte, mit ihnen gute Freundschaft zu schließen und viel von ihnen zu lernen. Nach einem prächtigen Festmahl legten sich die drei müde zur Ruhe nieder. Rentwin freute sich unsäglich auf den kommenden Tag. Er wollte dann seine Ausrüstung als Ritter und Gefährte Dietrichs vervollständigen, die beiden neuen Freunde wollten ihm dabei helfen. Noch mehr freute er sich aber auf das Pfingstfest, das in weniger als zwei Wochen gefeiert wurde. Denn dann wollte ihn Dietrich zum Ritter schlagen. Bis dahin wollte er Bern und die Umgebung der Stadt erkunden. Rentwin ahnte nicht, daß ein Abenteuer nahte, das für Dietrich gefährlich werden sollte.

Düster starrte Wittich in die unablässig anrollenden Wogen des nördlichen Meeres. Wieder war ein Tag vergangen, der ihm nichts als Ärger und Langeweile gebracht hatte. Das, was er tun sollte, wollte er um keinen Preis: seinem Vater bei der Arbeit helfen. Dabei war sein Vater berühmt in allen Landen, viele tapfere Krieger kamen immer wieder zu ihm, um die Erzeugnisse seiner Kunstfertigkeit zu erstehen.

Denn Wittichs Vater war Wieland, der Schmied, der wie kein anderer die prächtigsten Rüstungen und die härtesten Schwerter, aber auch prunkvolle Geschmeide und edlen Schmuck herstellen konnte. Deshalb hatte ihn auch vor mehr als zwei Jahrzehnten Nidung, der Niarenkönig, gefangengenommen, auf eine Insel gebracht und ihm die Sehnen seiner Füße durchtrennt, damit er nicht fliehen konnte. Doch mit Hilfe seines Bruders Eigel war Wieland doch die Flucht gelungen, und er hatte Bathilde, die liebliche Tochter Nidungs, mit sich genommen und zu seiner Frau gemacht.

Wittich war das einzige Kind der beiden, und Wieland wünschte sehr, daß der junge Mann einmal ein ebenso berühmter Schmied würde wie er selbst. Wohl arbeitete Wittich, wenn es sich gar nicht vermeiden ließ, mit dem Vater und dessen Gesellen in der rußigen Werkstatt und hatte auch schon manches schöne Stück verfertigt. Doch sein Herz war nicht bei der Arbeit, ihm stand der Sinn nach anderem. In ihm regte sich das Blut seiner Ahnen, denn nicht nur durch seine Mutter war er königlichen Geblüts. Der Großvater Wielands war König Wiking von Seeland, der einst an einem einsamen Strand die Meerjungfrau Wachhilde erblickt hatte, die mit ihren Gefährtinnen zu einem munteren Spiel an Land gekommen war. Wiking und die Seejungfrau waren in Liebe zueinander entbrannt, deshalb hatte die Nixe menschliche Gestalt angenommen – dies war in jenen fernen Zeiten noch möglich – und war Wiking als dessen Frau auf das Schloß gefolgt.

Wittich wollte ein berühmter Held werden, wie seine Ahnen, von denen seine Mutter ihm viel erzählte. Denn Bathilde war sehr stolz auf ihren schönen großen Sohn und wünschte, daß er ebenso berühmt würde wie seine Vorfahren. Daß Wittich oft finster und mürrisch war, führte sie darauf zurück, daß er sich in der Schmiede seines Vaters nicht wohl fühlte. Und das tat der junge Mann wahrlich nicht. Seinen Tatendrang konnte er nicht ausleben, denn er mußte immer – wie die Gesellen – den Anordnungen Wielands folgen. Durch die Arbeit mit dem Schmiedehammer war er zwar viel stärker als die meisten jungen Männer seines Alters, auch konnte er gut mit Waffen umgehen, denn er mußte oft die Arbeiten seines Vaters erproben. Doch das alles war ihm nicht genug, er fühlte sich eingeengt und unruhig in der einsamen Schmiede am Nordmeer.

Mißgelaunt ging Wittich zurück zum Haus. Wirklich, dort schaute bereits der Vater nach ihm aus. Die Laune des jungen Mannes sank noch tiefer ab. Jetzt konnte er nicht einmal mehr zum Strand gehen, ohne daß ihn der Vater überwachte!

»Vater, ich muß mit dir sprechen«, rief er beim Eintreten, bevor ihm noch Wieland Vorwürfe wegen seiner Untätigkeit machen konnte. »Ich will nicht mehr länger hier in der Schmiede leben, wo die Tage ein unaufhörliches Einerlei sind. Ich will als Ritter in die Welt ziehen und mir Ruhm und Ehre erwerben. Meine Ahnen waren schließlich Könige, so ist es nur richtig, daß auch ich zu den Großen dieser Welt gehöre.«

Wittich hatte diese Wort hastig hervorgestoßen, als wollte er sein Anliegen loswerden, bevor noch der Vater zu Wort kommen konnte. Doch Wieland dachte nicht daran, zu widersprechen.

»So, so, du willst also Ritter werden. Vielleicht mußt du wirklich hinaus in die weite Welt ziehen. Ich ahne schon seit langem, daß das Schmiedehandwerk für dich nicht das richtige ist. Deshalb will ich gleich morgen beginnen, dir die beste Rüstung zu schmieden, die ich jemals gemacht habe.«

Wittich war sprachlos. Er konnte es kaum fassen, daß sein Vater so schnell, so einfach seinem Wunsch entsprach. Er wußte ja auch nicht, daß Bathilde bereits oft mit Wieland gesprochen hatte, um ihn zu überreden, den Sohn als Ritter in die Welt zu senden.

Wirklich begann Wieland schon am nächsten Tag mit seinen Gesellen die Arbeit an der Rüstung Wittichs. Bald war eine glänzende Wehr fertig, die Schutz selbst vor den besten Waffen der Gegner bot. Nun fehlte Wittich nur noch das Schwert. Da ging Wieland zu einer Truhe, die im dunkelsten Winkel der Werkstatt stand, und holte eines heraus.

»Das ist Mimung, das Schwert, das sich einst bei den Zwergen als Meisterstück geschmiedet habe. Ich konnte es all die Jahre und in all den Gefahren bei mir bewahren. Es frißt sich durch jede Rüstung, damit bist du jedem Feind im Kampf überlegen. Nur ein einziges Schwert im ganzen Abendland gibt es, das ihm ebenbürtig ist. Und das ist Baldung, das Schwert Siegfrieds von Xanten. Ich will dir Mimung auf deine gefährliche Fahrt in die weite Welt mitgeben. Halte es immer in Ehren und führe es nur im Streit für eine gerechte Sache. Erst der Tod soll dir dieses Schwert aus der Hand nehmen.«

Wittich dankte seinem Vater glücklich und begeistert, wie es sonst gar nicht seine Art war, für die wertvolle Gabe. Nun fehlte nur noch ein Streitroß, um die Ausrüstung des jungen Helden zu vervollständigen. Und auch hier zeigte sich Wieland sehr großherzig. Er gab seinem Sohn den starken Rappen Schemming, der selbst mit einem vollständig gewappneten Ritter im Sattel schnell wie der Wind laufen konnte.

»Du weißt, mein Sohn, daß du dir erst Ruhm und Ehre erwerben mußt, bevor du zum Ritter geschlagen werden kannst. Hast du schon ein bestimmtes Ziel für deine ersten Heldentaten vor Augen? Und welcher König soll dich dann zum Ritter schlagen?«

»Ich will mich mit dem berühmtesten Helden des Abendlandes messen, mit König Dietrich von Bern. Ich werde sicher siegreich aus diesem Kampf hervorgehen, denn deinem Schwert, Vater, wird auch Dietrich nicht gewachsen sein. Habe ich den Berner erst besiegt, bin ich berühmt in allen Landen und finde sicher einen König, der mich zum Ritter schlägt und für den ich als Dienstmann und Gefährte kämpfen kann.«

Wieland vernahm mit großem Schrecken diesen Plan seines Sohnes. Wohl wußte er, daß Wittich im Zweikampf fast unbesiegbar war, wenn er in seiner neuen Rüstung mit Mimung focht. Denn er selbst war durch seine vortreffliche Wehr vollständig geschützt, Mimung aber würde jeden gegnerischen Panzer zerhauen. Es schien Wieland aber nicht richtig, daß ein großer König wie Dietrich von Bern dem Ehrgeiz seines Sohnes zum Opfer fallen sollte. Fast tat es ihm leid, daß er das Schwert, das so lange in der Truhe geruht hatte, nun Wittich gegeben hatte. Nun konnte er es aber nicht mehr ungeschehen machen und hoffte nur, daß ein Wunder den Berner retten würde, ohne daß sein Sohn dabei zu Schaden kam.

Nachdem sich Wittich von seinen Eltern verabschiedet hatte, ritt er noch einmal an den Strand, an dem er so oft und so gerne gesessen war. Er wollte es sich selbst nicht zugeben, doch er wußte schon jetzt, daß ihm das stürmische Nordmeer fehlen würde. Denn im Süden, wohin es ihn zog, waren die Winde sanfter und die Meereswogen ruhiger, so glaubte er wenigstens. Als er auf die unruhige See blickte, schienen sich plötzlich die Wogen zu teilen. Ein liebliches Frauengesicht lächelte ihm zu. Und dann schien eine Frauenstimme aus dem Tosen der Wellen zu ihm zu sprechen: »Ich bin Wachhilde, deine Ahnin. Nach meinem Leben mit deinem Vorfahr Wiking bin ich wieder in meine Heimat, das Meer, zurückgekehrt. Dort wache ich über alle meine Nachfahren. Darum wisse: Wenn du einmal in höchster Not und Gefahr bist, dann versuche, das Meer zu erreichen. Meine Gefährtinnen und ich werden dir immer helfen, zu welchem Meer du auch kommst. Wir warten auf dich.«

Wittich wischte sich die Augen. Da sah er nur die Wogen, wie sie seit Jahrtausenden an den Strand schlugen. Und er hörte nur das Rauschen der Wellen und die heiseren Schreie der Meeresvögel, wie an vielen Tagen vorher. Aber er machte sich doch seltsam getröstet auf den weiten Weg in den Süden, nach Bern.

Lange dauerte sein Ritt, bis er zu den Alpen kam, doch kam er immer unbehelligt weiter. Der bekannte Name seines Vaters war gleichsam ein Schutzschild für Wittich. Wie staunte er aber, als er die mächtige Kette der Alpen vor sich sah, hatte er in seiner Heimat doch keine großen Berge gesehen. Auf steilen, schmalen Straßen arbeitete er sich empor. Und als sich die Straßen wieder abwärts senkten, wußte er, daß er in das Reich Dietrichs gekommen war.

Schließlich gelangte er an den wild brausenden Eisack, den er überqueren mußte. Doch nirgends fand er eine Brücke oder eine Furt, durch die er den Gebirgsfluß gefahrlos durchreiten konnte. So beschloß er, den Fluß schwimmend zu durchqueren. Er wollte aber sich selbst und auch sein Pferd Schemming keiner unnötigen Gefahr aussetzen, darum legte er die Rüstung und sein Untergewand ab und wollte erst erproben, ob diese Überquerung überhaupt möglich war.

Als er gerade mit kräftigen Armen die wildschäumenden Wasser teilte, kamen drei Reiter des Wegs. »Da schwimmt etwas im Fluß«, rief der Älteste von ihnen, ein graubärtiger Recke. »Ist das jetzt ein Mensch oder ein Zwerg?«

Der kleine, untersetzte Gewappnete hatte inzwischen das Pferd und die Rüstung entdeckt. »He, du Nix, brauchst du noch deine Waffen?« rief er lachend. »Sonst nehme ich sie mir.«

Wittich, der diese spöttischen Worte durch das Rauschen der Wellen gehört hatte, erfaßte eine unbändige Wut. Mit schnellen Stößen schwamm er zurück ans Ufer und fuhr die drei an: »Seit wann ist es Ritterart, einen Unbekannten zu verhöhnen oder ihm gar mit Raub und Diebstahl zu drohen. Ich werde Euch zeigen, daß ich mein Eigentum verteidigen kann.«

Bei diesen Worten begann er sich wieder zu wappnen; als er seine Rüstung wieder angelegt hatte, schwang er sich aufs Pferd und wollte auf die drei losstürmen. Doch der Älteste bemühte sich um Frieden: »Wenn wir Euch beleidigt haben, unbekannter Ritter, so verzeiht uns. Wir haben nur einen Scherz machen wollen und sind nicht auf einen Waffengang mit Euch aus. Doch nun sagt, wer Ihr seid und was Ihr in dieser Wildnis sucht.«

»Ich bin Wittich, der Sohn von Wieland, dem Schmied. Ich bin unterwegs nach Bern, wo ich mit König Dietrich kämpfen will, um Ruhm und Ehre zu gewinnen.«

»Großvater, ich verstehe da einiges nicht.«

Katharina, die sich aus einigen alten Büchern aus der Bibliothek ihres Großvaters ihre eigene Geschichte von Dietrich von Bern zusammensuchte, kam in das Wohnzimmer.

»Wieso wird in allen Büchern so getan, als ob Bern in Oberitalien liegt. Bern ist doch in der Schweiz.«

»Bern ist der Sagenname für Verona. In den alten Sagen werden oft Orte oder Menschen anders genannt, als wir es gewohnt sind. Aber das ist ja auch egal, wichtig ist doch nur, was passiert.«

»Ich verstehe aber auch nicht, warum die Leute damals ununterbrochen kämpfen wollten. Das ist doch gefährlich, da kann man leicht verletzt werden. Oder man kann sogar getötet werden. Wieso soll es denn eine Ehre sein, wenn man sich selbst oder jemandem anderen weh tut?«

»Es gibt eben Leute, die die Gefahr lieben. Und andere bewundern sie dafür. Die Ritter waren die Anführer der Krieger. Für sie war es direkt lebensnotwendig, gute Kämpfer zu sein. Die Turniere waren so eine Art Training. Und schließlich ist es ja auch gefährlich, ein Autorennen zu fahren. Und die Rennfahrer verdienen doch viel Geld damit, weil ihnen viele Leute dabei zusehen – und wenn es dann einen Unfall gibt, wird die Spannung noch größer.«

Nachdenklich zog sich Katharina wieder zu den Büchern zurück. Vielleicht hat sich doch nicht so vieles geändert seit der sagenhaften Ritterzeit, überlegte sie.

Der Graubärtige lachte leise bei Wittichs Worten. »Wenn das so ist, könnt Ihr mit uns reiten. Ich bin Meister Hildebrand und bin mit Herzog Hornbogen und Ritter Heime auf dem Weg nach Bern. Denn König Dietrich hat uns auf Kundschaft hier in die Gegend ausgesandt, weil eine Schar verwegener Räuber die Straßen unsicher macht. Bisher haben wir die Räuber noch nicht entdeckt, nun wollen wir flußabwärts bis zur alten Römerbrücke reiten, vielleicht können wir dort eine Spur entdecken.«

Wittich ärgerte sich zwar insgeheim über den herablassenden Ton, in dem ihm Hildebrand den gemeinsamen Ritt angeboten hatte. Doch wahrte er die ritterliche Höflichkeit, die ihn seine Eltern gelehrt hatten, und begrüßte die drei Recken freundlich. Hornbogen erwiderte den Gruß ebenso freundlich, doch Heime gab ihm nur widerstrebend die Hand. Trotz der Großmut Dietrichs, der ihn des Zweikampfes für würdig befunden und ihn dann zum Ritter geschlagen hatte, konnte er seine Abneigung gegen Gleichaltrige aus ritterlichem Geschlecht nicht überwinden. Noch immer gellten die Spottrufe in seinen Ohren, die ihm die Jungen auf seinem Weg nach Bern nachgerufen hatten.

Nach einiger Zeit kam die kleine Schar zu der alten Römerbrücke. Das schmale Bauwerk spannte sich noch immer in kühnem Bogen über den Fluß. Doch war es unmöglich, es zu überqueren. Denn eine große Schar verwegen aussehender Berittener, alle mit Schwertern, Speeren und schweren Knüppeln bewaffnet, hielt die Brücke am jenseitigen Ufer besetzt.

»He, ihr Ritter, wollt ihr herüber? Dann müßt ihr den Wegezoll zahlen. Wir verlangen nur eure Ausrüstung und eure Pferde, dann dürft ihr eures Weges ziehen«, rief der Anführer der Räuber mit hohntriefender Stimme hinüber. Denn er fühlte sich mit seiner großen Truppe den vier Rittern überlegen, die noch dazu nur hintereinander über die Brücke reiten konnten. Die Räuber wollten einen nach dem anderen besiegen und töten, wie sie es schon mit vielen Reisenden gemacht hatten.

Aber da hatten sie sich getäuscht. Ohne ein Wort der Entgegnung spornte Wittich seinen Rappen zu einem mächtigen Satz. In kühnem Bogen überflog Schemming den Fluß und gewann das gegenüberliegende Ufer. Wie ein Unwetter fuhr er in die Schar der Räuber, die vor lauter Überraschung und Schrecken anfangs keinen Finger zu ihrer Verteidigung rühren konnten.

»Wir müssen ihm helfen«, rief Hildebrand und trieb auch schon sein Pferd an. Den Sprung über den Fluß wagte er allerdings nicht, sondern ritt – mit Hornbogen im Gefolge – durch das reißende Wasser. Heime aber blieb anfangs unbeweglich auf Rispe sitzen. Sein Ärger über Wittich war mächtig gewachsen. Denn dieser Jüngling war nicht nur edlerer Abstammung als er selbst, er hatte auch noch ein Pferd, das dem seinen mindestens ebenbürtig war, und er konnte genauso gut reiten wie er selbst. Warum sollte er diesem jungen Mann helfen, der den König zum Kampf fordern wollte? Sollte er doch allein schauen, wie er mit den Räubern fertig werden konnte. Als aber Hildebrand mehrfach und schon recht unwillig nach Heime rief, ließ dieser Rispe einen kühnen Satz über den Fluß machen. Wie vor ihm Wittich auf seinem Schemming gewann Heime das Ufer, für sein Schwert Blutgang blieb aber wenig Arbeit zu tun. Denn die anderen drei hatten schon tüchtig unter den Räubern aufgeräumt, die wenigen, die nicht tot oder verwundet am Flußufer lagen, suchten ihr Heil in der Flucht.

Das Kastell nahe dem Flußufer, in dem die Räuber ihren Zufluchtsort gefunden hatten, war ohne Besatzung zurückgeblieben. So konnten die vier hier ihr Nachtlager aufschlagen, denn der Abend sank schon hernieder. In der kleinen Burg fanden sie reiche Schätze, die die Räuber ihren Opfern abgenommen hatten, und auch ausreichend Verpflegung für eine große Truppe. Hildebrand war mit dem Erfolg seines Ausrittes sehr zufrieden, denn jetzt war das Gebiet von der gefürchteten Bande befreit.

Nun wollte er sich noch bemühen, Wittich von seinem Plan abzubringen, mit Dietrich zu kämpfen. Denn er hatte beobachtet, welch furchtbare Ernte dessen Schwert unter den Strauchdieben gehalten hatte, und fürchtete, daß es Dietrich im Zweikampf mit Wittich schlecht ergehen würde. Doch Wittich hielt an seinem Vorhaben fest. Er vertraute auf Mimung und auf seines Vaters Rüstung und war sich des Sieges sicher. Und er wußte, daß der Sieger über Dietrich berühmt unter allen Helden der Christenheit sein werde.

Sehr sorgenvoll legte sich Hildebrand zur Ruhe, der Schlaf mied ihn aber. Denn immerzu mußte er darüber nachdenken, welch große Gefahr nicht nur Dietrich drohte, sondern dem ganzen Lampartenreich. Sollte Dietrich in diesem Kampf getötet werden, würde die Krone auf Diether übergehen, den Bruder Dietrichs. Doch dieser war noch ein Knabe, viel zu jung und unerfahren, um das Königreich regieren und vor allen Gefahren bewahren zu können.

Mitten in der Nacht kam Hildebrand der erlösende Gedanke. Er vertauschte Mimung mit seinem eigenen Schwert, das dem Meisterwerk Wielands täuschend ähnlich sah, aber längst nicht eine so hervorragende Waffe war. Erst als dieses Werk vollendet und Hildebrand sicher war, daß alle Gefährten tief schliefen und den Tausch nicht bemerkt hatten, verfiel er selbst in einen kurzen Schlummer.

Am nächsten Morgen wartete Hildebrand gespannt, ob wohl Wittich den Tausch bemerke. Doch der gürtete sich ohne Argwohn das Schwert um und ritt mit den anderen weiter nach Bern. Dort angekommen, wurden Hildebrand, Hornbogen und Heime von König Dietrich freudig begrüßt, der gleich wissen wollte, ob sie siegreich die Räuberbande zerschlagen hatten. Wittich aber übersah er. Denn der hochgewachsene Jüngling gefiel dem König ebensowenig, wie er Hildebrand gefallen hatte. Die eiskalten grauen Augen Wittichs machten den Gotenkönig frösteln und weckten in ihm die Ahnung von kommendem Unheil.

Da schleuderte Wittich voll Wut seinen Eisenhandschuh Dietrich zu Füßen und forderte ihn damit zum Zweikampf. Doch hochmütig, wie es sonst gar nicht seine Art war, wies der König die Forderung ab:

»Glaubst du, ich kämpfe mit jedem dahergelaufenen Landstreicher? Setz dich schnell wieder auf dein Pferd und verlasse meine Stadt, bevor ich dich in Ketten legen lasse.«

»Ihr habt hier die Macht, König Dietrich«, erwiderte Wittich ebenso hochmütig. »Ich beuge mich Eurem Befehl. Doch von nun an wird es in allen Landen heißen, daß Dietrich von Bern einen Gang scheut, wenn sein Gegner gute Waffen trägt.«

Dietrich erstarrte vor Zorn und wollte schon seine Knechte rufen, damit sie den unverschämten Burschen in Ketten legen sollten. Da hielt es Hildebrand für nötig, einzugreifen. Denn nun stand die Ehre seines Königs auf dem Spiel.

»Dies ist Wittich, der Sohn von Wieland, dem Schmied. Er ist uns im Kampf gegen die Räuberbande wacker zur Seite gestanden und hat den größten Anteil am Sieg. Er ist es wohl wert, daß du ihn unter deine Gefolgsleute aufnimmst.«

Aber Wittich beharrte auf dem Kampf mit dem König, und dieser, voll lodernder Wut, willigte ein. Wohl dachte er sich, daß Wieland seinen Sohn mit gar trefflichen Waffen ausgestattet hatte, doch traute er seiner Schwertkunst zu, trotzdem zu siegen.

Nun ging Rentwins großer Wunsch in Erfüllung: Er sollte Dietrich von Bern in einem Turnier kämpfen sehen. Seltsam jedoch, er konnte keine Vorfreude empfinden. Auch er fühlte eine unerklärliche Scheu vor diesem hochgewachsenen Jüngling mit dem harten Gesicht, der nun gleichmütig, als handle es sich um eine Hasenjagd, auf den Turnierplatz voranging. Dietrich und alle seine Getreuen folgten ihm, alle spürten die Spannung, die zwischen den beiden Turnierkämpfern bebte.

Nach einem kurzen Gruß jagten Dietrich und Wittich aufeinander los, beide auf ihren vortrefflichen Pferden. Beim ersten Gang konnten sich beide im Sattel halten; doch Wittichs Speer, dessen Spitze von Wieland geschmiedet war, durchbrach den Schild des Königs und wurde erst von der Brünne aufgehalten, Dietrichs Speer dagegen glitt am vortrefflichen Schild Wittichs ab. Ein Raunen ging durch die Menge, als Wittich beim zweiten Gang gar des Königs Speer mit seinem Schwert zerhieb. Nun sprangen beide aus dem Sattel und begannen zu Fuß den Kampf mit dem Schwert.

Die große Schar der Zuseher hielt den Atem an, denn so ein Fechten sahen sie noch nie. Hart prasselten die Hiebe auf die Helme, hell klangen die Schilde, wenn durch sie ein Schwerthieb abgefangen wurde. Durch die zahllosen Hiebe waren die beiden Helden halb betäubt, doch die Rüstungen hielten ebenso stand wie die Schilde. Es zeigte sich aber schließlich doch, daß Dietrich der bessere Kämpfer war. Mit einem furchtbaren Streich auf den Kopf, dem nur ein von Wieland geschmiedeter Helm standhalten konnte, warf er Wittich zu Boden. Doch der junge Mann aus dem Norden sprang sofort wieder auf, ließ seinen Schild fahren, faßte sein Schwert mit beiden Händen und schmetterte es auf Dietrichs Haupt. Ein Aufseufzen ging durch die Menge, fürchtete doch jeder, daß dieser Hieb des Königs Helm und Haupt gespalten habe.

Doch was war das? Hildegrim, der vortreffliche Helm, hatte standgehalten. Doch Wittich stand da, nur den Schwertgriff in der Hand. Die Klinge war an Hildegrim zerschellt.

»Du hast mich betrogen, Vater«, schrie er da in höchster Wut. »Das ist nie und nimmer Mimung.« Mit diesen Worten schleuderte er den nutzlosen Schwertgriff weit von sich.

Dietrich aber, in dem noch immer rotglühender Zorn kochte, holte unbarmherzig weit aus. Er wollte Wittich den Todesstoß versetzen. Da aber sprang Hildebrand dazwischen. Durch seine List und den Austausch der Schwerter hatte er nur den König schützen, nicht aber den Tod dieses jungen Mannes verschulden wollen.

»Halt ein, Dietrich, denn ein so tapferer Kämpfer sollte lieber dein Gefährte werden, als tot zu deinen Füßen liegen. Laß ihn den Treueeid schwören und nimm ihn auf unter deine Gefährten. Die Stärke seines Armes wird dir noch oft von Nutzen sein.« Diese Worte, so hoffte er, würden den Kampf beenden, ohne daß er seine List vor aller Welt zugeben mußte.

Doch Dietrich war an diesem Tag wie ausgewechselt. »Der Bube ist mir verfallen«, schrie er wütend und holte neuerlich zum Todesstoß aus. Wittich stand ruhig und gelassen da. Der Schmerz über den scheinbaren Verrat des Vaters hatte jede andere Regung in ihm abgetötet.

»Halt!« rief da wieder Hildebrand dazwischen. »Nicht gerecht und ehrlich war der Kampf. Denn aus Sorge um dich und dein Leben habe ich des Nachts Mimung an mich genommen und Wittich das andere Schwert zugesteckt. Hier ist der echte Mimung, den dir dein Vater gegeben hat.« Mit diesen Worten reichte er Wittich das Schwert, das er bisher an seiner Seite getragen hatte.

Nun begann der Kampf mit doppelter und dreifacher Wucht von neuem. Keinem der Streiter merkte man an, daß er schon einen schweren Waffengang hinter sich hatte. Aber bald zeigte sich, daß des Königs Rüstung kein ausreichender Schutz vor Mimung war. Schnell lag der Schild in Stücke zerhauen auf dem Boden, das Schwert fand seinen Weg durch die Ringe der Rüstung, so daß Dietrich aus vielen Wunden blutete. Ein furchtbarer Streich Wittichs riß sogar Hildgrim entzwei, das Blut strömte aus der gefährlichen Kopfwunde.

»Gib dich geschlagen, Dietrich«, rief da Wittich, der nicht den Tod des Königs verschulden wollte. Doch verbissen kämpfte der Berner weiter, er wollte lieber sterben, als die Schmach einer Niederlage erleben. Doch da warf sich wieder Hildebrand zwischen die beiden Kämpfer. »Haltet ein und hört mich an. Dir, Wittich, brachte das Schwert Mimung den Sieg, nicht aber deine Fechtkunst, wie man im ersten Waffengang gesehen hat. Doch mit Mimung in deiner Faust bist du unschlagbar. Deshalb schlage ich dir, König Dietrich, nochmals vor, Wittich unter deine Gefährten aufzunehmen.«

Der König sah ein, daß Hildebrands Rat vernünftig war. Denn als König trug er Verantwortung für sein Reich und durfte deshalb nicht wegen der persönlichen Kränkung über eine Niederlage – die überdies nicht von ihm selbst verschuldet war – sein Leben aufs Spiel setzen. Also warf er sein Schwert zu Boden, umarmte Wittich und sprach die feierlichen Worte: »Hiermit nehme ich dich auf unter meine Gefährten. Zu Pfingsten werde ich dich gemeinsam mit Rentwin, dem Sohn Helferichs von Tuskan, zum Ritter schlagen.«

Dann war also endlich Pfingsten gekommen, der Tag, an dem Rentwin und Wittich zu Rittern geschlagen werden sollten. Ein Festtag sollte es sein, so hatte es sich Rentwin immer gewünscht. Doch die Stimmung am Hof zu Bern war wahrlich nicht festlich. Dietrichs zahlreiche Wunden waren noch lange nicht verheilt, man sah dem König trotz aller Bemühungen um ein gleichmütiges Gesicht an, daß er starke Schmerzen litt.

Ärger noch waren aber die seelischen Schmerzen. Denn die Niederlage gegen Wittich hatte in zutiefst getroffen. Da half es auch nichts, wenn er sich wieder und immer wieder sagte, daß er nur den besseren Waffen, nicht jedoch dem besseren Kämpfer unterlegen war. Dietrichs düstere Stimmung färbte auf den ganzen Hof ab. Und obwohl zur Schwertleite, zum Ritterschlag der beiden jungen Helden, alle Pracht entfaltet wurde, die bei diesem Anlaß üblich war, wollte doch keine rechte Freude aufkommen.

Schon am nächsten Tag brach Dietrich allein auf, um in die nördlichen Wälder zu reiten. Dort wollte er einige Tage jene Ruhe suchen, die ihm am Hof zu Bern nicht zuteil werden konnte. Dann, so hoffte er, würden seine Wunden an Leib und Seele verheilt sein. Hildebrand, der zuerst gegen diesen Ausritt war, verstand die Beweggründe seines Königs und versprach, in der Zwischenzeit in Bern auf alles achtzugeben. Gefahr für Dietrich befürchtete der treue Waffenmeister nicht, da in den Wäldern alles ruhig war.

»Ich habe das Drehbuch umgeschrieben. Wir machen mein Video ganz ohne Mädchen. Das ist für einen Krimi wahrscheinlich auch besser.«

Katharina schreckte hoch. Ihr Bruder hatte sie wieder einmal gestört und aus einem Halbschlaf geweckt. Im Traum hatten Quellnymphen, Schimmel, Ritter und Zwerge einen wilden Tanz ausgeführt. Jetzt mußte sie wohl wieder in die Wirklichkeit zurückkommen.

»Vielleicht ist es für dich wirklich einfacher, wenn du nur mit deiner Bande das Video machst. Dann wird es wenigstens fertig.« *Katharina wollte nicht zugeben, daß sie sich insgeheim darüber freute, daß ihre eigene Rolle nicht mit einem anderen Mädchen besetzt wurde.*

»Ach, übrigens, Mutter läßt dich fragen, wie es heute deinem Bein geht. Wir wollen alle zum Jahrmarkt in den Ort fahren. Glaubst du, daß du mitkommen kannst und auch etwas davon hast?«

»O ja, es wird sicher gehen. Ich kann eine Abwechslung dringend brauchen.«

Katharina freute sich ehrlich. Sie wollte eines dieser unbeschreiblich schön-kitschigen Schmuckstücke mit großen »Edelsteinen« kaufen oder bei einem Schießstand gewinnen. Das sollte dann ihr Karfunkelstein sein.

KAPITEL 3

Im Kampf für Königin Virginal

Wenige Stunden, nachdem der König seine Hauptstadt verlassen hatte, kam ein gar seltsamer Mann nach Bern. Er war, wenn auch kein Riese, so doch größer als jeder andere Mann am Hof. Seine Rüstung funkelte golden in der Sonne, auf seinem Helm glänzte ein riesiger Karfunkelstein. Und: dieser Mann kam zu Fuß, obwohl doch sonst ein gewappneter Ritter nur zu Pferde unterwegs war.

»Ich bin Ecke, ein Gefolgsmann der Königin Seeburg aus Köln am Rhein«, erzählte er in einer Herberge, wo er Speis und Trank bestellte. »Die Königin hat vom Ruhm Eures Königs gehört, und nun ist es ihr größter Wunsch, Dietrich kennenzulernen. Ich bin hier, um ihm diese Einladung zu überbringen. Weil ich so groß und stark bin, kann mich kein Pferd über eine längere Strecke tragen. Doch mein Schritt ist schnell wie der eines Pferdes, so bin ich zu Fuß hierhergekommen.«

Gutgläubig erzählte ihm der Herbergsvater, daß Dietrich vor wenigen Stunden allein nach Norden in die Wälder geritten war. Denn nichts, was der König tat, blieb seinen Untertanen verborgen. Und der Hauswirt ahnte nicht, daß er seinem Herrn mit dieser Auskunft einen schlechten Dienst erwies. Denn Ecke hatte ihm nur die halbe Wahrheit gesagt. Tot oder lebendig, so hatte er Königin Seeburg versprochen, würde er den Berner nach Köln bringen. Dann wollte Seeburg ihm, Ecke, endlich die Hand zum Ehebund reichen.

Als er nun Dietrich nicht in Bern antraf, machte sich Ecke gleich in Richtung Norden auf, um den König zu suchen. Doch zufällig hatte Rentwin, der bescheiden in der Ecke der Herberge bei einem Humpen Wein saß, dieses Gespräch gehört. Als er die riesige Gestalt Eckes sah, bekam er Angst um Dietrich, denn einen Kampf hätte dieser kaum überstanden. Schnell berichtete er Meister Hildebrand, was er erlauscht hatte, und erbat sich von ihm die Erlaubnis, Ecke im geheimen zu folgen. Rentwin wollte sich dem König nur zeigen, wenn es unbedingt nötig war; doch wollte er ihn nicht ohne irgendeine Hilfe bei einer möglichen Auseinandersetzung mit dem Hünen lassen. Hildebrand zeigte sich mit den Vorschlägen Rentwins einverstanden und erlaubte ihm, dem König zu folgen.

Ecke eilte also nach Norden, und hinter ihm, in einiger Entfernung, ritt Rentwin. Doch allmählich brach die Nacht hernieder, und Rentwin verlor die Spur Eckes. Diesem aber leuchtete sein Karfunkelstein, und so suchte er weiter nach Dietrich. Er fand schließlich einen Mann in tiefem Schlummer auf einer Waldlichtung. Die Pracht der Rüstung sagte Ecke gleich, daß es sich nur um den König handeln konnte. Er weckte ihn und berichtete ihm vom Wunsch seiner Königin. Doch diesmal sagte er die volle Wahrheit, um Dietrich klarzumachen, daß er keine andere Wahl habe, als mit ihm zu kommen. Denn Ecke hatte in Bern vom Zweikampf zwischen Dietrich und Wittich erfahren und war deshalb sicher, daß Dietrich einen neuerlichen Kampf vermeiden wollte.

»Du hast mich rüde geweckt, Ecke«, meinte jedoch der König. »Wir beide bedürfen aber der Ruhe. Deshalb wollen wir erst des Morgens über deinen Auftrag sprechen und uns inzwischen erholen. Damit jedoch keiner den anderen betrügt, wollen wir abwechselnd Wache halten. Ich will die erste Wache übernehmen, da ich schon einige Zeit ausgeruht habe. Zur rechten Zeit werde ich dich wecken.«

Ecke war mit diesem Vorschlag einverstanden. Und so schliefen zuerst er und dann König Dietrich friedlich im weichen Moos. Des

Morgens aber weigerte sich Dietrich entschieden, mit Ecke zur Königin Seeburg zu reisen.

»Bin ich denn ein Tanzbär oder sonst ein seltsames Tier, das man zur Unterhaltung vorführt? Oder bin ich ein wertvolles Schmuckstück, das deine Königin betrachten will? Wegen der Laune einer Frau, und sei es auch eine Königin, werde ich nicht für Wochen mein Land verlassen.«

Da geriet Ecke in höchsten Zorn, denn er hörte aus den Worten des Berners eine Beleidigung der Königin Seeburg heraus, die er liebte und verehrte. Wutentbrannt riß er sein Schwert aus der Scheide und stürzte sich auf den König. Dieser konnte sich kaum der wilden Streiche des wütenden Recken erwehren. Denn seine Wunden brannten noch immer und sprangen bald wieder auf; Blut tropfte von seiner Stirne und nahm ihm die Sicht. Schließlich versuchte er, im Ringkampf Ecke zu besiegen. Doch seine Kräfte verließen ihn bald, und er stürzte zu Boden. Im Fallen riß er aber Ecke mit.

»Und ich nehme dich doch mit zur Königin, und sei es als Leiche!« Mit diesem Schrei warf sich Ecke auf Dietrich und drohte ihn zu erwürgen. Der König spürte, wie ihm die Sinne schwanden. Er nahm kaum mehr wahr, was um ihn geschah, da kam von zwei Seiten Hilfe. Denn Rentwin, der des Nachts die vergebliche Suche nach Ecke bald aufgegeben und ebenfalls im Wald geschlafen hatte, hörte den Lärm des Kampfes und eilte herbei.

Schneller noch war aber Falke. Der Schimmel war in einiger Entfernung von der Waldlichtung angebunden gewesen. Nun, da er seinen Herrn in Gefahr spürte, machte er sich von seiner Fessel frei, galoppierte auf den Kampfplatz und stürmte auf Ecke los. Mit beiden Vorderhufen trommelte er auf Dietrichs Gegner ein, so daß dieser den tödlichen Würgegriff lockern mußte.

»Laß ab von deinem Vorhaben«, keuchte Dietrich. Doch Ecke tastete wortlos nach seinem Schwert, um dem König den Todesstoß zu versetzen. Da blieb Dietrich keine andere Wahl: Er rammte sein Schwert Nagelring seinem Gegner zwischen die Ringe der Brünne tief in den Leib. Mit einem Seufzer streckte sich Ecke ein letztes Mal – er war tot. Voll Trauer blickte der König auf den jungen Helden, der durch die Launen einer schönen Frau den Tod gefunden hatte. Dann stürzte er ohnmächtig neben Ecke nieder. Denn dieser Kampf war zu viel für seinen geschwächten Körper gewesen.

Nun glitt Rentwin hinter dem Baumstamm hervor, hinter dem er sich versteckt hatte, als Dietrichs Schimmel seinem Herrn zu Hilfe kam. Denn getreu seiner Abmachung mit Hildebrand hatte sich Rentwin nicht gezeigt, als er merkte, daß Dietrich keine Unterstützung brauchte. Bestürzt sah er nun auf den leblosen König nieder, der aus vielen alten und neuen Wunden blutete. Jetzt brauchte er dringend einen Beistand, damit Dietrich nicht seinen Verletzungen erlag.

»Melusa, Melusa!« rief er leise in den Wald und pfiff eine kleine Melodie. Das war das Zeichen für die Quellnymphe, die Rentwins Vater Helferich einmal gerettet hatte. Als Dank hatte sie nicht nur die Markgräfin in den Geheimnissen der Heilkunst unterwiesen, sondern auch versprochen, der Familie immer zu Hilfe zu eilen, wenn jemand in Not war. Nun schwebte sie herbei und sah sofort, was nötig war. Mit Rentwins Hilfe nahm sie dem König die Rüstung ab, bestrich die Wunden mit wundertätigen Tinkturen und legte die notwendigen Verbände an. Dann träufelte sie eine wasserhelle Flüssigkeit dem König in den Mund.

»Dietrich wird nun 24 Stunden schlafen. Dann wird er heil und gesund erwachen, und seine Wunden werden geschlossen sein«, versprach sie Rentwin. »Sollte sich aber doch etwas am Zustand des Königs ändern, dann ruf wieder nach mir.« Mit diesen Worten schwebte sie wieder fort.

Rentwin wachte diese 24 Stunden beim König. Und zu seiner Freude sah er, wie wieder Farbe in das totenblasse Antlitz des Königs zurückkehrte und sich Dietrich am Morgen des nächsten Tages zu regen begann. Da versteckte sich Rentwin neuerlich im Wald. Dietrich aber schlug die Augen auf und sah sich verwundert um. Er entdeckte Falke, der auch bei ihm Wache gehalten hatte. Dann sah er den Leichnam Eckes. Er erinnerte sich an den Kampf, wußte aber nicht, daß ihn ein wundertätiger Trank einen Tag und eine Nacht in Schlaf versetzt hatte. Er glaubte, daß seit dem Kampf mit Ecke erst kurze Zeit vergangen war. Doch konnte er sich nicht erklären, wieso seine Wunden verbunden waren und wieso er sich wieder so frisch und stark wie vor dem Kampf mit Wittich fühlte.

Doch bevor er dieses Rätsel löste, wollte er sich wieder wappnen. Da seine Rüstung im Kampf mit Ecke zerhauen worden war, nahm er dessen Rüstung. Und weil sie ihm viel zu groß war, schnitt er sie sich mit Eckes Schwert – er hatte dessen Schärfe schmerzlich am eigenen Leib erfahren – für sich zurecht. Dann gürtete er sich Eckes Schwert um. Denn als Sieger hatte er ein Anrecht auf die Waffen des Besiegten, die noch dazu besser waren als seine eigenen. Sein Schwert Nagelring schnallte er hinter sich an den Sattel, dann wollte er nach Bern zurückreiten. Hier in der Wildnis konnte er, wie er dachte, das Geheimnis seiner Heilung doch nicht lösen, vielleicht fand er unterwegs eine Erklärung.

Da stürmte – zu seinem und auch Rentwins Schrecken – wieder ein hünenhafter Mann auf die Lichtung. Es war Fasolt, Eckes Bruder, der diesem heimlich gefolgt war. Doch weil er die Spur verloren hatte, kam er erst jetzt. Wütend gab er vor, daß er den Bruder rächen wollte. In Wahrheit wollte er aber nur Beweise für den Tod Eckes an sich raffen, weil er selbst Königin Seeburg freien wollte – nicht aus Liebe, sondern aus Habgier, da Königin Seeburg unermeßlich reich war. Als er nun sah, daß Dietrich die Rüstung des Bruders und auch dessen Schwert Eckesachs trug, stürzte er auf ihn los, um ihm beides zu entreißen.

»Du hast meinen Bruder ermordet«, schrie er voll gespieltem Zorn. »Du hast ihn sicher im Schlaf erschlagen, denn niemand konnte Ecke im Zweikampf besiegen. Dafür bist du jetzt des Todes.«

Dietrich versuchte ihm zu erklären, durch welche Umstände Ecke das Leben verloren hatte. Doch Fasolt hörte gar nicht zu – in Wahrheit waren ihm diese Umstände auch vollständig gleichgültig – und ging mit gezücktem Schwert auf Dietrich los. Auch Fasolt war ein tüchtiger Kämpfer, aber Dietrich, wieder im Vollbesitz seiner Kräfte, warf ihn doch nach kurzer Zeit zu Boden.

»Ich bin des Tötens müde«, sagte der König. »Ich wollte auch deinem Bruder das Leben lassen, doch zwang er mich zum tödlichen Streich. Wenn du mir Treue schwörst und bei deiner Ritterehre versprichst, keinen Hinterhalt zu planen, will ich dir Gnade gewähren.«

Fasolt nahm den Helm ab, wie es Sitte für einen Schwur war, und verpfändete seine Ritterehre, daß er niemals mehr die Hand gegen Dietrich erheben werde. Doch kaum hatte sich der König umgedreht, um zu seinem Pferde zu gehen, hob Fasolt heimtückisch sein Schwert und wollte Dietrich von hinten niederstechen. Da sauste ein hellfunkelndes scharfes Messer durch die Luft und traf Fasolt in die Halsbeuge. Rentwin hatte den versuchten Verrat Fasolts beobachtet und zum zweiten Mal dem König das Leben gerettet.

»Was machst du denn hier mitten im Wald?« fragte Dietrich ungläubig und erstaunt. Er hatte sich schnell umgedreht, als er den leblosen Körper Fasolts stürzen hörte. Diesmal, das wußte er, wäre es ohne das Eingreifen Rentwins mit seinem Leben endgültig vorbei gewesen. Denn das Geräusch seiner eigenen Schritte und der Huftritte Falkes hatte ihn die Annäherung Fasolts überhören lassen. Nun lag der heimtückische Hüne tot am Boden, aus seinem Hals ragte das Messer Rentwins.

»Verzeih, mein König, daß ich Ecke gefolgt bin«, sagte Rentwin. »Ich hörte in Bern von seiner Absicht, dir in den Wald nachzureiten, und befürchtete eine Gefahr für dich. So bin ich mit Zustimmung von Meister Hildebrand auf seiner Spur geblieben.« Rentwin betonte, daß er diesmal nicht heimlich und eigenmächtig gehandelt hatte, um einem möglichen Tadel Dietrichs zuvorzukommen. Denn der König hatte ja ausdrücklich gesagt, daß er in den Wäldern allein bleiben wollte.

»In der Nacht habe ich allerdings Ecke und dich nicht finden können, der Kampfeslärm hat mir aber am Morgen den Weg hierher gewiesen. Ich wollte mich dir eigentlich nicht zeigen, die Hinterlist Fasolts hat mich aber zum Eingreifen gezwungen.«

»Und du hast wahrlich im richtigen Moment eingegriffen. Denn Fasolt hätte mich unbemerkt überfallen können, ich habe seine Schritte nicht gehört. Du bist wirklich der vortrefflichste Messerwerfer, den ich kenne. Ich bin dir auf ewig dankbar.« Mit diesen Worten umarmte der König Rentwin, der vor Stolz über diese Auszeichnung errötete. Er war unsagbar glücklich, daß er im rechten Moment sein sicheres Auge und seine ruhige Hand im Dienste des Königs einsetzen konnte.

»Du wirst mir sicher auch sagen können, wieso sich meine Wunden geschlossen haben und wieso ich mich so wohl und stark fühle, als hätte ich nicht in den letzten Tagen mehrere schwere Kämpfe zu bestehen gehabt«, fragte da Dietrich. Rentwin erzählte nun, wie die Quellnymphe Melusa den König verbunden und versorgt hatte. Er sagte Dietrich auch, daß seit dem Kampf mit Ecke ein ganzer Tag und eine ganze Nacht vergangen sei; Dietrich geriet darüber in höchstes Erstaunen, da er noch nie eine so wirkungsvolle Behandlung von Wunden erlebt hatte.

Nun wollte Dietrich unverzüglich nach Bern zurückreiten, denn sein Ritt in den Wald hatte ja seinen Zweck erfüllt: er fühlte sich wieder stark und gesund. Doch Rentwin machte einen anderen Vorschlag:

»Mein König, die wunderkräftigen Salben und Tränke der Quellnymphe haben zwar sehr gut und schnell gewirkt, doch ist es nicht sicher, ob du schon einen langen Ritt aushalten kannst. Laß uns deshalb nur bis Arone reiten, denn die Burg meines Vaters ist viel näher als Bern.«

Rentwin hatte allerdings nicht nur das Wohlergehen des Königs im Sinn. Er wollte sich auch seinen Eltern als Ritter vorstellen, der noch dazu schon zum zweiten Mal das Leben des Königs gerettet hatte. Dietrich durchschaute zwar seinen jungen Gefährten, war aber trotzdem mit dem Vorschlag einverstanden. Denn zum einen wußte er wirklich nicht, ob er schon vollständig geheilt war; er hatte aber nach seinem Abenteuer mit dem Drachen festgestellt, wieviel die Markgräfin von der Quellnymphe gelernt hatte. Wenn also seine Wunden wieder zu schmerzen beginnen sollten, war er sicher in der Burg Arone am besten aufgehoben.

Außerdem gönnte er Rentwin von Herzen ein Wiedersehen mit

seinen Eltern. Und er freute sich auch für den Jüngling, daß Markgraf Helferich und seine Gemahlin wieder so gute Berichte über ihren ältesten Sohn bekommen sollten. Der Umweg nach Arone und der Aufenthalt dort würde, so dachte Dietrich wenigstens, nur einige Tage in Anspruch nehmen. Hätte er allerdings gewußt, zu welchen Abenteuern er von Arone aus aufbrechen mußte, hätte er sich vielleicht den Ritt dorthin überlegt.

Als die beiden nach einem mehrstündigen Ritt in Arone ankamen, erregte ihr Erscheinen großes Staunen. Niemand, am wenigsten Markgraf Helferich und seine Gemahlin, hatte erwartet, Rentwin oder den König so bald wiederzusehen. Dietrich bat nun, Helferich möge einen Boten nach Bern zu Hildebrand senden.

»Ich weiß, daß mein guter Waffenmeister immer in großer Sorge ist, wenn ich allein wegreite. Und diesmal war seine Sorge auch wahrhaft begründet. Deshalb will ich ihn nicht länger in Ungewißheit über mein Schicksal lassen. Hildebrand und meine anderen Gefährten sollen mit dem Boten hierher nach Arone kommen, damit wir hier nachträglich den Ritterschlag deines Sohnes feiern können. Im Reich ist alles ruhig, daher können wir uns diese Erholung ruhig gönnen.«

Helferich war gerne mit diesem Vorschlag einverstanden, so ritt der Bote sofort los. Dietrichs Gefährten wurden für den nächsten Tag erwartet, und auf der Burg begannen die Vorbereitungen für das große Fest. Es sollte am Abend, an dem die Schar aus Bern Arone erreichte, mit einem Festmahl beginnen und an drei darauffolgenden Tagen mit Wettkämpfen und fröhlichen Spielen fortgesetzt werden. Während alle Knechte und Mägde Speise und Trank bereiteten sowie die Schlafkammern für die zahlreichen Gäste richteten, kümmerte sich die Markgräfin um Dietrichs Verletzungen. Doch diese waren wirklich endgültig verheilt, die Zaubertränke Melusas hatten wahre Wunder gewirkt. Dietrich selbst spürte auch keinerlei Nachwirkungen seiner schweren Kämpfe.

Hildebrand und die anderen Getreuen kamen wie erwartet am Nachmittag des nächsten Tages in Arone an. Jubelnd begrüßten alle den König, der ihnen zufrieden den Siegespreis seines letzten Abenteuers zeigte: das Schwert Eckesachs und die goldglänzende Rüstung des toten Ritters.

»Hei, Wittich, nun bin ich ebenso gut gewappnet wie du. Wir wollen aber keinen neuen Zweikampf austragen, um festzustellen, ob Eckesachs deinem Mimung auch wirklich gewachsen ist.«

Wittich bemühte sich ohne viel Erfolg, ein freundliches Gesicht zu dieser Bemerkung zu machen. Sein unbändiger Ehrgeiz wollte es nicht wahrhaben, daß ein anderer – und sei es selbst sein König, dem er die Treue geschworen hatte – ebenso gute Waffen hatte wie er.

Dietrich aber rief Heime zu sich. »Hier, mein Freund, übergebe ich dir das Schwert Nagelring. Die Zwerge haben es neu geschmiedet, nachdem es am eisenharten Panzer des Drachen zersprungen ist. Doch nun habe ich mir ein neues Schwert erkämpft, darum sei Nagelring jetzt deine Waffe. Trage sie immer in Ehren, und denke an deinen König, wenn du sie im Kampf aus der Scheide ziehst.«

Heime konnte sein Glück kaum fassen, denn Nagelring war ein viel besseres Schwert als Blutgang, mit dem er in Schwaben fechten gelernt hatte. Alle Gefährten beglückwünschten Heime, denn keiner konnte ahnen, daß dieses Schwert einmal im Kampf gegen sie selbst gezogen werden sollte.

Am Abend nahm Rentwin stolz seinen Platz unter den Gefährten Dietrichs ein. Diesmal mußte er nicht eigens zum Festmahl geholt werden, diesmal war er sogar die Hauptperson. Da begann ein fröhliches Schmausen, die Tische bogen sich fast unter der Last der vielen köstlichen Speisen und Getränke. Spielleute sorgten für fröhliche Tafelmusik, der ganze Rittersaal war erfüllt von heiteren Stimmen. Die gute Laune aller strebte immer neuen Höhepunkten zu. Da ertönte plötzlich vor der Burg ein leiser Hornstoß.

»Ein Fremder begehrt Einlaß!« rief Helferich verwundert aus. Längst war die Nacht eingebrochen, und die Tore der Burg waren fest verschlossen. Wer konnte um diese Stunde noch unterwegs sein?

»Du verstehst ja gar nicht, was du da liest.« Andreas war unbemerkt hinter Katharina geschlichen, die in einem bequemen Sessel im Wohnzimmer

mehrere Sagenbücher ihres Großvaters um sich aufgestapelt hatte. Er-
schrocken fuhr sie hoch, als ihr Bruder sie so unvermutet anredete.

»Natürlich verstehe ich alles«, entgegnete sie entrüstet.

»Aber geh, du weißt doch sicher nicht, was eine Brünne oder ein Hüne
ist. Und von einer Quellnymphe hast du sicher auch noch nie etwas ge-
hört!«

»Eine Brünne ist ein Teil der Rüstung, ein Hüne ist ein großer Mensch,
und eine Quellnymphe ist eine Sagengestalt, die bei einer Quelle lebt.
Aber hast du in meinen Büchern gelesen?«

»Wieso in deinen Büchern, die gehören doch dem Großvater! Daher
darf ich sie auch lesen. Noch dazu, wenn ich Langeweile habe. Bei dem
Regen kann ich heute nicht mehr in den Wald gehen. Verflixtes Wetter! Es
hat sich wohl alles gegen mein Video verschworen.«

Katharina tat der Bruder leid, der vor einer Stunde durch einen hefti-
gen Regenguß von seiner »Arbeit« vertrieben worden war. Trotzdem ärger-
te sie sich, daß ihr Geheimnis entdeckt war. Aber vielleicht konnte sie jetzt
gemeinsam mit Andreas im Geist den Spuren des Berners folgen.

»Herr, draußen steht ein Reiter, wie ich noch nie einen gesehen habe.
Er will in die Burg!«

Einer der Knechte Helferichs kam mit dieser Botschaft in den Rittersaal gestürzt.

»Nun, dann wollen wir uns den seltsamen Reiter einmal anschau-
en«, sagte da Dietrich. Alle gingen zum Wehrgang, von dort konnten
sie auf den freien Platz vor der Burg blicken. Und da hielt wirklich ein
seltsamer Reiter: Er saß auf einem Pferd, das offensichtlich von edler
Rasse und voll Feuer war; seine Rüstung schien ungewöhnlich kost-
bar, auf dem Schild funkelten drei Karfunkelsteine. Nur – das Pferd
war kleiner als ein Reh, und sein Reiter war ein Zwerg! Doch niemand
hatte bisher erlebt, daß ein Zwerg, gerüstet wie ein Ritter, freiwillig
zur Burg eines Menschen gekommen war und dort Einlaß begehrte.
Denn selbst jene Zwerge, die Vertrauen zu einem Menschen hatten –
wie etwa Elbegast, der Dietrich vertraute –, zeigten sich nur heimlich,
wenn niemand anderer sie sah.

Dieser seltsame Zwerg aber blies nochmals in sein silbernes Horn und rief dann, als er die vielen neugierigen Gesichter im Wehrgang erspähte:

»Ich suche Helferich, den Herrn dieser Burg. Er soll eine dringende Botschaft an König Dietrich senden. Denn meine Herrin, die Königin Virginal, ist in höchster Not.«

»Es bedarf keines Boten, denn ich bin selbst hier in der Burg«, antwortete Dietrich. »Die Knechte werden dir das Tor öffnen, damit du mir deine Botschaft ausrichten kannst.«

Da strahlte der Zwerg auf und ließ sich gerne in den Rittersaal geleiten. Alle warteten gespannt auf seine Worte. Denn von der sagenhaften Königin Virginal hatten alle schon gehört. Sie herrschte über das Volk der Zwerge, so berichtete man. Hoch oben in den Bergen residierte sie in einem großen unterirdischen Palast, den die Zwerge kunstvoll ausgestaltet hatten. Im Sommer aber lebte sie mit ihrem Hofstaat, einer Schar der schönsten jungen Mädchen, in prunkvollen Zelten auf lauschigen Waldlichtungen. Keiner der Gefährten Dietrichs hatte sie je gesehen, doch wußte man, daß sie sehr gütig war und allen Menschen in Not nach Kräften half. Und diese Königin brauchte also jetzt selbst Hilfe.

»Mein Name ist Herzog Bibung, ich bin der oberste Ratgeber von Königin Virginal«, begann der Zwerg seinen Bericht. Man sah ihm an, daß er vom Ritt nach Arone erschöpft war. Auch Furcht spiegelte sich in seinem Gesicht, denn er ahnte wohl nicht, wie ihn diese vielen Menschen behandeln würden. In Wahrheit hatte er sich seinen Botengang ganz anders vorgestellt: Er wollte heimlich Helferich die Nachricht übermitteln und dann sofort wieder zu seiner Königin reiten. Daß er nun vor Dietrich selbst und allen Gefährten des Königs sprechen mußte, ängstigte ihn sehr. Doch blieb ihm keine andere Wahl.

»Bevor du deine Botschaft ausrichtest, bedarfst du dringend der Labung. Denn du bist vom Ritt hierher erschöpft. Diese kurze Ruhepause kannst du dir sicher gönnen«, stellte da Dietrich gütig fest. Und sofort eilten Diener herbei und richteten vor Bibung ein fürstliches Mahl her. Dankbar labte sich der Zwergenfürst, denn der ungewohnte

Ritt hatte wirklich an seinen Kräften gezehrt. Doch dann überbrachte er seine Botschaft:

»Wie du sicher weißt, König Dietrich, lebt Königin Virginal in den Bergen Tirols. Gar manches Jahr hat sie, seit sie die Nachfolge ihres Vaters angetreten hat, über das Zwergenvolk geherrscht. Sie tut Gutes, wo immer sie kann, und alle Menschen singen ihr Lob. Doch einmal mußte sie einen meiner Zwerge von ihrem Hof wegschicken, da er hinterlistig war und den Menschen immer wieder boshafte Streiche spielte. So verzauberte er das Vieh, das die Bauern im Sommer auf die hohen Almweiden trieben, bis es keine Milch mehr gab. Virginal hatte Albuin, so heißt der boshafte Zwerg, oft gewarnt. Aber als er von seinen Streichen nicht abließ, verbannte sie ihn.

Albuin hat sich nun aus Zorn über die Königin mit dem heidnischen Riesen Orkise verbündet. Der ist mit großer Macht und einer Schar seiner wilden Gesellen über unseren Hofstaat hergefallen. Wir Zwerge konnten ihn nicht aufhalten. Orkise hat nun von der Königin verlangt, daß sie jedes Jahr eine ihrer Jungfrauen als Tribut an Orkise senden muß, die der Riese dann mästen und seinen heidnischen Göttern opfern will. Falls sich die Königin weigert, will Orkise sie und alle ihre Jungfrauen töten.

Heute in drei Tagen soll das erste Mädchen ausgeliefert werden. Die Königin wollte sich selbst hingeben, das haben aber die anderen Mädchen nicht zugelassen. So warfen sie das Los, und es fiel auf Godelinde, die liebste Gefährtin der Königin. In der nächsten Vollmondnacht soll sie um Mitternacht bei der Zauberbuche sein, die eine Stunde entfernt vom Berg Jeraspunt steht, wo Königin Virginal residiert. Meine Herrin weint sich fast die Augen aus vor Trauer, und alle ihre Jungfrauen trauern mit ihr. Denn das Schicksal Godelindes wird gräßlich sein. Und wenn keine Hilfe kommt, wird im nächsten Jahr eine andere Jungfrau geopfert werden müssen. König Dietrich, du bist die letzte Hoffnung der Königin.«

Im Rittersaal herrschte tiefes Schweigen, als Bibung geendet hatte. Allen ging das furchtbare Schicksal, das Königin Virginal und ihren Jungfrauen drohte, zutiefst zu Herzen.

»Du kannst deiner Königin berichten, daß ich ihr zu Hilfe eilen werde. Der Heide Orkise soll weder sie noch sonst irgend jemanden nochmals ängstigen. Und wenn ich ihm und seiner Schar ganz allein entgegentreten müßte, ich werde ihn besiegen.« Mit ernster Stimme hatte Dietrich dieses Versprechen abgelegt. Doch sofort meldeten sich alle Gefährten, daß sie gemeinsam mit dem König in den Kampf gegen den Heiden ziehen wollten.

»Ich werde mit Rentwin morgen früh vorreiten«, bestimmte der Berner. »Wir beide sind schon seit gestern hier auf der Burg. Wir und unsere Pferde sind ausgeruht, doch ihr alle habt heute den weiten Weg von Bern hierher hinter euch gebracht. Deshalb kommt mir einen Tag später nach, dann kommt auch ihr noch rechtzeitig. Ich reite nur vor, falls etwas Unvorhergesehenes geschieht.«

Alle waren mit dieser Regelung einverstanden, außer Hildebrand. Er beschloß aber, dem König nicht vor allen den Gefährten zu widersprechen. Er wollte ihm erst unter vier Augen seinen Entschluß mitteilen, daß er am nächsten Morgen mitreiten werde. Die Tage, die Hildebrand allein in Bern verbracht hatte, ohne zu wissen, wie es dem König ging, saßen ihm noch tief im Gemüt. Er wollte nicht nochmals eine solche Angst verspüren.

Inzwischen erklärte Herzog Bibung den Weg zu der Buche, bei der sich das Mädchen dem furchtbaren Riesen ausliefern sollte. Alle waren sicher, daß sie ohne Schwierigkeiten und zur rechten Zeit dort ankommen würden. Getröstet nahm Bibung sofort Abschied, denn er wollte seine Königin und Godelinde beruhigen, daß König Dietrich und seine Gefährten zur Rettung herbeieilten.

Nach dieser Unterbrechung hatte niemand mehr ein Verlangen, das Fest fortzusetzen. Deshalb gingen alle in ihre Schlafkammern. Hildebrand konnte auf dem Weg dorthin den König überzeugen, daß er am nächsten Tag mitkommen werde. Es war gar nicht so schwer, wie er gedacht hatte. Denn als er Dietrich sagte, er werde notfalls heimlich hinter ihm und Rentwin herreiten, gab der Berner lachend seine Zustimmung. Er kannte Hildebrand: Wenn er in diesem entschlossenen Ton sprach, konnte ihn nichts umstimmen.

Der nächste Morgen war strahlend schön und klar. Frohgemut ritten die drei los. Keiner der zurückbleibenden Helden wunderte sich, daß Hildebrand mit dem König ritt, hatten doch Dietrichs Gefährten erlebt, wie schwer es für den Waffenmeister war, den König allein wegreiten zu lassen. Niemand erwartete, daß die kleine Gruppe in Kämpfe verwickelt werde, denn die Buche, die Bibung genannt hatte, war nur einen und einen halben Tagesritt weit entfernt. Bis zur Vollmondnacht waren es aber noch drei Tage und Nächte.

Doch niemand hatte mit der Verschlagenheit von Orkise gerechnet. Kaum war Bibung von Jeraspunt aufgebrochen, um Hilfe zu holen, kam ein Bote des Heiden zu Königin Virginal. Er verlangte, daß das Mädchen zu Mittag einen Tag vor der Vollmondnacht – also einenhalb Tage vor der vereinbarten Zeit – ausgeliefert werde. Denn Orkise vermutete, daß Virginal versuchen werde, Hilfe herbeizurufen. Dem wollte er zuvorkommen.

Guter Dinge kamen Dietrich und seine beiden Gefährten um die Mittagszeit des Tages nach ihrem Aufbruch von Arone in die Nähe der Buche. Dort wollten sie nach einem Lagerplatz suchen und auf die Gefährten warten, ohne daß Orkise und seine Schar sie entdecken konnten. Da hörte Hildebrand plötzlich einen ungewöhnlichen Laut. »Ruhig«, flüsterte er Dietrich und Rentwin zu. Da hörte er es wieder: Es klang, als ob ein Kind weinen würde.

»Ich werde nachsehen, was da los ist. Ihr sucht inzwischen nach einem Lagerplatz«, sagte Hildebrand. Und Dietrich ließ sich lächelnd gefallen, daß ihm sein Waffenmeister einen Befehl gab. Denn manchmal vergaß Hildebrand, daß Dietrich jetzt der König war, und sah in ihm wieder seinen Schüler, dem er das Waffenhandwerk und höfisches Benehmen beibringen mußte. Doch Dietrich wußte genau, daß es immer gut gemeint war.

Hildebrand trabte los und war bald auf einer Waldlichtung. In der Mitte stand eine alte Buche, daneben kauerte schluchzend ein junges Mädchen. Als sie den Hufschlag hörte, schaute sie auf.

»Bist du Godelinde? Wieso bist du heute und am hellichten Tag hier?« fragte Hildebrand verwundert.

»Orkise hat verlangt, daß ich heute schon ausgeliefert werde. Aber wer bist du? Kommst du mir zu Hilfe? Du bist doch nicht König Dietrich oder der Sohn des Markgrafen Helferich?« Godelinde hatte diese Worte in fliegender Hast hervorgestoßen, denn sie fürchtete, daß der gräßliche Riese während ihres Gesprächs auftauchen würde.

Doch Hildebrand, der ihre Angst erkannte, beruhigte sie. »Ich merke, daß Herzog Bibung deiner Königin alles von seinem Treffen mit Dietrich berichtet hat. Der König und Rentwin sind ganz in der Nähe, dir kann also nichts Böses geschehen.«

Aber während Hildebrand noch sprach, erschien der Heide Orkise am Waldrand. Er war in der Tat eine furchterregende Erscheinung, die Zwergen und hilflosen Jungfrauen Angst und Schrecken einjagen konnte. Er war von riesiger Gestalt, seine Rüstung war schwarz wie die Nacht, er ritt auf einem ungeheuren Rappen. Mit wenigen Schritten erreichte das Tier Hildebrand, und sofort polterte Orkise los:

»Wer bist du, Wicht? Verschwinde von dem Mädchen, denn es gehört mir. Ich komme, mir mein Eigentum zu holen.«

»Kein Mensch ist eines anderen Eigentum«, erklärte kühn Hildebrand. »Wenn du das Mädchen haben willst, mußt du zuerst mich besiegen.«

»Du kleiner, jämmerlicher Mensch, du willst mit mir kämpfen? Das ist wohl ein Scherz? Geh lieber deine Knochen an einem lodernden Feuer wärmen, alter Mann, denn einen Kampf mit mir kannst du gar nicht gewinnen!«

Da geriet Hildebrand in hellen Zorn. Ungestraft ließ er sich nicht einen alten Mann nennen, denn wenn sein Bart auch schon grau war, so fühlte er in sich doch die Kraft eines Jünglings. Und seine Kampferfahrung machte wett, was ihm möglicherweise an Schnelligkeit fehlte. Ohne es zu wissen und wohl auch ohne es zu wollen, hatte Orkise mit seiner spöttischen Bemerkung Hildebrands Mut wiederaufgerichtet, der beim Anblick des Riesen leicht ins Wanken geraten war.

»Rede nicht so viel, sondern wende lieber dein Pferd und reite weit fort. Denn hier in diesem Land ist kein Platz für Übeltäter wie dich,

die junge Mädchen bedrohen wollen.« Hildebrand sagte mit Absicht nicht, daß er die Pläne des Heiden kannte. Denn dieser sollte nicht erfahren, daß Königin Virginal um Hilfe gesandt hatte.

»Du hast wohl Angst vor einem Kampf mit dem Schwert, darum versuchst du ein Wortgefecht, denn Worte können nicht beißen. Doch das wird dir nicht gelingen. Entweder du verschwindest sofort aus meinem Wald, oder du bist des Todes!« Orkise hatte ganz offensichtlich großes Vergnügen an diesem Wortgeplänkel, denn er glaubte wirklich, daß Hildebrand Angst vor dem Kampfe hatte. Der Waffenmeister hoffte dagegen, daß Dietrich und Rentwin das Geräusch der Stimmen hören und ihm zu Hilfe eilen würden.

»Das ist nicht dein Wald, darum verschwinde du selbst«, rief er Orkise entgegen. Doch der hatte sich mittlerweile genug über Hildebrand geärgert und schwang sich von seinem Rappen.

»Kämpfe, statt zu reden, wenn du nicht sofort erstochen werden willst.«

Da saß auch Hildebrand ab und zückte sein Schwert. Kaum hatte er Zeit, seinen Schild zum Schutz hochzureißen, da fielen schon die Hiebe Orkises hageldicht auf ihn nieder. Mit einem wilden Sprung konnte er sich aber ein wenig von seinem Gegner lösen und setzte nun seinerseits Orkise kräftig zu. Rund um die Buche tobte der wilde Kampf, dem Godelinde aus schreckgeweiteten Augen zusah. Von Zeit zu Zeit entschlüpfte ihr ein Seufzer oder ein kleiner Schrei, wenn Orkise gar zu wild auf Hildebrand losschlug.

Beide Kämpfer bluteten schon aus mehreren Wunden, doch war noch keinem der entscheidende Hieb geglückt. Hildebrand spürte, daß er den Kampf nicht mehr lange durchhalten könne, daß ihn seine Kräfte verließen. Sein Gegner dagegen schien stark wie zu Beginn des Gefechts, ihm merkte man noch keine Anstrengung an. Da, ein kräftiger Hieb des Riesen – und Hildebrands Schild fiel in zwei Stücken zu Boden.

Wo ist Dietrich, dachte Hildebrand in seiner Verzweiflung, warum läßt er mich im Stich? Da hörte er aus der Ferne Geklirr von Waffen und Kampfeslärm und wußte nun, daß der König und Rentwin ebenfalls in ein Gefecht verwickelt waren. Auf sie konnte er also nicht mehr zählen.

Dieses Wissen schien ihm neue Kräfte zu schenken. Schneller, als Orkise schauen konnte, nahm Hildebrand sein Schwert in beide Hände, riß es hoch empor und ließ es mit gewaltiger Kraft auf das Haupt seines Gegners niedersausen. Der versuchte zu spät, sich unter seinem Schild zu decken. Der furchtbare Schwerthieb Hildebrands spaltete den Helm des Hünen und fuhr tief in dessen Haupt. Orkise machte noch einen torkelnden Schritt auf Hildebrand zu, dann stürzte er tot zu Boden.

Tief aufatmend stützte sich Hildebrand auf sein scharfes Schwert. Seine Wunden brannten, sein Kopf dröhnte, als ob in ihm eine riesige Glocke hin und her schwinge. Nur einen Augenblick der Ruhe wollte er sich gönnen, ehe er nach Dietrich und Rentwin sah. Da hörte er Godelindes zarte Stimme:

»Hab Dank, edler Ritter Hildebrand, für deine große Tapferkeit. Gott hat meine Gebete erhört und dir den Sieg über den Heiden geschenkt. Doch nun will ich deine Wunden verbinden, die du im Kampf für meine Rettung erlitten hast. Leg deshalb deine Rüstung ab.«

Von dem Platz, an dem Dietrich und Rentwin zurückgeblieben waren, ertönte da ein furchtbares Geschrei, der Kampflärm verdoppelte und verdreifachte sich.

»Bleibe hier, ich muß dem König zu Hilfe eilen«, stieß Hildebrand hastig hervor und schwang sich auf sein Pferd.

In wenigen Augenblicken erreichte er den Kampfplatz. Hier war ein furchtbares Ringen im Gange. Rücken an Rücken, um sich gegenseitig zu schützen, kämpften Dietrich und Rentwin gegen eine riesige Übermacht wild aussehender Hünen. Wohl lagen schon viele tot oder schwer verwundet zu Füßen der beiden Ritter, doch drang eben eine weitere Schar auf sie ein. Deren Kampfgeschrei hatte Hildebrand gehört, nachdem Orkise tot zu Boden gestürzt war.

Einen Augenblick sah Hildebrand dem Getümmel zu und merkte sofort, daß wilder Zorn im König tobte. Seine Augen glühten, es schien, als ob sein Mund Feuer speien würde. Hildebrand konnte den Grund für des Königs Grimm ahnen: Rentwin und er waren sicher hinterrücks von Orkises Schar überfallen worden. Hinterlist und unehrenhaftes Verhalten aber verzieh Dietrich nie, ein solches Vorgehen weckte in ihm vielmehr immer höchsten Zorn. Und in solchen Augenblicken war ihm kein Kämpfer des Abendlandes gewachsen, dann schienen seine Kräfte weit über das Menschenmaß hinaus zu wachsen. Auch Rentwin schlug sich wacker. Wenn er auch noch nicht die Kraft und die Kampfeserfahrung des Königs hatte, so durfte ihm doch keiner der Raubgesellen zu nahe kommen; sofort traf ihn Rentwins Schwert.

Mit einem wilden Aufschrei sprang nun Hildebrand vom Pferd und stürzte sich in das Kampfgeschehen. Sein Schwert fuhr nach rechts und links, jeder Hieb saß und warf einen der Gefährten Orkises zu Boden. Jene, die noch aufrecht standen, suchten aber nun ihr Heil in der Flucht und liefen davon, so schnell sie ihre Beine tragen konnten. Denn mit drei Recken dieser Art und Kampfeserfahrung konnten sie es unmöglich aufnehmen, auch wenn sie in zehnfacher Übermacht kämpften.

»Ich hoffe, du hast eine angenehme Zeit verbracht, während wir hier um unser Leben kämpften«, fuhr Dietrich seinen Waffenmeister an. Er fühlte sich von ihm wirklich in Stich gelassen: Zuerst wollte er ihn, den König, nicht allein mit Rentwin losreiten lassen. Und als es dann zu einem unerwarteten Kampf kam, war er nicht bei ihm, um ihm zu helfen. Dabei hätten Dietrich und Rentwin die Hilfe Hildebrands in Wirklichkeit gar nicht gebraucht. Dessen Erscheinen hatte zwar den Kampf abgekürzt, aber nichts am Ausgang geändert. Doch dies milderte den Zorn des Königs auch nicht.

Hildebrand aber lächelte nachsichtig. Er kannte seinen jungen Herrn wie sonst niemand und wußte genau, daß er im Zorn seine Worte nicht immer genau überlegte. Wenn er dabei jemandem unrecht tat, bereute er es bald und entschuldigte sich in aller Form; und das war mehr, als die meisten Könige und Großen dieser Welt machten.

»Ich habe mit einem hübschen Mädchen geplaudert«, erwiderte Hildebrand, der sich gerne einen kleinen Scherz mit dem König erlaubte. Dieser wollte sich schon unwillig abwenden, da sah er, daß Hildebrands Rüstung an mehreren Stellen weit klaffte und dunkel verfärbt war, wie von Blut. Diese Verletzungen konnte der Waffenmeister unmöglich im kurzen Kampf mit den Spießgesellen Orkises erlitten haben.

»Warst auch du in einen Kampf verwickelt, Hildebrand?« fragte deshalb der König erstaunt. Die Antwort bekam er von unerwarteter Seite. Denn Godelinde huschte mit verlegenem Gesicht auf die Waldlichtung, auf der Orkises Gefährten Dietrich und Rentwin überfallen hatten. Ihr war die Wartezeit zu lang erschienen, auch war es ihr unheimlich, neben dem Leichnam des Riesen auszuharren. Der wilde Kampfeslärm, der plötzlich verstummte, weckte düstere Befürchtungen in ihr.

Als sie aber sah, daß ihr Retter in friedlichem Gespräch mit zwei anderen Rittern stand, und als sie die toten und verwundeten Bösewichte am Boden liegen sah, traute sie sich näher.

»Ist nun die Gefahr vorbei, Hildebrand? Kann ich dir jetzt deine Wunden verbinden?« fragte sie scheu. Sie wagte kaum, Dietrich anzusehen, denn sie ahnte wohl, wen sie da vor sich hatte. Sie erkannte aber auch, daß der Held vor ihr finster blickte, und fürchtete sich deshalb vor ihm.

»Das ist das schöne Mädchen, mit dem ich geplaudert habe: Godelinde, die Gespielin von Königin Virginal«, erklärte Hildebrand schmunzelnd.

»Wieso ist sie jetzt schon hier?« fragte Dietrich. Er war ebenso erstaunt über die Anwesenheit der Jungfrau, wie es auch Hildebrand gewesen war. Da erzählte ihm Godelinde, wie Orkise ihre Auslieferung vor dem vereinbarten Zeitpunkt verlangt hatte und wie Hildebrand sie gerettet hatte. Beschämt drehte sich der König zu Hildebrand um.

»Verzeih meine harten Worte. Dein Kampf gegen Orkise war sicherlich ebenso schwer wie unser Gefecht gegen diese Strauchritter hier. Das werden wohl die Spießgesellen des Riesen gewesen sein. Nun ist aber die Gefahr endgültig gebannt, Königin Virginal und ihrem Hofstaat wird kein Leid mehr geschehen.« Dann begrüßte der König mit allem höfischen Zeremoniell Godelinde, die ihm artig mit einem Kuß dankte, wie es der Sitte entsprach.

»Wir sollten so schnell wie möglich Königin Virginal vom glücklichen Ausgang des Kampfes verständigen«, schlug da Rentwin vor. Denn er konnte sich gut vorstellen, welche Angst Königin Virginal und ihr Hofstaat erleiden mußten. Sie wußten alle durch Bibung, daß der König und Rentwin den anderen Gefährten vorauseilen wollten. Sie konnten sich daher leicht ausrechnen, daß die beiden mit Orkise und seiner Schar zusammentreffen würden. Vom Ausgang dieses Kampfes aber hing das Schicksal Godelindes und auch der Königin ab.

»Ich werde versuchen, eines der Pferde der getöteten Strauchritter zu fangen. Dann kann ich schnell zur Königin reiten, denn ich kenne den Weg genau«, erklärte Godelinde. »Doch zuerst will ich nach den Wunden sehen, die Hildebrand im Kampf mit Orkise erhalten hat. Königin Virginal hat mir für alle Fälle heilkräftige Kräuter und Salben mitgegeben, denn keine vom Hofstaat verläßt den Berg Jeraspunt, ohne für Hilfeleistungen gerüstet zu sein.«

Godelinde sagte das ganz einfach, als wäre es selbstverständlich. Die drei Recken bewunderten aber die weise Voraussicht der Königin und den Heldenmut des Mädchens, die beide selbst in höchster Gefahr noch daran dachten, wie sie anderen Menschen helfen konnten. Für Dietrich waren diese Worte ein neuerlicher Beweis dafür, wie richtig seine Hilfe für die Königin und ihren Hofstaat war. Denn eine solche Frau, die immer nur an andere dachte und ihren Mitmenschen überall half, durfte nicht von einem Ungeheuer wie dem Riesen Orkise bedrängt werden!

Hildebrand ließ sich den Samariterdienst von zarter Mädchenhand gerne gefallen. Godelinde verstand auch viel von Heilkunst, denn bereits als sie die Salben auftrug, fühlte der Waffenmeister, wie seine Schmerzen nachließen.

Dann gingen alle auf die Suche nach einem Pferd für das Mädchen. In einer Entfernung von einigen hundert Schritten fanden sie zahlreiche Tiere, die an Bäumen oder Büschen festgebunden waren. Es gab so viele Pferde, daß Dietrich vermutete, die flüchtigen Strauchdiebe wären zu Fuß davongelaufen, ohne den Umweg zu den Pferden zu machen. Er wunderte sich nur, daß bei den Pferden keine Wache zurückgeblieben war. Offensichtlich war sich Orkise sicher gewesen, daß sein schändlicher Plan gelingen werde.

Mit Rentwins Hilfe schwang sich Godelinde auf eines der gesattelten Pferde – es störte sie überhaupt nicht, daß das Tier keinen Damensattel trug – und wollte sich von Dietrich und seinen Getreuen verabschieden. Doch fast hätte sie etwas Wichtiges vergessen:

»Werdet Ihr hier warten, König Dietrich, bis Eure Gefährten kommen? Ich will der Königin sagen, daß sie einen Boten herschickt, der Euch den Weg zum Berg Jeraspunt zeigt, denn ich weiß, daß Euch die Königin persönlich für Eure Hilfe danken will. Sie hat mir aufgetragen, Euch ihre Einladung zu überbringen. Ohne kundigen Führer ist jedoch der Zugang zum Berg nur schwer zu finden.«

»Sicherlich will ich der Königin meinen Besuch abstatten, und auch meine Gefährten werden sich freuen, ihr Reich kennenzulernen. Wir werden deshalb hier auf meine Getreuen warten. Beschreibe mir aber für alle Fälle den Weg zum Reich der Königin. Der heutige Tag hat uns allen gezeigt, wie leicht etwas Unvorhergesehenes geschehen kann. Es ist für alle Fälle gut, wenn auch wir wissen, wie wir deine Königin erreichen können.«

Dies sah Godelinde ein, und so beschrieb sie den Weg, der ihrer Meinung nach leicht zu finden war, nur das letzte Stück war schwer zu entdecken. Der Berg Jeraspunt, dessen Gipfel auch im Sommer weiß von Schnee war, leuchtete weit in die Landschaft und war daher nicht zu übersehen. Der eigentliche Zugang zur Residenz der Königin war aber wohlverborgen, um unliebsame Besucher fernzuhalten. Beim geheimen Zugang sollte aber ein Vertrauter der Königin warten. Nach diesen Erklärungen verabschiedete sich die Jungfrau von den drei Helden und ritt in der Überzeugung los, sie spätestens in zwei Tagen wiederzusehen. Sie ahnte nicht, daß viel mehr Tage bis zu einem Wiedersehen mit Dietrich vergehen sollten.

»Glaubst du nicht, daß man die Geschichte von Dietrich von Bern verfilmen kann?«

Andreas hatte sich wieder einmal hinter Katharina geschlichen. Wenn ihm langweilig war, erschreckte er sie gerne. Er fand es immer so lustig, wie sie dann in die Höhe fuhr. Und jetzt war ihm langweilig. Denn es regnete noch immer, obwohl am Vortag im Fernsehen eine Schönwetterperiode angesagt worden war. Davon war aber weit und breit nichts zu sehen.

»Ich weiß nur ganz genau, daß du aus dieser Geschichte kein Video machen kannst. Oder willst du einen Besenstiel als Pferd und eine Schuhschachtel als Helm nehmen? Oder vielleicht hast du Freunde in Hollywood, die dir die nötige Ausrüstung schicken?«

Katharina wollte ihrem Bruder nicht sagen, daß sie aus der Geschichte des Berners ein Video im Kopf machen wollte. Das war ihre ganz persönliche Sache, die sie mit niemandem teilen wollte. Aber sie war gerne zu einem kleinen Gespräch über ihr derzeitiges Lieblingsthema bereit.

»Sei nicht lächerlich«, sagte Andreas. »Aber hast du eine Ahnung, ob die Geschichte von Dietrich von Bern überhaupt wahr ist? Oder ist das nur ein Märchen?«

»Ich glaube schon, daß Dietrich wirklich gelebt hat. Aber er hat vielleicht nicht alle Abenteuer erlebt, von denen berichtet wird. Wir können ja den Großvater fragen, der weiß sicher mehr.«

KAPITEL 4

Gefangenschaft und Sieg

ietrich und seine beiden Gefährten suchten nun endlich den Lagerplatz, wie sie es schon vor dem Kampf mit Orkise und seiner Schar vorgehabt hatten. Bald fand sich eine kleine Lichtung, auf der eine Quelle entsprang. Ein weiches Moosbett sicherte ihnen ein angenehmes Ruhelager. Dann kehrten sie wieder zum Kampfplatz zurück, denn sie wollten, wie es Menschen- und Christenpflicht war, die Verwundeten versorgen, auch wenn diese eigentlich durch ihre Kumpanei mit Orkise den Tod verdient hätten.

Einige der Verwundeten hatten sich in der Zwischenzeit so gut erholt, daß sie die Flucht ergriffen hatten. Einige waren ihren Verletzungen erlegen, doch fünf lagen schwerverwundet am Boden. Dietrich, Hildebrand und Rentwin verbanden so gut wie möglich die Wunden, doch waren sie dabei nicht so zart und geschickt wie Godelinde. Dietrich wollte nach der Ankunft seiner Gefährten die Verletzten mit einigen Knechten Helferichs nach Arone senden, dort sollte der Markgraf über ihr Schicksal bestimmen. Der König selbst war zur Milde geneigt, da sie alle glimpflich den Kampf überstanden hatten. Die Toten trugen sie zu einer Mulde im Wald und deckten die Körper mit mehreren Lagen frischen Zweigen zu. Denn wenn sie sie auch nicht begraben konnten – es fehlte ihnen jedes Werkzeug dazu –, sollten die leblosen Körper doch nicht eine Beute der wilden Tiere werden.

Rechtschaffen müde kehrten sie mit den Verletzten zu ihrem Lagerplatz zurück. Zum Glück hatte die Markgräfin für ausreichenden Proviant gesorgt, so daß auch ihre ungebetenen Gäste satt wurden und
Dietrich und seine Gefährten nicht mehr auf Jagd gehen mußten.
Bald sanken Dietrich und Rentwin in den wohlverdienten Schlummer, während Hildebrand als erster Nachtwache hielt. Denn sie wollten nicht alle gleichzeitig schlafen und die Verletzten und die erbeute-
ten Pferde unbeaufsichtigt lassen.

Dietrich hatte die letzte Wache. Er schaute sinnend auf zum Himmel, der langsam heller wurde, während drinnen im Wald noch die
Nacht herrschte. Es war ganz still. Die Nachtjäger unter den Tieren
hatten sich schon mit ihrer Beute in ihre Verstecke zurückgezogen, die
Singvögel waren noch nicht vom Schlaf erwacht. Kein Zweig regte
sich, keine Wolke verhüllte die verblassenden Sterne. Es versprach ein
schöner Tag zu werden.

Der König betrachtete mit leisem Lächeln den tief schlafenden
Rentwin, der sich in letzter Zeit so gut bewährt hatte. Die Ereignisse
und Abenteuer der vergangenen Woche zogen am inneren Auge des
Königs vorbei. Da überkam ihn plötzlich der unwiderstehliche Drang
nach Einsamkeit. Er wollte mit der Natur allein sein – nicht weil er
sich, wie noch vor wenigen Tagen, wie ein krankes Tier in den Wäldern
verkriechen wollte. Er wollte vielmehr einmal ohne höfischen Zwang,
aber auch ohne Abenteuer nur die Schönheit des Landes, seines Landes
genießen. Ein geruhsamer Ritt zum Berg Jeraspunt wäre sicher das
richtige für ihn. Und jetzt, nach dem Sieg über Orkise, würde wohl
auch Hildebrand keine Bedenken haben, ihn ziehen zu lassen.

Als die Schläfer erwachten, teilte ihnen der König seinen Plan mit.
Und wirklich erhob der Waffenmeister keinen Einwand, denn Godelinde hatte ihnen den Weg zum Berg Jeraspunt genau erklärt. Es waren auch keine feindlichen Überfälle zu befürchten. Außerdem kannte
Hildebrand den König genau und wußte, daß er manchmal die Einsamkeit brauchte, um mit seinen Gedanken und Schwierigkeiten fertig zu werden.

So ritt Dietrich also los. Da er dachte, daß keine Gefahr drohte, hatte er seine Rüstung nicht angelegt, sondern die festlichen Gewänder, die er nach Arone mitgenommen hatte, um beim Fest Rentwin und Wittich zu ehren. Im Vertrauen auf den Sieg über Orkise hatte der König diese Gewänder in den Wald mitgenommen, denn er wollte Königin Virginal in großer Pracht entgegentreten.

Er erfreute sich sehr an diesem Ritt: an der Schönheit der Wälder, an dem würzigen Duft nach Kräutern und Pilzen, am sanften Schritt seines Schimmels, am leisen Knarren des Sattels. Eine tiefe innere Ruhe überkam ihn. Er dachte an Königin Virginal und alles, was er von ihr gehört hatte. Ihre Güte wurde ebenso gerühmt wie ihre Schönheit, die Pracht ihres Palastes im hohlen Berg sollte nicht seinesgleichen haben. Doch nur wenige Menschen hatten ihn je gesehen, denn Virginal hielt sich von den Tälern fern und kam nur zu den Landbewohnern, wenn sie Hilfe brauchten. Die Zwerge berichteten ihr alles, was in ihrem Reich vorging, denn sie kannten geheime Weg durch die Berge und konnten sich mit ihren Tarnkappen unsichtbar machen.

An das alles dachte Dietrich und freute sich, daß er die geheimnisvolle Frau kennenlernen sollte. Doch war er so in Gedanken vertieft, daß er auf den Weg nicht achtgab. Da merkte er plötzlich, daß er an einem kleinen Bach entlangritt, von dem Godelinde in ihrer Beschreibung des Weges nichts gesagt hatte. Der Wasserlauf kam ihm willkommen, da er und Falke durch den Ritt durstig waren. Nachdem er getrunken hatte, wollte er einen Ausguck suchen, um den richtigen Weg wiederzufinden.

Da merkte er, daß er ganz in der Nähe einer Burg war. Dort konnte man ihm sicher Auskunft geben. Der König wollte schon losreiten, da stellte sich ihm ein Riese, bewaffnet mit einer Eisenstange, in den Weg. Höflich grüßte der König, wie es dem Fremden geziemte, und fragte:

»Ich suche den Berg Jeraspunt und die Königin Virginal. Kannst du mir den Weg dorthin weisen?«

»Hier gibt es keinen Berg Jeraspunt und keine Königin«, brummte der Riese. Seine Unhöflichkeit stand in schroffem Widerspruch zu den guten Manieren des Königs. »Hier gibt es nur die Burg Muter, da wohnt Herzog Nitger mit seiner Gemahlin Simelin und seiner Schwester Ibelin. Aber was machst du Zwerg hier in unserem Gebiet? Wer hat dir erlaubt, hierher zu reiten?«

»Ich will hier nur durchreiten, eben zur Königin Virginal. Dazu brauche ich wohl keine Erlaubnis.«

»Doch, von mir, dem Riesen Wickram. Denn ich bin mit meinen elf Gefährten Wächter für den Herzog. Ich erlaube dir nicht, weiterzureiten, sondern werde dich jetzt gefangennehmen.«

»Du redest auch nur so unüberlegt, weil du genau siehst, daß ich unbewaffnet bin. Aber hinter mir kommt eine große Schar meiner Gefährten, hüte dich also vor mir.«

Wickram glaubte dem König, den er nicht erkannt hatte, kein Wort. Er sah aber an den reichen Kleidern, daß er einen hochgestellten Herrn vor sich hatte, und hoffte auf ein großes Lösegeld. Trotzdem tat er so, als ob er Dietrich fortlassen wollte. Kaum hatte sich aber der König umgedreht, schlug er ihn mit seiner Eisenstange nieder. Dann legte er den leblosen Körper Dietrichs über seine Schulter und trug ihn in die Burg. Auf halbem Weg zu Herzog Nitger erwachte Dietrich endlich aus seiner Ohnmacht.

»Laß mich sofort herunter, du Feigling«, fuhr er den Riesen an. Der stellte ihn wirklich auf den Boden und starrte den König verwundert an. Denn er hatte noch nie erlebt, daß ein Gefangener so herrisch mit ihm sprach. »Jetzt bringe mich zu deinem Herrn, der wird mir sofort die Freiheit wiedergeben.«

Da lachte Wickram laut auf. »Herzog Nitger wird dich gefangenhalten. Denn man sieht dir an, daß du ein reicher und vornehmer Herr bist. Und mein Herr duldet keine Ritter in seinem Gebiet, weil er Angst hat, seinen Besitz zu verlieren.«

Nun wußte Dietrich, daß er seinen Namen verschweigen mußte. Er gab aber die Hoffnung auf eine Befreiung nicht auf. Im schlimmsten Fall, so dachte er, würde Hildebrand mit allen Getreuen kommen. Inzwischen wollte er den Riesen und auch den Herzog hinhalten, indem er ihnen ein großes Lösegeld für seine Freilassung versprach. Und das sagte er auch Nitger, als er zu ihm gebracht wurde.

Denn Dietrich hatte, als er den mürrischen Herzog sah, keine Hoffnung mehr, daß dieser ihn sofort ziehen lassen werde.

Ein Lösegeld war ja der Grund, warum Wickram Dietrich niedergeschlagen hatte. Daher war er sehr darauf erpicht, daß Herzog Nitger den Gefangenen nicht freilasse. Denn er wollte den größten Teil des Lösegeldes für sich und seine elf Riesengefährten. Auch Nitger merkte gleich, daß er mit Dietrich einen guten Fang gemacht hatte. Denn wenn er den König auch nicht erkannte, so sah er ihm doch den vornehmen und reichen Herrn an. Weil Dietrich ihm aber heftige Vorwürfe wegen der unritterlichen Art der Gefangennahme machte und auch nicht versprechen wollte, daß er keinen Fluchtversuch unternehmen werde, ließ ihn Nitger in ein unterirdisches Verlies werfen und dort anketten, anstatt ihn in einem Turmgemach gefangenzuhalten. Doch befahl er Wickram, den Gefangenen gut zu behandeln und ihm immer die besten Speisen zu bringen.

Auf dem Weg zu seinem Gefängnis begegnete Dietrich einem jungen Mädchen, das ihn mitleidig ansah. Wie er sich gleich dachte, war dies Ibelin, die Schwester Nitgers, die ihrem Bruder nun heftige Vorwürfe über den Menschenraub machte. Weil Nitger aber nicht daran dachte, den Gefangenen freizulassen, schlich Ibelin am nächsten Morgen in das Verlies. Denn sie wollte Dietrich helfen.

Dieser empfing sie verständlicherweise in denkbar schlechter Stimmung. Die ganze Nacht hatte er sich die größten Vorwürfe gemacht, daß er unbewaffnet losgeritten war. Außerdem bedrückte ihn die Dunkelheit und die dumpfe Luft des Verlieses, und schließlich quälte ihn der Hunger. Denn Wickram hatte zwar, wie von Nitger befohlen, köstliche Speisen gebracht. Doch – er hatte sie selbst gegessen, vor den Augen des Gefangenen. Er sei größer und stärker, er brauche daher mehr Nahrung, hatte er Dietrich mit höhnischer Stimme erklärt.

Als Ibelin hörte, wie Wickram den Gefangenen gequält hatte, war sie empört. »Das werde ich sofort meinem Bruder sagen. Denn wenn er Euch auch nicht freilassen will, so will er Euch doch nicht ans Leben. Doch sagt mir endlich, wer Ihr seid. Denn ich bin sicher, daß Ihr ein sehr vornehmer Herr seid.«

Als Dietrich nun seinen Namen nannte – denn er merkte, daß er dem Mädchen vertrauen konnte –, erschrak Ibelin sehr.

»Ich flehe Euch an, verschweigt meinem Bruder und den Riesen die Wahrheit. Denn hier hassen Euch alle. Mein Bruder hat Angst um sein Lehen, weil Ihr ein gerechter Herr seid und er sich oft sehr unritterlich beträgt, wie Ihr selbst gemerkt habt. Und die Riesen haben Euch Rache geschworen, weil Ihr und Hildebrand viele ihrer Verwandten getötet habt.«

Nachdem ihr der König Stillschweigen versprochen hatte, eilte Ibelin sofort zu Nitger, um ihm das schändliche Betragen Wickrams zu berichten. Der ließ sofort den Riesen kommen und machte ihm heftige Vorwürfe:

»Ich habe gute Lust, dich und deine Gefährten zu verbannen. Die Ergreifung des fremden Ritters kann mir schon genug Unannehmlichkeiten bringen, und jetzt mußt du ihn auch noch mißhandeln. Ich werde dafür sorgen, daß er nun besser betreut wird.«

Wickram und seine Gefährten gerieten über den Tadel des Herzogs und seine Drohung in unbeherrschte Wut . »Wir wollen den Wicht in der Nacht töten, denn er bereitet uns nur Ärger. Bis jetzt hat Herzog Nitger noch nichts wegen des Lösegeldes unternommen, der Gefangene wird uns also nichts einbringen. Und unser Herr soll sehen, daß er uns nicht drohen darf, denn das lassen wir uns nicht gefallen.«

Also schlichen die Riesen am Abend, als der Herzog beim Mahl saß, hinunter zum Verlies. Wickram öffnete die Tür, packte seine Eisenstange und wollte sich auf Dietrich stürzen. Der wich bis zur Mauer seines Gefängnisses zurück, mit einer schnellen Wendung konnte er dem ersten Ansturm entgehen. Mit einem lauten Wutschrei drang der Riese neuerlich auf den König ein. Doch in höchster Not riß dieser den Stein in die Höhe, auf dem er während des Tages gesessen war, und schleuderte ihn gegen Wickram. Mit einem lauten Seufzer sank der Riese zu Boden, streckte sich noch einmal – dann war er tot.

Wickrams Gefährten hatten vor der Tür des Verlieses gewartet, um den Tod Dietrichs zu beobachten. Als sie nun sahen, daß ihr Gefährte und Verwandter erschlagen worden war, wollten sie unter lautem Ge-

brüll ins Verlies eindringen. Zum Glück für Dietrich behinderten sie
sich gegenseitig, weil alle gleichzeitig durch die enge Türe wollten.
Inzwischen aber hatte Nitger das Geschrei gehört und stürmte mit seinen Mannen herbei.

»Zurück«, donnerte er. Und wirklich, die Riesen wichen zurück.
Sie waren durch viele Jahre so sehr daran gewöhnt, Nitger zu gehorchen, daß sie auch jetzt seinem Befehl folgten. »Laßt augenblicklich
den Gefangenen in Ruhe. Wickram hat sich seinen Tod selbst zuzuschreiben. Nehmt den Leichnam und verschwindet. Morgen werde
ich über euer Schicksal bestimmen«, fuhr Nitger fort. Die Riesen ho-
ben den toten Körper Wickrams auf und verließen mit hängenden
Köpfen das Verlies.

Der Herzog warf einen scheuen Blick auf Dietrich, der ihm plötzlich Angst einjagte, obwohl er unbewaffnet war. Denn der König
stand hoch aufgerichtet, mit zornfunkelnden Augen vor ihm, es hatte
den Anschein, als wollte er sich im nächsten Augenblick auf Nitger
stürzen.

»Ich werde Euch eine Kammer im höchsten Turm geben, dort seid
Ihr vor den Riesen sicher«, sagte deshalb Nitger eilig. Der so gefährlich scheinende Augenblick ging vorbei, denn Dietrich hatte erkannt,
daß er allein gegen den Herzog und seine Gefolgsleute nichts ausrichten konnte. Deshalb ließ er sich ohne weitere Auseinandersetzung in
die Turmkammer geleiten, die immerhin angenehmer war als das
dunkle Verlies.

Wohl stand dort ein bequemes Bett, doch Dietrich konnte keine
Ruhe finden. Denn er suchte nach einer Möglichkeit, wie er Hildebrand, der wohl schon bei Königin Virginal angekommen war, von
seiner mißlichen Lage verständigen könnte. Da öffnete sich mitten in
der Nacht leise die Tür zu seiner Kammer, und Ibelin huschte herein.

»Ich bin froh, König Dietrich, daß ich Euch noch wach finde«, flüsterte sie. »Ich habe heimlich den Schlüssel zu Eurer Kammer genommen, um zu erfahren, ob ich Euch helfen kann.«

»Habt Dank, schöne Maid«, sagt Dietrich mit höfischem Anstand.
»Ich hoffe sehr, daß ich Euch Eure Wohltaten bald entgelten kann. Ihr

findet mich wirklich in großer Sorge. Denn ich muß eilig eine Nachricht an meinen Waffenmeister senden, der von meiner Gefangennahme noch nichts weiß. Ich glaube nämlich, daß nicht nur ich Hilfe brauche, sondern auch Euer Bruder. Die Riesen werden sich an ihm rächen wollen, weil er meinen Tod verhindert hat. Und meinen Tod wollen sie sicher, nachdem ich Wickram erschlagen mußte.«

Ibelin erblaßte. Zur Sorge um Dietrich kam also jetzt noch die Angst um ihren Bruder. Wenn sie auch oft mit seinen Handlungen nicht einverstanden war und ihm immer wieder zürnte, so war er doch ihr einziger Verwandter und ihr natürlicher Beschützer. Auch um ihre Schwägerin Simelin machte sie sich Sorgen.

»Wenn Ihr mir sagt, wo ich Euren Waffenmeister finde, werde ich sofort einen Boten zu ihm senden. Der Ritter Beldelin ist mir treu ergeben und wird sicher noch in den Nacht den gefährlichen Ritt wagen.«

Dietrich erklärte ihr also, daß Hildebrand und seine Gefährten unterwegs zum Berg Jeraspunt waren oder dort schon angekommen seien. Ibelin hatte schon viel von Königin Virginal gehört, und wenn sie sie auch noch nie persönlich gesehen hatte, so wußte sie doch, in welcher Richtung der Berg lag. Als Erkennungszeichen für Hildebrand gab ihr nun der König eine Nadel, die seinen Umhang zusammengehalten hatte. Dieses Zeichen hatte er schon vor längerer Zeit mit seinem Waffenmeister ausgemacht; es sollte beweisen, daß ein Bote wirklich von ihm kam. Denn einmal hatte ein Gegner Dietrichs versucht, Hildebrand durch eine gefälschte Botschaft in eine Falle zu locken.

Wirklich ritt Beldelin, der die Schwester des Herzogs insgeheim liebte und daher alles für sie tat, noch in der Nacht los. Für Dietrich aber begannen jetzt lange und sorgenvolle Stunden des Wartens. Untätigkeit war für ihn das schlimmste Schicksal, da Geduld nicht zu seinen Vorzügen gehörte. Auch hatte er gegenüber Ibelin nicht übertrieben: Er machte sich wirklich große Sorgen wegen der Riesen. Denn er wußte, daß sie zwar schwerfällig im Denken waren, doch furchtbar in ihrer Rache. Und er vermutete, daß Herzog Nitger mit seinen Gefolgsleuten den Riesen nicht gewachsen wäre. Denn Nitger hatte sich immer auf den Schutz der Riesen verlassen und deshalb nur eine kleine Truppe von bewaffneten Männern auf der Burg.

»Großvater, ich habe schon wieder ein Problem mit Dietrich.« Katharina war froh, daß der Großvater zu ihr ins Wohnzimmer gekommen war, während Andreas wieder mit seinen Freunden weggegangen war. Denn sie wollte ihrem Bruder nicht zeigen, wie wenig sie in Wahrheit über den Berner wußte.

»Wenn ich Pippi Langstrumpf oder Winnetou lese, dann ist es immer dieselbe Geschichte – ganz gleichgültig, welches Buch ich nehme. Aber jetzt habe ich vier Bücher über Dietrich gelesen, und in jedem steht etwas anderes. Wie kommt das eigentlich?«

»Stell dir einmal vor, du erlebst gemeinsam mit Andreas irgend etwas. Dann erzählt ihr beide die Geschichte euren besten Freunden. Und die erzählen es weiter. Nach der zehnten Erzählung würdest du deine Geschichte wahrscheinlich kaum mehr erkennen. So ähnlich war das auch bei Dietrich von Bern.«

»Wieso, das verstehe ich nicht.«

»Diese Geschichte ist viele Jahrhunderte lang nur erzählt worden. Und jeder Erzähler hat ein bißchen was weggelassen und andere Sachen dazu erfunden. Dann sind die Geschichten von verschiedenen Leuten aufgeschrieben worden. Wundert es dich da, wenn große Unterschiede entstanden sind?«

Katharina war zufrieden. Mehr wollte sie im Augenblick gar nicht wissen.

Inzwischen machte sich auch Hildebrand wieder einmal Sorgen um seinen König. Zuerst schien alles wie geplant zu verlaufen. Wenige Stunden, nachdem sich Dietrich auf den Weg gemacht hatte, waren die Gefährten in Begleitung von Markgraf Helferich mit Hildebrand und Rentwin zusammengetroffen. Wie staunten da die Neuankömmlinge, daß der gefährliche Kampf mit Orkise und seiner Schar schon vorüber war! Alle priesen die Vorsicht des Königs, ohne die Godelinde verloren gewesen wäre. Am Abend kam Herzog Bibung, der es sich nicht nehmen lassen wollte, persönlich Dietrich und seine Gefährten zu seiner Königin zu geleiten.

Noch fiel es niemandem als unheilvoll auf, daß Bibung dem König nicht begegnet war, denn der Zwergenfürst hatte geheime Wege benutzt, auf denen Zwerge schneller und sicherer zu der alten Buche kommen konnten. Am nächsten Tag, als Dietrich schon viele Stunden in dem Verlies schmachtete, machten sich alle frohgemut auf den Weg. Königin Virginal erwartete sie schon ungeduldig. Denn es drängte sie, den Helden zu danken, die sie von ihren schweren Sorgen befreit hatten. Gemeinsam mit Godelinde ging sie der Schar entgegen, als ihr ein Vorposten die Ankunft der Reiterschar meldete.

Wie groß war aber die Bestürzung, als alle feststellten, daß Dietrich nicht bei der Königin eingetroffen war! Sofort sandte Virginal Boten aus, die jeden Steig im weiten Umkreis kannten, um nach dem König zu suchen. Denn noch glaubte sie, daß Dietrich nur den Weg verfehlt hätte und bald mit einem der Boten zum Berg Jeraspunt kommen werde.

Helferich aber hatte sofort arge Befürchtungen und nahm deshalb Hildebrand auf die Seite:

»Nicht weit von hier haust Herzog Nitger auf der Burg Muter. In seinem Sold stehen zwölf schreckliche Riesen. Von ihnen und auch von Herzog Nitger erzählt man schlimme Geschichten. Sie sollen schon oft harmlose Reisende überfallen und von ihnen Lösegeld erpreßt haben. Ich hoffe zu Gott, daß König Dietrich nicht in die Hände Nitgers gefallen ist.«

Anfangs wies Hildebrand diesen Gedanken weit von sich. Er konnte sich nicht vorstellen, daß ein Herzog, ein Gefolgsmann Dietrichs, den König gefangennehmen könnte. Doch als ein Bote nach dem anderen unverrichteter Dinge zurückkehrte, begann er die Befürchtungen Helferichs ernst zu nehmen. Sofort wollte er losreiten, um auf der Burg Muter nach Dietrich zu suchen. Doch inzwischen war es Abend geworden. Und da selbst Helferich die Lage der Burg nur ungefähr kannte – Nitgers schlechter Ruf verhinderte den üblichen freundschaftlichen Verkehr zwischen den Bewohnern naher Burgen –, konnte er den Waffenmeister überreden, bis zum Morgen zu warten.

Beim ersten Morgengrauen meldete einer der Posten, daß sich ein fremder Reiter nähere. Die Königin hatte nämlich bei allen Zugängen zu der großen Waldwiese, auf der im Sommer ihre Zelte standen, Beobachter aufgestellt. Der Reiter war Beldelin, der seinem Pferd alles abverlangt hatte, um schnell Dietrichs Gefährten zu finden. Sofort wurde er zur Königin und zu Meister Hildebrand geführt, dem er das Erkennungszeichen des Königs gab. Dann berichtete er, welches Schicksal Dietrich getroffen hatte.

»Beeilt euch, ihr Herren, denn euer König ist in größter Gefahr. Die Riesen wollen sicherlich den Tod Wickrams rächen. Und Herzog Nitger kann mit seinen wenigen Gewappneten dem König keinen Schutz bieten. Auch weiß ich nicht, ob er dies überhaupt will. Denn bisher hat ihm der König nicht seinen Namen genannt, er weiß also noch nicht, wen er gefangenhält.«

»Wie lange brauchen wir zur Burg Muter?« fragte Hildebrand besorgt.

»Ich bin eine Stunde vor Mitternacht losgeritten und habe das beste Pferd aus des Herzogs Stall genommen. Auch kenne ich jeden Weg und Steg. Aber da es Nacht war, bin ich nicht so schnell gewesen wie am Tag. Ich glaube, daß wir mit euren Gefolgsleuten am späten Nachmittag bei der Burg sein können, wenn wir gleich losreiten und nur die notwendigsten Pausen machen.«

Hildebrand befahl nun, schnell die Pferde zu satteln. Alle wollten zur Rettung des Königs eilen, doch befahl der Waffenmeister einer kleinen Truppe von Gefolgsleuten von Markgraf Helferich, bei der Königin zu bleiben. Er hatte inzwischen gelernt, daß hier in diesem Gebiet noch größere Vorsicht angezeigt war als in Bern. An der Spitze von mehr als fünfzig Mann machte sich Hildebrand auf den Weg. Sein Herz war wieder einmal schwer und bekümmert, wußte er doch nicht, ob die Hilfe rechtzeitig zur Rettung Dietrichs kommen werde.

Auch Dietrich war voll Sorge. Er hatte beobachtet, daß die elf Riesen noch vor der Morgendämmerung die Burg verließen und den

Leichnam ihres toten Gefährten mit sich trugen. Er wußte aber nicht, ob sie nur den Toten beerdigen oder ob sie mit diesem Auszug den Kampf gegen alle Bewohner der Burg beginnen wollten. Deshalb bat er Ibelin, ihren Bruder zu ihm zu bringen. Denn er selbst war ja noch immer Gefangener. Ibelin sollte deshalb auch nicht sagen, daß er um die Unterredung gebeten hatte, sondern dies als eigene Idee vorschlagen.

Wirklich kam Nitger sofort zu seinem Gefangenen, dessen Namen er noch immer nicht kannte. Auch er hatte den Abzug der Riesen beobachtet und bekam es nun mit der Angst zu tun. Denn er wußte, daß dieser Abzug einer Kriegserklärung gleichkam. Das sagte er auch Dietrich.

»Und was willst du jetzt tun, tapferer Herzog?« fragte Dietrich mit höhnischer Stimme. Ihm war nämlich nicht entgangen, das Nitger nur tapfer war, wenn er den Schutz der Riesen um sich wußte und wenn er es mit Schwächeren zu tun hatte.

»Ich weiß es nicht«, meinte Nitger unsicher. In Wahrheit hatte er aber einen schändlichen Plan gefaßt: Er wollte seinen Gefangenen den Riesen ausliefern, denn dann, so hoffte er, würden sie ihn selbst und seine Familie in Ruhe lassen. Möglicherweise könnte er sich auch mit ihnen einigen, damit sie wieder als seine Schutztruppe arbeiteten. Er wußte ganz genau, wie sehr die Riesen das bequeme Leben und vor allem das gute Essen auf der Burg schätzten.

»An deiner Stelle würde ich so schnell wie möglich die Verteidigung der Burg vorbereiten, da die Riesen sie sicher überfallen wollen. Und laß dir ja nicht einfallen, mich den Riesen auszuliefern. Dazu müßtest du mich erst besiegen. Und ich glaube nicht, daß du mir gewachsen bist, selbst wenn du alle deine Waffen trägst und ich unbewaffnet bin. Erinnere dich, daß ich auch den Riesen Wickram besiegt habe.«

Hoch aufgerichtet und majestätisch stand Dietrich da, als er diese Worte sprach. Nitger aber schrumpfte förmlich in sich zusammen. Er glaubte an Hexerei, weil sein Gefangener seine geheimsten Gedanken entdeckt hatte. Gegen diesen Mann, das merkte er deutlich, konnte er nicht siegen.

»Wie kannst du es wagen, so mit mir zu sprechen«, entgegnete er in einer letzten Anwandlung von Trotz. »Wer bist du überhaupt, daß du hier Befehle geben willst?«

»Ich bin König Dietrich von Bern. Sieh hier diesen Ring, der wird dir bestätigen, daß ich die Wahrheit gesprochen habe.« Und Dietrich zeigte Nitger den Ring mit dem königlichen Siegel, den Nitger bisher gar nicht beachtet hatte.

»König Dietrich«, flüsterte er. »Ich bin verloren!«

»Noch nicht! Zeige mir jetzt, daß du dich auf meine Seite stellst und mit mir gegen die Riesen kämpfst, dann will ich vielleicht noch einmal Gnade walten lassen.« Dietrich sprach absichtlich nicht von dem Boten, der zu Hildebrand geschickt worden war. Er wollte Ibelin keine Schwierigkeiten bereiten, außerdem sollte Nitger noch nichts von der nahenden Hilfe wissen.

»Herr, befehlt, ich will Euch gehorchen«, stammelte Nitger. Dietrich verlangte von ihm Waffen und eine Rüstung, da er sonst den Kampf mit den Riesen auf keinen Fall bestehen könne. Während sie noch sprachen, ertönte vor der Burg ein heiserer Hornstoß. Als Nitger diesen Laut hörte, erblaßte er so sehr, daß sein Gesicht einem Toten glich.

»Sie holen Hülle, den stärksten und wildesten der Riesen. Niemand kann ihn besiegen, und er ist so gefährlich, daß ich ihn nicht in meinen Diensten haben wollte«, flüsterte er.

»Um so wichtiger sind die Waffen für mich«, entgegnete Dietrich kühl. Da ließ Nitger endlich die besten Waffen, die er in seiner Rüstkammer finden konnte, dem König bringen. Der fühlte sich gleich viel besser, als er wieder ein Schwert an seiner Seite trug, auch wenn es nicht Eckesachs war.

Dietrich hatte sich um keine Minute zu früh gerüstet. Ein Blick durch das Turmfenster zeigte ihm einen erschreckenden Anblick: Der größte Riese, den er je gesehen hatte – er war um mindestens zwei Kopf größer als seine Gefährten –, stürmte auf die Burg los. Man merkte ihm deutlich an, daß er die Burgmauer niederreißen wollte.

»Schnell hinunter, Hülle ist schon da!« rief der König und eilte los. Nitger folgte ihm.

Gerade rechtzeitig, bevor noch der Riese ein Loch in die Mauer schlagen konnte, erreichte Dietrich den Wehrgang.

»Was willst du hier vor der Burg?« rief er mit donnernder Stimme.

»Ich will den Mörder Wickrams suchen, um ihn zu bestrafen«, schrie Hülle zurück.

»Ich habe Wickram getötet, als er mich im Verlies überfiel, obwohl ich unbewaffnet war. Aber wenn du ihn rächen willst, biete ich dir einen ehrlichen Zweikampf. Komm herein, du allein, und kämpfe mit mir.«

»Ha, du Wicht«, lachte da Hülle dröhnend auf. »In wenigen Augenblicken bist du ein toter Mann. Ich nehme dein Angebot an, meine Gefährten werden sich zwei Steinwurf weit zurückziehen.« Der Riese gab dieses Versprechen leichten Herzens. Denn er war sicher, daß er nicht nur Dietrich töten würde, sondern auch die gesamte Besatzung der Burg. Und dann gehörten alle Schätze, die sie dort finden würden, den Riesen.

»Herr, worauf wollt Ihr Euch einlassen«, fragte Nitger angstbebend. »Wenn der Riese Euch besiegt, sind wir schutzlos. Jetzt ist wenigstens die Burgmauer zwischen uns und den Riesen.«

»Nicht mehr lange, du Feigling. Merkst du denn nicht, daß Hülle die Mauer mit bloßen Händen niederreißen kann? Wenn ich wirklich falle, könnt ihr alle gemeinsam wohl den einen Riesen besiegen. Die anderen aber sind draußen und werden ohne ihren Anführer nicht so schnell angreifen«, meinte Dietrich. Den Wachen rief er zu: »Das Tor auf! Und achtet darauf, daß Hülle allein hereinkommt.«

Der Riese hielt wirklich sein Wort und kam allein. Er wollte seinen Gefährten beweisen, wie stark er war, um endlich ihr Anführer zu werden und ein ebenso bequemes Leben wie sie führen zu können.

Kaum war er im Burghof, stürzte er sich schon auf Dietrich. Doch der kannte inzwischen die Kampfweise der Riesen genau und wich geschwind der furchtbaren Eisenstange aus. Da, noch ein Hieb Hülles, dem der König auswich, und aus der Bewegung heraus stieß er dem Riesen das Schwert in die Seite. Hülle brüllte auf, daß die Mauern im wahrsten Sinne des Wortes bebten. Immer wilder, aber auch immer ungezielter wurden seine Hiebe mit der Eisenstange. Kaltblütig und überlegt wich der König aus und nutzte jede Gelegenheit, um den Riesen sein Schwert fühlen zu lassen. Die Hiebe waren nicht tödlich, Hülle wurde nicht einmal schwer verletzt, doch geriet er immer mehr in blinde Wut. Schließlich tappte er nur mehr laut heulend umher, er war so verwirrt, daß er Dietrich gar nicht mehr richtig sah.

Da, ein furchtbarer Streich des Berners. Und mit einem letzten Aufschrei stürzte der Riese zu Boden. Er war tot!

Aufatmend wischte sich der König den Schweiß von der Stirne. Der Kampf hatte ihn mehr angestrengt, als er zugeben wollte. Doch nun war für einige Zeit die ärgste Gefahr gebannt.

»Werft den Leichnam aus der Burg. Seine Gefährten sollen ihn begraben«, rief er den Wächtern zu. Als die anderen Riesen sahen, daß der stärkste von ihnen nicht mehr am Leben war, stimmten sie ein Geheul an, daß es von den Bergen widerhallte. Doch dann nahmen sie den toten Körper und zogen sich ein wenig von der Burg zurück. Für den Augenblick war ihnen die Lust am Kämpfen vergangen. Auch mußten sie erst überlegen, wie sie den Tod Hülles rächen könnten. Überlegungen waren aber nicht ihre Stärke, sie konnten nur zuschlagen.

»Ich denke, wir haben jetzt eine Atempause. Ich will die Zeit nützen, um mich auszuruhen«, meinte Dietrich. Nitger bat ihn sofort in den Rittersaal und befahl, daß so schnell wie möglich ein schmackhaftes Mahl gerichtet werden sollte. Simelin und Ibelin gesellten sich zu ihnen. Beide beglückwünschten den König zu seinem Sieg über den gefährlichen Gegner. Weder Ibelin noch Dietrich ließen sich anmerken, daß sie schon mehrmals miteinander gesprochen hatten.

Wie Dietrich vorausgesagt hatte, hatten sie jetzt einige Zeit Ruhe vor den Angriffen der Riesen. Doch plötzlich hörte man ein wütendes Geheul vor der Burg. Schreckensbleich stürzte eine der Wachen herein.

»Die Riesen stürmen auf die Burg los!« schrie der Mann aufgeregt. Und schon hörte man heftige Schläge gegen die Burgmauern, als die Riesen versuchten, mit ihren Eisenstangen die Mauern zu durchbrechen. Doch sie hatten nicht die Kräfte Hülles, so blieb ihr Bemühen vorerst erfolglos.

Da ertönte aus der Ferne Hörnerklang. »Eine große Schar von Rittern kommt auf die Burg zu«, rief der Posten auf dem Turm.

»Das ist sicherlich Hildebrand mit meinen anderen Gefährten«, sagte Dietrich ganz ruhig. Nitger aber erschrak. Nun erkannte er endgültig, daß er auf Gedeih und Verderb der Gnade des Königs ausgeliefert war. Dietrich brauchte nicht mehr seine Hilfe, um mit den Riesen fertig zu werden.

Auch die Riesen vor der Burgmauer hörten den Hörnerklang und wandten sich den neuen Feinden zu. Sie wollten ihr Leben so teuer wie möglich verkaufen, denn sie merkten genau, daß es für sie keine Hoffnung auf Rettung gab. Doch die Ritter, allen voran Wolfhart, Alphart und Rentwin, ritten sie in kühnem Schwung über den Haufen, so daß sie sich kaum mehr verteidigen konnten. In kurzer Zeit lagen alle elf Riesen tot am Boden.

Da ritt auch Hildebrand heran, der den jungen Rittern die Ehre des Kampfes überlassen hatte. Er führte Falke mit sich, den er auf dem Platz, an dem Dietrich gefangengenommen worden war, gefunden hatte. Der treue Schimmel hatte sich nicht von der Stelle gerührt, sondern auf seinen Herrn gewartet.

Die Burgwachen rissen nun das Tor auf, und Dietrich konnte seine Getreuen begrüßen. Als Falke seinen Herrn sah, riß er sich vom Zügel los und stürmte zu ihm. Laut schnaubend drückte er seinen schönen Kopf gegen die Schulter Dietrichs, der ihn gerührt über so viel Treue herzlich liebkoste. Dann wandte er sich seinen Gefährten zu und dankte ihnen in bewegten Worten, daß sie so schnell zu seiner Rettung gekommen waren. Denn wenn er auch die härtesten Kämpfe allein durchgefochten hatte, so waren doch die elf Riesen, die im Kampf mit seinen Rittern gefallen waren, noch immer sehr gefährliche Gegner.

Nitger aber erwartete bebend die Entscheidung über sein Schicksal. Er hatte große Furcht, da er Dietrich im Kampf gegen die Riesen nicht unterstützt hatte. Er war sicher, daß ihm Dietrich nicht nur seine Burg und sein Land wegnehmen würde, sondern ihn auch noch ins Gefängnis werfen oder verbannen würde. Doch da sollte er sich getäuscht haben.

»Du erkennst mich als deinen Lehensherrn an?« wandte sich der König an den Herzog, der mit hängendem Kopf den Urteilsspruch erwartete.

»Ja«, sagte Nitger knapp. Er wußte, daß Widerstand oder Ausflüchte keinen Sinn hatten. Das Recht war auf seiten des Königs. Und durch die Anwesenheit seiner Ritter, die der kleinen Truppe Nitgers weit überlegen waren, hatte er auch die Macht, sein Recht durchzusetzen.

»Gut, dann höre also meinen Spruch«, meinte Dietrich. »Du hast, wie du sicher weißt, durch deine Untreue und dein unritterliches Verhalten dein Lehen verwirkt. Doch ich will Gnade vor Recht gehen lassen und dich als Herr der Burg Muter und der Ländereien, über die du bisher geherrscht hast, bestätigen. Allerdings stelle ich Bedingungen. Zum einen fordere ich, daß du mir den Treueeid erneuerst, den du einst meinem Vater geschworen hast. Zum zweiten verlange ich, daß du ab nun deine Aufgaben gerecht und ehrlich erfüllst. Denke immer daran, daß du deine Macht und dein Lehen nur meiner Güte verdankst. Und zum dritten trete ich als Brautwerber auf. Ritter Beldelin und deine Schwester Ibelin lieben einander. Ich wünsche daher, daß die beiden ein Paar werden und du deinen Segen dazu gibst. Bist du mit diesen Bedingungen einverstanden?«

Nitger hatte keine andere Wahl, als zuzustimmen. Er war zwar natürlich froh, daß er weiterhin Herr der Burg Muter sein sollte. Daß er aber seine Schwester einem einfachen Ritter zur Frau geben sollte, störte ihn doch. Außerdem verstand er nicht, wieso Dietrich von der Liebe der beiden erfahren hatte – ihm selbst war diese Tatsache schon lange bekannt, doch hatte er bisher nichts davon hören wollen – und warum er sich für sie einsetzte. Denn noch immer wußte er nicht, daß Beldelin Hilfe geholt hatte. Doch machte er sich keine großen Sorgen. Denn wenn Dietrich wieder fort war, wollte er die Zustimmung widerrufen.

Doch der König warnte ihn, als ob er seine Gedanken gelesen hätte:

»Hüte dich, Herzog Nitger, deine Versprechen und deinen Eid zu brechen. Ich werde diesen Teil meines Reiches in Zukunft besser überwachen und sofort erfahren, wenn du untreu geworden bist. Dann wird dich meine Strafe unbarmherzig treffen.«

So mußte also Herzog Nitger vor allen Rittern Dietrichs seinen Treueeid leisten und feierlich versprechen, daß in Kürze die Hochzeit von Ibelin und Beldelin gefeiert werde. Außerdem mußte er die ganze Schar für eine Nacht beherbergen und verköstigen, denn Menschen und Pferde mußten sich vor dem Ritt nach Jeraspunt ausruhen. Für den habgierigen Herzog war es eine harte Strafe, für so viele Menschen seine Vorratskammern zu öffnen.

Am nächsten Morgen zog die glänzende Schar, versehen mit reichlichem Proviant aus der Burgküche, endlich los. Und diesmal kamen sie ohne Zwischenfälle zu der großen Waldwiese, wo die herrlichen Zelte der Königin aufgeschlagen waren. Dietrich sprang von seinem Pferd und ging zu Virginal, die ihm in Begleitung von Godelinde und ihren anderen Hofdamen entgegenkam. Tief verneigte sich der König vor der schönen Frau, von der er nur das Beste gehört hatte. Herzlich begrüßte die Königin ihren Retter:

»Ich danke Gott, daß es mir endlich vergönnt ist, Euch von Angesicht zu Angesicht zu sehen, König Dietrich. Wir haben uns alle große Sorgen gemacht, als Ihr nicht zu uns kamt. Doch zuerst will ich Euch von Herzen für den großen Dienst danken, den Ihr mir erwiesen habt. Denn Ihr habt nicht nur Godelinde gerettet, sondern auch mich und meinen ganzen Hofstaat. Orkise hätte sich sicher nicht mit einem Opfer begnügt. Ohne Euch und Eure Gefährten wäre der Berg Jeraspunt in Kürze öde und verwaist.«

»Dankt nicht mir, Königin Virginal«, entgegnete da Dietrich. »Dankt Gott, der unsere Schritte gelenkt und uns die Kraft zum Sieg gegeben hat. Ihr wißt, es gehört zu den vornehmsten und schönsten Aufgaben eines christlichen Königs und Ritters, den Hilflosen beizustehen und schöne Damen zu schützen. Ich habe also nur meine Aufgabe erfüllt, die ich mit dem Ritterschlag übernommen habe.« Mit diesen Worten neigte der König sein Haupt und gab Virginal den zeremoniellen Begrüßungskuß.

»Doch nun laßt uns feiern und fröhlich sein«, sagte Virginal. Dietrich nahm neben ihr Platz, seine Gefährten setzten sich gemeinsam mit Virginals Damen an die langen, mit frischen Blumen geschmückten Tische. Dienerinnen trugen ein köstliches Mahl auf. Alle schmausten und erzählten von ihren letzten Erlebnissen.

Als nun Virginal hörte, wie sehr Ibelin dem König geholfen hatte, und sie auch von ihrer Liebe zu Beldelin erfuhr, hatte sie eine herrliche Idee.

»Wenn es Euch recht ist, wollen wir die beiden hierherholen, damit sie hier ihre Hochzeit feiern können. Wir haben einen Priester, der die Trauung vornehmen kann. Es wird für sie sicher ein schöneres Fest sein, als wenn der unwirsche Herzog Nitger die Hochzeit gegen seinen Willen ausrichten muß.«

Dietrich war natürlich mit diesem Vorschlag einverstanden und der Königin dankbar, daß er Nitgers Schwester ihre Hilfe und Treue danken konnte. Herzog Bibung übernahm den Botenritt, denn er und sein kleines, flinkes Pferd waren wohlausgeruht. Bevor Bibung fortritt, ließ der König noch einen Brief an Nitger schreiben, den er mit dem königlichen Siegel versah. Dietrich wollte damit sicherstellen, daß Nitger dem Brautpaar den Ritt zu Königin Virginal auch wirklich erlaubte. Denn einem direkten Befehl des Königs würde er sich sicherlich nicht widersetzen, eine mündliche Botschaft des Zwergenherzogs würde er dagegen vielleicht nicht beachten.

Am nächsten Abend war es dann soweit. Das Brautpaar kam in Begleitung von Herzog Bibung an. In der Zwischenzeit hatten Virginal und ihre Damen alles für die Hochzeit vorbereitet, die gleich gefeiert werden sollte. Ibelin war wunderschön in einem Kleid und dem Brautgeschmeide, das ihr die Königin geschenkt hatte. Beldelin hatte von Alphart ein prächtiges Gewand bekommen. Und so gaben sich die beiden unter dem Sternenhimmel und in Anwesenheit der glänzendsten und berühmtesten Ritterschar des Abendlandes ihr Jawort.

Die anschließende Feier war prächtiger als jede andere, die Dietrich bisher erlebt hatte. Die Tische bogen sich vor köstlichen Speisen, die die Köche der Königin aus den Früchten des Waldes bereitet hatten. In einem Gebüsch saßen Zwerge, die auf fremdartigen, für Dietrich ungewohnten Instrumenten eine sanfte Tafelmusik machten. Nach dem Festmahl erfreuten Virginals Damen die Gäste mit wunderschönen Gesängen und Tänzen im Mondenschein. Dietrich und seine Gefährten fühlten sich in ein Zauberland versetzt, aus dem sie nie mehr zurückkehren wollten.

Doch schließlich mußte Dietrich zu seinem eigenen Leidwesen ein Machtwort sprechen und das Fest beenden. Denn er wollte am kommenden Morgen den langen Rückweg nach Bern antreten. Er war schon viel länger von seiner Hauptstadt fort, als es vorgesehen war. Auch war der Aufbruch Hildebrands so plötzlich erfolgt, daß dieser nur die notwendigsten Vorkehrungen für die Zeit seiner Abwesenheit hatte treffen können. Deshalb war es wichtig, möglichst schnell zurückzukehren.

Am nächsten Morgen schlug wirklich die Stunde des Abschieds. Wohl hatten Dietrich und Virginal nur wenige gemeinsame Stunden erleben können, doch beide wußten, daß sie einander nie vergessen würden. Ihre Wege mußten sich aber trennen. Denn Virginals Aufgabenbereich lag in den Bergen und bei den Menschen, die dort lebten. Dietrich aber mußte zurück in die große Welt, mußte seine Pflichten als König des Lampartenreiches wieder auf sich nehmen. Viele neue Aufgaben warteten dort auf ihn.

»Wenn Ihr, König Dietrich, einmal eine Ruhepause von Euren Pflichten und Geschäften braucht, wenn Ihr Erholung an Leib und Seele sucht, dann sollt Ihr wissen, daß Ihr hier immer willkommen seid. Meine guten Wünsche begleiten Euch, Ihr werdet für immer in meine Gebete eingeschlossen sein. Doch nun will ich gehen, denn es ist gar zu schmerzlich für mich, Eurem Aufbruch zuzusehen.« Mit diesen Worten küßte die Königin Dietrich auf den Mund und ging in ihr Zelt zurück. Ihre Augen waren von Tränen verschleiert.

Dietrich aber gab seinen Gefährten den Befehl, die Pferde zu besteigen. Der ganze Trupp wandte sich talabwärts, zurück zum Alltag mit seinen Geschäften, Gefahren und Abenteuern. Dietrich wandte sich nicht mehr um. Als er vor vielen Tagen von Bern losgeritten war, hatte er Gesundung für seine körperlichen und seelischen Schmerzen gesucht, die er im Kampf mit Wittich erlitten hatte. Diese Wunden waren verheilt. Doch ein Stück seines Herzens blieb auf Jeraspunt zurück, und diese Wunde konnte nie verheilen.

Dietrich war also doch ein Mensch, der fühlen konnte, wie alle anderen auch, und nicht nur ein Held, dachte Katharina. Aber ein schnelles Happy-End wollte sie ihm nicht einmal in ihrem Video im Kopf gönnen. Denn noch warteten viele Abenteuer und Gefahren auf ihn.

Doch eine Frage hatte sie noch an den Großvater. Wieso wurde einmal Dietrich als Gotenkönig bezeichnet und dann wieder von seinem Land als dem Lampartenreich gesprochen.

»Das ist relativ leicht zu verstehen. Die Goten und die Langobarden sind während der Völkerwanderung nach Italien gekommen. In dieser Zeit ist die Sage von Dietrich entstanden, und da sind eben die beiden Völker den Erzählern ein bißchen durcheinandergekommen. Die Goten haben ihren Namen auch in der Sage behalten, aus dem Langobardenreich wurde eben das Lampartenreich.«

Es ist doch gut, wenn man einen Großvater hat, den man so vieles fragen kann, dachte Katharina zufrieden.

KAPITEL 5

Im Kampf für Etzel

Nach seiner Rückkehr nach Bern hoffte Dietrich auf eine ruhigere Zeit. Denn durch die vielen Abenteuer der letzten Monate hatte er manche seiner Pflichten als König zurückstellen müssen. Vor allem waren viele Rechtshändel seiner Bürger, die nur er, der König, entscheiden konnte, liegengeblieben. Und so saß Dietrich so manchen Tag zu Gericht und entschied weise und ohne Ansehen der Person, wie es dem überkommenen Recht entsprach. Seine Untertanen dankten ihm dafür mit großer Zuneigung und priesen sich glücklich, im Reich eines ebenso tapferen wie weisen Königs zu leben.

Sein Ruf aber drang nach wie vor in alle Lande, und viele tapfere Recken wollten unter seine Gefährten aufgenommen werden. Eines Abends, als der König mit seinen Getreuen in der großen Halle fröhlich beim Mahl saß und frühere Abenteuer erzählt wurden, drang plötzlich ein zottiger Geselle in die Runde. Die Wächter am Tor hatten den seltsamen Gefährten nicht aufhalten können. Er war von Kopf bis Fuß in ein Bärenfell gehüllt, tappte daher wie ein Bär und brummte auch wie dieses Raubtier der Wälder.

Für die in der Halle versammelten Männer war dies eine heitere Unterbrechung ihrer Unterhaltung. Die Knappen zupften in jugendlichem Übermut am Fell des seltsamen Gefährten, ein Page schüttete ihm sogar einen Becher Wein ins Gesicht, das allerdings hinter dem Bärenkopf kaum zu erkennen war. Doch Wittich, der unter Dietrichs Gefährten durch seinen besonderen Ernst auffiel, wollte dieses Treiben nicht dulden.

»Seit wann werden Fremde an Dietrichs Hof so ungebührlich behandelt? Könnt ihr denn wissen, ob der Unbekannte mit seiner Verkleidung euch nicht nur auf die Probe stellen will?«

Dietrich gab ihm diesmal recht, obwohl er oft anderer Ansicht war als Wielands Sohn:

»Laßt den Fremden in Ruhe, er ist als Gast zu uns gekommen. Das Gastrecht bedeutet mir so viel, daß ich ihn sogar unter meine Gefährten aufnehmen will, wenn er dies will und ein tapferer Held ist.«

Der König war sicher, daß diese Verkleidung zu einem besonderen Zweck gewählt worden war. Außerdem wollte er nicht mehr mit fahrenden Rittern kämpfen, die in seiner Schar Aufnahme suchten. Er hatte den Kampf mit Wittich noch nicht vergessen.

»Heil und Dank sei dir, König Dietrich«, tönte da eine Stimme hinter der Bärenmaske hervor. Der Fremde ließ das Fell fallen, und vor den erstaunten Männern stand ein Ritter in strahlend schöner Rüstung.

»Mein Name ist Wildeber«, stellte er sich vor. »Ich stamme aus einem edlen Geschlecht, das weit im Norden von hier große Besitztümer hat. Bei meiner Geburt sagte eine weise Frau meiner Mutter, daß ich eines frühen Todes sterben würde, wenn mich nicht der edelste König der Christenheit unerkannt in seine Gefolgschaft nimmt. So kam ich her, denn du bist der edelste König der Christenheit. Du hast nun die Bedingung erfüllt, König Dietrich, ich will von jetzt an mit allen meinen Kräften dir zur Seite stehen.«

Alle freuten sich mit Wildeber, der ihnen bald ein lieber Gefährte wurde. Zwischen ihm und Wittich entwickelte sich schnell eine tiefe Freundschaft, denn Wildeber konnte nicht vergessen, daß dieser Recke als erster für ihn gesprochen hatte.

Doch das ruhige Leben am Hof zu Bern, das immer wieder durch fröhliche Ritterspiele und Festlichkeiten für die ganze Bevölkerung unterbrochen wurde, dauerte nur wenige Monate. Denn eines Tages kamen seltsam aussehende kleine Männer mit gelbbraunen Gesichtern und schmalen, schräg stehenden Augen zu Dietrich. Sie saßen auf struppigen kleinen Pferden, und man sah ihnen an, daß sie einen weiten Weg hinter sich hatten.

Es waren Abgesandte vom Hunnenkönig Etzel, der sich in schwerer Bedrängnis befand. Auf Ratschlag von Markgraf Rüdiger von Bechelaren, einem Gefolgsmann Etzels und treuem Freund Dietrichs, hatte der Anführer der Hunnen diese Botschaft gesandt. Vor Jahren hatte Rüdiger in Etzels Namen um Helche, die schöne Tochter des Wilzenkönigs Oserich, gefreit. Dieser wollte sein Kind nicht einem Hunnen zur Frau geben; damals war nämlich Etzel noch nicht so berühmt im ganzen Abendland wie in späteren Zeiten. Rüdiger wurde mit Schimpf und Schande aus dem Land der Wilzen verjagt.

Doch Etzel, der schon viel von der Schönheit und der Güte Helches gehört hatte, ließ nicht locker. So mußte Rüdiger, der dem Hunnen zu großem Dank verpflichtet war, die Maid heimlich an den Hof des Hunnenkönigs bringen. Obwohl sie sich anfangs gegen diese Verbindung heftig sträubte, errang Etzel doch bald ihre Achtung und Liebe. Helche trug in der Folge viel zum Ruhm Etzels bei. Denn ihre Güte half manche Auseinandersetzung friedlich beenden. Die Königin blieb Christin, obwohl die Hunnen nach wie vor ihre alten Götter verehrten. Etzel aber wurde durch seine Frau weltoffener, als es vor ihm die Hunnenhäuptlinge waren, und zog viele Ritter und Helden aus dem Abendland an seinen Hof.

Obwohl nun überall das Loblied von Königin Helche gesungen wurde, konnte ihr Vater die Schmach nicht vergessen, daß sein Kind aus der heimatlichen Burg geraubt worden war. Immer wieder hatte er versucht, Etzel zu schaden und die Hunnen im Kampf zu besiegen. Bisher hatte er kein Glück gehabt. Doch nun sammelte er, wie die Späher der Hunnen berichtet hatten, ein großes Heer. Er bemühte sich bei benachbarten Völkern um Unterstützung und hatte bei den Polen und Reussen Erfolg. Denn die Hunnen waren zwar gefürchtete Krieger, doch versprach ein Sieg über sie reiche Beute.

Das alles erzählten die hunnischen Abgesandten und erbaten Dietrichs Hilfe. Mit seiner Unterstützung, so war Etzel sicher, würde er den Ansturm der Wilzen siegreich zurückschlagen. Die Berufung auf Markgraf Rüdiger hatte bei Dietrich Erfolg. Er sagte seine Hilfe zu und sprach damit auch den meisten seiner Gefährten aus der Seele. Denn vor allem den jüngeren unter ihnen, wie Alphart, Wolfhart und Rentwin, war die Zeit der Muße schon viel zu lang erschienen.

Bevor aber Dietrich und seine Gefährten ins Hunnenland an der Donau aufbrechen konnten, mußten sie noch Kaiser Ermanerich, dem Oheim Dietrichs, über ihre Absichten unterrichten. Ermanerich, der ältere Bruder des früh verstorbenen Königs Dietmar, residierte in Romaburg. Dietrich war zwar nicht sein Lehensmann, sondern ein eigenständiger König, aber Feldzüge in ferne Lande sprach er doch mit seinem Oheim ab und bat um sein Einverständnis. Denn Dietrich war sehr an einem guten Verhältnis zu seinem Kaiser und Verwandten gelegen. Außerdem sorgte der Kaiser während Dietrichs Abwesenheit für Ruhe und Ordnung im Lampartenreich, er mußte daher keinen seiner Getreuen zurücklassen.

Also ritt Dietrich mit Hildebrand und zwanzig Gefährten – darunter auch Wittich, Heime und Rentwin – und den notwendigen Knechten und Dienstleuten nach Romaburg. Unterwegs traf die Truppe einen jungen Ritter, der von sich behauptete, er heiße Dietleib und komme aus dem Nordland. Der Name war wohl richtig, doch verschwieg der junge Mann seine wahre Herkunft, wie Dietrich später erfahren sollte. Dietleib erhielt auf seine Bitte die Erlaubnis, sich Dietrichs Schar anzuschließen.

In Romaburg wurde Dietrich vom Kaiser sehr freundlich empfangen. Ermanerich ließ seinen Gästen prächtige Gemächer anweisen und lud sie zu einem Festmahl ein. Doch niemand kümmerte sich um Dietleib, der ja nur zufällig mit Dietrich nach Romaburg gekommen war. Nur Hildebrand sagte ihm, er könne bei den Knechten Unterschlupf finden, falls er in der Stadt keine Herberge habe. Darüber war Dietleib sehr erzürnt, denn diese Behandlung war seiner Meinung nach für einen Ritter nicht würdig.

Deshalb wollte der junge Recke dem Berner einen Streich spielen und lud alle Knechte und Dienstleute zu einem großen Fest. Und so feierten Dietrich und seine Gesellen im Palast des Kaisers, seine Knechte aber unten im Hof bei den Zelten, die dort aufgeschlagen waren. Doch Dietleib hatte nicht die Absicht, dieses Fest auch zu bezahlen. Er verpfändete vielmehr die Pferde Dietrichs und seiner Gefährten, um die Zeche für das Fest zu begleichen.

Dietrich konnte sich schnell mit seinem Onkel über die Hilfe für König Etzel einigen. Denn Ermanerich wußte wohl, wie vorteilhaft eine gute Beziehung zum mächtigen Hunnenkönig war, der an der Grenze seines eigenen Reiches an der Donau residierte. Also wollte der Berner bereits einen Tag nach seiner Ankunft in Romaburg abreisen, da die Zeit drängte und Etzel seine Hilfe brauchte.

Groß war allerdings sein Erstaunen, als man ihm am nächsten Morgen mitteilte, daß alle Pferde verpfändet worden seien. Dietleib bekannte sich kühn zu seiner Tat. Denn, so sagte er, sonst sei ihm immer von edlen Herren Speise, Trank und ein entsprechendes Nachtlager angeboten worden. Diesmal habe er eben selbst dafür sorgen müssen.

Diese kecke, freimütige Rede milderte Dietrichs Zorn. Ihm gefielen Männer, die offen zu ihren Taten standen. Trotzdem wollte er die Pferde wiederhaben – und zwar schnell und ohne zusätzliche Kosten.

»Wenn du die Pferde wieder herbeischaffst, Dietleib, ohne daß ich sie mit Gold oder Geld auslösen muß, nehme ich dich auf in die Schar meiner Gefährten«, schlug der König dem Ritter vor.

Dieser Vorschlag paßte gut in die Pläne Dietleibs, der in Wahrheit der Sohn eines westgotischen Königs war, der vor vielen Jahren Weib und Kinder verlassen hatte, um Abenteuer zu suchen. Nun wollte Dietleib seinerseits den Vater suchen. Bei Dietrich, so meinte er, könnte er mehr Glück haben als in den vergangenen Monaten, in denen er allein durch die Welt gezogen war und oft in großer Gefahr war.

Doch wie sollte er hier in Romaburg, wo er niemanden kannte, genügend Gold auftreiben? Fast tat ihm sein Scherz leid, denn er hatte nun erfahren, daß Dietrich Etzel zu Hilfe eilen wollte. Jede Verzögerung konnte für den Hunnenkönig verhängnisvoll sein. Da kam von einer Seite Unterstützung, die er niemals erwartet hatte – und die wohl auch nicht als Hilfsangebot gedacht war.

Walther von Wasgenstein, ein junger Verwandter des Kaisers, sah die Verlegenheit des jungen Ritters und auch jene Dietrichs. Walther liebte Scherze, wenn sie auf Kosten anderer Menschen gingen. Außerdem war er sehr stolz auf seine Kräfte und seine Kunst, mit Waffen umzugehen.

»Schaut, wie Ritter Dietleib jetzt jammervoll dreinblickt«, rief er hohnlachend. »Er wird die Pferde des Königs niemals wieder beschaffen können. Mir fiele das leicht, denn ich habe ja genug Gold. Du armseliger Rittersmann, du darfst mit mir um dieses Pfand kämpfen, wenn du den Mut hast: Siegst du, dann löse ich die Pferde aus. Siege aber ich, dann mußt du mir ein Jahr als Knecht dienen.«

Totenstille folgte auf dieses Rede. Der Vorschlag Walthers war eines Ritters zutiefst unwürdig, da er ganz offensichtlich nur Dietleib verhöhnen wollte. Denn gegen die hünenhafte Gestalt Walthers hatte der schlanke junge Dietleib, so schien es allen, keine Hoffnung auf einen Sieg. Schließlich wandte sich Dietrich verächtlich von Walther ab, der in den Augen des Königs seine Ehre leichtfertig weggeworfen hatte, und schlug Dietleib vor, selbst die Pferde auszulösen.

»Ich danke dir, mein König«, erwiderte Dietleib. »Doch ich will den Kampf annehmen. Du sollst durch meinen Übermut keinen Schaden erleiden. Ich gelobe dir vielmehr schon jetzt, dir stets ein treuer Gefolgsmann zu sein.«

»Rede nicht, sondern kämpfe«, rief Walther dazwischen. »Es soll ein Ringkampf sein, denn ein Schwert ist zu schade für dich. Auch will ich keinen verletzten Knecht durchfüttern müssen.«

In Wahrheit hatte Walther den Ringkampf gewählt, weil die meisten Ritter darin wenig Übung hatten. Er selbst war aber von einem griechischen Ringer ausgebildet worden und traute sich zu, jeden Mann nach kurzer Zeit zu Boden zu werfen. Wortlos schnallte daraufhin Dietleib seine Rüstung ab und entledigte sich seiner Oberkleider. Walther tat das gleiche.

»Ich werde aufpassen, daß keine Regel verletzt wird«, erklärte Dietrich. Schon wollte Walther widersprechen, doch ein Blick auf Dietrich genügte, daß er seine Worte zurückhielt. Denn es war dem König anzumerken, daß er in höchstem Maß zornig über diesen Kampf war. Und auch der Kaiser ärgerte sich über Walther, der sonst bei ihm in hoher Gunst stand.

Dietrichs Mannen bildeten einen großen Kreis, in dessen Mittelpunkt die beiden Kämpfer standen. Ermanerich gab das Zeichen, den Kampf zu beginnen. Walther wollte sofort Dietleib packen, doch der wich mit einer schnellen Wendung aus, ergriff Walthers Arm – und da, ein kurzer Ruck, ein schneller Schritt und Walther lag am Boden. Sofort kniete Dietleib auf ihm und drückte ihm beide Schultern fest auf die Erde. Trotz seiner wütenden Gegenwehr konnte sich Walther nicht befreien. Dietrich zählte bis zehn – der Kampf war entschieden.

Beschämt und zornig stand Walther auf. »Da«, rief er und warf einen Beutel voll Gold in Richtung seines Gegners. Dietleib fing den Beutel auf, verneigte sich übertrieben tief und zog seine Kleider wieder an. Walther aber schlich wütend weg, seine Gewänder blieben auf einem Haufen liegen.

»Kommt jetzt zum Händler, bei dem die Pferde stehen«, bat Dietleib mit ruhiger Stimme, als wäre nichts geschehen. Die Berner aber staunten ihn an. So einen Ringkampf hatten sie noch nie gesehen. Dietleib, das wußten sie, würde ihnen allen im Kampf ein guter und nützlicher Gefährte sein.

Das Ringen hatte nur kurze Zeit in Anspruch genommen, so konnte Dietrich mit einer ganz geringen Verzögerung losreiten. Ermanerich war froh, daß die Schar Romaburg verließ. Denn wenn er auch nicht mit der Handlungsweise seines Verwandten einverstanden war, so ärgerte er sich doch, daß dieser so schnell von einem vollkommen unbekannten jungen Ritter geschlagen worden war.

Wieder zurück in Bern, sammelte Dietrich in kurzer Zeit eine ansehnliche Streitmacht von vielen hundert Mann um sich. Dann ging es auf ins Hunnenland. Auf dem Weg machten sie bei Rüdiger Station, der im Auftrag Etzels die reiche Markgrafschaft Bechelaren an der Donau verwaltete. Dort wurden sie von Rüdiger und seiner Gemahlin, Markgräfin Gotelind, herzlich willkommen geheißen. Doch war ihnen keine lange Ruhe vergönnt, da unheilvolle Nachrichten aus dem Reich der Wilzen kamen. Oserich, so berichteten die Späher, war mit seinen Rüstungen fast fertig. Er hatte ein riesiges Heer versammelt und schickte sich an, in das Reich der Hunnen einzudringen. Wenn er noch vor der Etzelburg, der Residenz Etzels, aufgehalten werden sollte, mußte sich Dietrich beeilen.

So zog Dietrich weiter die Donau stromabwärts. Ihm hatte sich Rüdiger mit einer großen Streitmacht angeschlossen, da er seine Pflichten gegenüber seinem Lehensherrn erfüllten wollte. Als sie schließlich die Etzelburg erreichten, rissen die Berner vor Staunen die Augen auf. Das war wahrlich eine königliche Residenz! Der Bau bedeckte mehrere Morgen Land und konnte viele tausend Ritter und Soldaten beherbergen.

Etzel erwartete die Streitmacht Dietrichs und Rüdigers bereits auf dem großen freien Feld vor seiner Burg. Zum ersten Mal erblickten sich die beiden Könige, die schon soviel voneinander gehört hatten. Obwohl Etzel in seiner wilden Hunnentracht einem abendländischen Ritter ganz unähnlich war, faßte Dietrich doch sofort eine tiefe Zuneigung zu ihm. Ebenso erging es Etzel, der zu einem treuen Freund Dietrichs wurde.

In der hohen Königshalle begrüßte auch Königin Helche, die unwillentlich die Ursache für den Streit war, die angekommenen Helden. An ihrer Seite stand ihre Nichte Herrat, ein junges Mädchen von großer Schönheit. Dietrich und das Mädchen sahen sich an – und in ihren Herzen flammte eine tiefe Liebe füreinander auf, die sie aber selbst noch nicht erkannten. Auch hatten die beiden keine Zeit, einander näher kennenzulernen. Denn der Krieg stand bevor.

Am abendlichen Gastmahl, das wegen der bevorstehenden Schlachten schlichter als sonst war, nahm auch ein Gefolgsmann Etzels teil, der beim Hunnenkönig in hoher Gunst stand. Er nannte sich Diete und war vor vielen Jahren an den Hof gekommen, weil er –

nach seinen eigenen Angaben – aus seiner Heimat im Norden des Hunnenreiches vertrieben worden war.

In Wahrheit hieß er aber Biterolf und war ein westgotischer König, der vor vielen Jahren über Toledo in Spanien geherrscht hatte. Dort hatte er viel von Etzel und seinem Hof gehört, von den großen Heldentaten, die die Männer im Dienste Etzels verrichteten. Da überkam ihn die Lust, auch in den Dienst dieses großen Königs zu treten, denn sein Königreich war nur klein und bot ihm keine Gelegenheit, sich auszuzeichnen. Eines Nachts verließ er heimlich sein Schloß, um zu Etzel zu reisen. Seine Frau Dietlinde, seinen zweijährigen Sohn Dietleib und seine wenige Monate alte Tochter Künhilde ließ er zurück, ohne sie in seine Pläne einzuweihen.

»Findest du es richtig, einfach die Frau und die Kinder zu verlassen, weil man ein Abenteuer erleben will?«

Katharina wandte sich an ihren Bruder, der eben hereingekommen war, um sich für den Tag zu verabschieden. Das Wetter war wieder schön, er konnte also in den Wald zu seiner »Arbeit«.

»Nein, natürlich nicht. Wie kommst du auf diese merkwürdige Idee?!«

»Ach, nur so!« Katharina wollte ihm nicht sagen, daß offensichtlich Abenteuer auch ihre unangenehmen Seiten haben. Zumindest für die Umgebung jener Menschen, die sich in Abenteuer stürzen. Da hatte sie wieder etwas zum Nachdenken.

Nach vielen Abenteuern kam Biterolf auch wirklich zu Etzel, bei dem er unter falschem Namen in Dienst trat. Bald zeichnete er sich durch seinen Kampfesmut und seine Umsicht in der Schlacht aus. Etzel hatte ihm mehrere glänzende Siege zu verdanken. Deshalb wollte dieser auch seinen Gefolgsmann reich beschenken, doch das ließ Biterolfs Stolz nicht zu. Denn er konnte nicht vergessen, daß er selbst auch ein König war und sich freiwillig und ohne äußere Not in den Dienst Etzels gestellt hatte.

Mit den Jahren begann er auch über sein Verhalten gegenüber seiner Frau und seinen Kindern nachzudenken. Er merkte langsam, daß er Unrecht getan hatte, als er die drei allein in Toledo zurückgelassen hatte. Doch nun konnte er es nicht mehr ändern. Auch konnte er Etzel nicht verlassen, dem er Treue geschworen hatte, denn der Hunnenkönig verließ sich in vielen Fragen auf ihn; Biterolf war sein wichtigster Heerführer. Aber Biterolf bekam große Sehnsucht nach seinem Sohn, er wollte wenigstens wissen, ob er zu einem wackeren Ritter herangewachsen war. Nun gab es für ihn aber keine Möglichkeit, etwas über ihn, der jetzt schon zu einem jungen Mann herangewachsen sein mußte, in Erfahrung zu bringen.

Die vielen Gedanken und Grübeleien machten ihm jedoch zu schaffen. Er verlor seine gute Laune und wurde schwermütig. Das merkte auch Rüdiger, der oft in der Etzelburg weilte. Einmal sprach er Biterolf direkt darauf an, ob ihn Sorgen quälten, doch Biterolf leugnete alles ab und nahm sich in Zukunft mehr zusammen. Rüdiger aber konnte das sorgenvolle Gesichts Biterolfs – den er bei sich natürlich weiter Diete nannte – nicht vergessen und dachte immer wieder an ihn. Da fiel es ihm eines Tages wie Schuppen von den Augen: Er hatte vor vielen Jahren König Biterolf von Toledo in einem Kampf getroffen. Damals war er ein ganz junger Ritter gewesen, doch war es ohne Zweifel jener Mann, der jetzt unter dem Namen Diete am Hofe Etzels lebte.

Bei seinem nächsten Aufenthalt auf der Etzelburg sprach Rüdiger den Heerführer Diete mit seinem richtigen Namen an. Biterolf leugnete zuerst, schließlich aber gab er zu, daß sich Rüdiger recht erinnerte. Er beschwor den Markgrafen, seine wahre Herkunft nicht zu enthüllen. Denn er wollte und mußte bei Etzel bleiben und wollte nicht zugeben, daß er all die Jahre unter einem falschen Namen gelebt hatte. Doch bat Biterolf seinen Freund, insgeheim nach seinem Sohn zu forschen, da Rüdiger viel öfter als er selbst mit fremden Rittern sprach. Der Markgraf gab gerne beide Versprechen und hoffte, daß er einmal die Sorgen Biterolfs lindern und ihn mit seinem Sohn zusammenführen könnte.

Beim abendlichen Gastmahl vor dem Aufbruch in den Krieg saßen nun Vater und Sohn, ohne einander zu kennen, beim selben Tisch.

Denn Etzel und Dietrich hatten ihre wichtigsten Gefolgsleute mitgenommen, auf Dietrichs Seite waren darunter auch die jungen Helden Alphart, Wolfhart, Rentwin und Dietleib. Nach seinem kecken Streich in Romaburg war Dietleib meistens in der unmittelbaren Umgebung des Königs, da diesem die frische und unbekümmerte Art des jungen Ritters gefiel.

Auch die beiden Söhne Etzels und Helches, Scharf und Ortwin, nahmen an dem Mahl teil. Sie waren etwas jünger als Dietleib und Rentwin, doch schon erfahren und geübt im Gebrauch der Waffen. Sie hofften, daß sie mit dem Heer in den Krieg ziehen durften, denn sie wollten Ruhm und Ehre erringen. Doch Königin Helche hatte Angst um das Leben ihrer Kinder und befahl deshalb, daß sie in der Etzelburg bleiben sollten. Daraufhin schlug Rüdiger vor, daß Dietleib und Rentwin als Gefährten bei ihnen bleiben sollten. Zum Ärger seiner zwei Gefährten stimmte Dietrich zu, doch machten sich die beiden Ritter heimlich aus, daß sie unerkannt dem Heer folgen würden.

Nach einem Tag der Ruhe, den vor allem die Pferde der Gefährten Dietrichs brauchten, zog das riesige Heer in Richtung Norden. Nach Berichten der Späher hatten sich die Wilzen bereits mit den verbündeten Polen und Reussen vereinigt. Nun war das Heer im Anmarsch auf die weiten Ebenen des Hunnenreiches. Nach einem mehrtägigen harten Marsch kamen Kundschafter mit der Nachricht zu Etzel und Dietrich, daß die Scharen der Gegner bereits in nächster Nähe waren. Die Feinde hatten den Vormarsch eingestellt, als sie vom Nahen des Hunnenheeres erfuhren. Am nächsten Tag würde es zur Schlacht kommen.

Zeitig am nächsten Morgen nahmen die beiden Heere Aufstellung. Dietrich mit seinen Mannen stand in der Mitte der Schlachtreihe, die Flanken hielten die Hunnen, auf der einen Seite führte Etzel selbst den Befehl, auf der anderen Seite Biterolf. Den Bernern standen die wildesten und gefährlichsten Kämpen der Wilzen gegenüber, darunter Widolt mit der Eisenstange; er war so gefährlich und unbeherrscht, daß er in Friedenszeiten selbst in seiner Heimat in Eisenketten einhergehen mußte – sonst hätte er in einem Wutanfall einen friedlichen Bürger erschlagen können.

Die Heerführer ließen die Banner entrollen, die im Morgenwind flatterten – der lampartische Löwe und der Adler über der Mitte des Heeres, die grüne hunnische Katze auf rotem Grund über den beiden Flanken. Etzel hob sein blinkendes Schwert hoch in die Luft, ein Moment der atemlosen Stille – dann sauste das Schwert nieder. Die Schlacht begann.

In diesem Augenblick jagten von hinten zwei Ritter mit herabgelassenem Visier in die Reihe von Dietrichs Kampfschar. Es waren Dietleib und Rentwin, die just zu Beginn der Schlacht die Ihrigen erreichten.

Wild prallten die beiden Heere aufeinander. Der härteste Kampf entwickelte sich in der Mitte der Schlachtlinie. Die weltberühmten Schwerter Eckesachs, Mimung und Nagelring hielten eine schaurige Ernte unter den Wilzen, denn selbst die besten Männer Oserichs waren diesen Schwertern und den Männer, die sie führten, nicht gewachsen.

An vorderster Front ließ Wittich sein Schwert immer wieder auf einen Feind niedersausen, Mimung biß durch jeden Panzer. Das sah Widolt; mit einem Aufschrei stürzte er sich auf den Ritter und streckte ihn mit seiner fürchterlichen Eisenstange nieder. Mit einem leisen Seufzer fiel Wittich zu Boden. Sein treues Pferd Schemming stellte sich schützend über den gefallenen Körper seines Herrn, rechts und links von ihm aber brausten die Scharen der Berner und Hunnen nach vorn, gegen die weichenden Wilzen. Denn nach stundenlangem Kampf wankte deren Schlachtreihe, schon wandten sich die ersten verzweifelt zur Flucht – der Tag gehörte Dietrich und Etzel.

Einer allerdings hatte die Verfolgung der fliehenden Feinde kurz unterbrochen: Heime. Auch er war beim ersten Aufeinanderprall der beiden Heere in der vordersten Schlachtreihe gestanden und hatte die ganze Zeit wacker gekämpft. Bevor er aber den fliehenden Feinden nacheilte, wollte er seinem Pferd Rispe nach den langen Anstrengungen des Tages eine kurze Ruhepause gönnen. Da sah er Schemming, der mit hängendem Kopf über einem menschlichen Körper stand.

»Wittich ist verwundet«, war sein erster Gedanke. Und obwohl er in all den Monaten seinen anfänglichen Groll gegen Wielands Sohn nie vollständig überwunden hatte, wollte er ihm doch zu Hilfe eilen. Da sah er, daß Wittich leb- und regungslos vor ihm lag, und er hielt ihn für tot. Und da kam ihm ein furchtbarer Gedanke: Schnell wie der Blitz sprang er vom Rücken seines Pferdes und nahm Mimung aus der starren Hand Wittichs an sich. »Wittich braucht dieses herrliche Schwert nicht mehr, mir aber wird es gute Dienste erweisen«, beschwichtigte er sich selbst. Doch wußte er genau, daß Waffen und Rüstung eines Gefallenen immer nur dem Sieger gehören, niemals aber seinen Gefährten.

Heime stürmte nun dem Heer nach und half tüchtig mit, die Wilzen und ihre Verbündeten endgültig zu besiegen. Der Tod schlug in beiden Heeren furchtbar zu, doch schließlich mußte sich das kleine überlebende Häuflein der Wilzen, Polen und Reussen dem siegreichen Heer ergeben. Schon sank der Abend nieder, denn die Schlacht hatte den ganzen Tag gedauert, als Etzel sein nun blutrotes Schwert in die Luft hielt und rief: »Der Sieg ist unser.«

An einer Stelle nur kämpften noch zwei Ritter wie wütend miteinander. Beide trugen auf ihren Schildern keine Wappen, beide waren so in den Kampf vertieft, daß sie nicht auf die Hörner achteten, die zum Sammeln bliesen. Da erblickte sie Markgraf Rüdiger und erkannte voll Schreck, daß Biterolf und Dietleib gegeneinander kämpften. Sofort ritt er hin und versuchte die beiden Ritter voneinander zu trennen. Zuerst hörten sie aber nicht auf ihn. Erst als Rüdiger mit seinem Schwert zwischen sie fuhr und rief: »Biterolf, das ist dein Sohn – Dietleib, du kämpfst mit deinem Vater«, ließen sie aufatmend die Waffen sinken.

Wie waren die beiden Verwandten überhaupt aneinandergeraten? Dietleib war unter den ersten, die die Verfolgung der fliehenden Feinde aufgenommen hatten. Und auch Biterolf war von der Flanke, wo er den Befehl geführt hatte, zur Mitte der Schlachtreihe gestürmt, weil er sah, daß dort die Entscheidung fiel. Als nun Dietleib bei der Verfolgungsjagd kurz sein Pferd wendete, um sich zu vergewissern, daß ihm die Freunde auch folgten, hielt ihn Biterolf für einen Wilzen und griff ihn an.

Als nun Biterolf und Dietleib hörten, mit wem sie gekämpft hatten, sprangen sie beide von den Pferden und fielen sich glücklich in die Arme. Sie öffneten die Visiere ihrer Helme und sahen sich genau an. Für beide ging nun ein Herzenswunsch in Erfüllung. Innig bedankten sie sich bei Rüdiger, der einen furchtbaren Kampf zwischen Vater und Sohn gerade noch rechtzeitig unterbrochen hatte.

»Warum hast du in der Etzelburg mir nicht gesagt, wer bei uns am Tisch sitzt? Da hast du doch schon gewußt, daß es mein Sohn ist«, fragte Biterolf.

»Ich wollte deine Gedanken nicht vor der schweren Schlacht ablenken und glaubte Dietleib in Sicherheit. Deshalb habe ich ja vorgeschlagen, daß er bei Scharf und Ortwin bleiben soll.«

Inzwischen hatte sich auch Rentwin bei Dietrich gemeldet, um ihm seine Eigenmächtigkeit zu gestehen. Doch der König hatte Rentwin schon längst erkannt. Denn der junge Ritter war sofort zu Beginn der Schlacht nach vorne gestürmt, um in die Nähe seines Königs zu kommen und diesen im Fall einer Gefahr zu schützen. Dietrich wußte genau, daß Rentwins Handlungsweise nur von der großen Treue zu ihm diktiert war, und so verzieh er ihm.

»Du glaubst wohl, ich kann ohne dich nicht mehr in einem Kampf bestehen?« meinte er lachend. »Von nun an sollst du immer an meiner Seite kämpfen!« Rentwin errötete vor Freude, denn dies war für ihn die größte Auszeichnung. Der König aber sandte ein entschuldigendes Lächeln zu Hildebrand, dessen Platz gleichfalls an der Seite Dietrichs war. Er wußte, sein Waffenmeister würde ihn verstehen. Denn er hatte diese Entscheidung zum Schutze seines jungen Freundes getroffen.

Das siegreiche Heer kehrte zu dem Lagerplatz zurück, auf dem es die Nacht vor der Schlacht verbracht hatte. Er war am Rande eines kleinen Wäldchens, in dessen Mitte ein klarer, von unterirdischen Quellen gespeister Teich lag. So gab es genug Wasser für die Menschen und die Tiere und auch Holz, um Freudenfeuer anzuzünden.

Dies hatten die Heerführer in der Nacht vor der Schlacht verboten, um dem Feind nicht den Weg ins Lager zu weisen.

Dietrich lagerte mit seinen Getreuen in unmittelbarer Nachbarschaft von Etzel und dessen wichtigsten Gefolgsleuten. Biterolf allerdings fehlte. Da kam er gemeinsam mit Rüdiger und Dietleib. Der Markgraf enthüllte den staunenden Königen die wahre Herkunft der beiden und erzählte vom Kampf zwischen Vater und Sohn, den er im letzten Moment beendet hatte. Alle freuten sich sehr, denn sie gönnten Biterolf und Dietleib, daß sie sich gefunden hatten.

Schon wollte Etzel befehlen, daß aus den mitgebrachten Vorräten ein kleines Freudenmahl bereitet werden sollte, da stellte Wildeber zu seinem Schreck fest, daß Wittich nicht bei ihnen am Feuer saß. Sofort suchten alle im ganzen Lager nach dem Helden, sie konnten ihn aber nirgends finden und mußten annehmen, daß er tot auf dem Schlachtfeld lag. Diese Nachricht legte sich wie eisiger Rauhreif auf die fröhliche Stimmung, die gerade noch geherrscht hatte. Wildeber wollte sofort nach dem Leichnam suchen, doch empfahl ihm Dietrich, bis zum Morgen und seinem hellen Licht zu warten. Betrübt legten sich die Helden zur Ruhe.

Inzwischen war das Schlachtfeld aber keineswegs so ruhig und unbelebt, wie man erwarten konnte. Denn ein kleiner Trupp der Wilzen, unter ihnen König Oserich und der furchtbare Widolt, waren im letzten Augenblick dem gegnerischen Heer entkommen. Nun hielten sie Kundschaft, denn sie wollten im Dunkel der Nacht möglichst viel über die Pläne Etzels und Dietrichs erfahren. Auch hatten sie die Absicht, auf dem Schlachtfeld nach Gefährten zu suchen, die nur verwundet waren und die sie vielleicht noch retten konnten.

Nachdem Oserich einen Kundschafter zum Hunnenlager gesandt hatte, ritten die anderen leise und vorsichtig los, um nicht Hunnen in die Hände zu fallen, die möglicherweise auch nach Überlebenden suchten. Bald sah Oserich im Dunkelgrau der Nacht den Schatten eines Pferdes, das mit hängendem Kopf unbeweglich dastand. Es war Schemming, der noch immer seinen leblosen Herrn bewachte.

Als sich der Wilzenkönig nun dem Pferd näherte, rührte sich plötzlich der Totgeglaubte und stöhnte: »Wasser!« Schnell ließ Oserich – er hatte sich inzwischen überzeugt, daß er vom Feind nicht beobachtet wurde – eine Fackel anzünden, um zu sehen, wen er vor sich habe. Auf dem Schild neben dem schwerverwundeten Mann erkannte er Hammer, Amboß und Zange und wußte nun, daß hier Wielands Sohn lag. Da freute er sich zum ersten Mal an diesem Tag, denn er war sicher, daß nun Mimung sein Eigentum würde.

Er ließ Wittich auf eine Bahre legen, denn er wollte ihn als Gefangenen mit sich nehmen. Dann befahl er seinen Knechten, nach dem Schwert zu suchen. Doch Mimung war und blieb verschwunden. Die abergläubischen Knechte waren sicher, daß das Schwert durch Zauberei und Hexenkunst entfernt worden sei, und drängten weg vom Schlachtfeld. Und auch Oserich sah ein, daß er nicht länger hier verweilen konnte.

Am nächsten Morgen sandte der Wilzenkönig Abgesandte zu Etzel, die Frieden und einen freien Abzug für die wenigen Überlebenden erbitten sollten. Dafür ließ Oserich versprechen, daß er niemals mehr gegen die Hunnen Krieg führen werde. Etzel nahm diese Bedingungen gerne an. Denn er hatte nur gezwungenermaßen das Schwert gegen den Vater seiner Frau erhoben. Auch hatte das Hunnenheer in der Schlacht schwere Verluste erlitten, ohne daß reiche Beute oder Landgewinn eine Entschädigung für die Hunnen brachten.

Während dieser Verhandlungen suchten Dietrich und seine Gefährten nach dem Leichnam Wittichs – vergeblich. Auch seine Waffen und sein Pferd waren nicht zu finden, denn Schemming war getreulich den Wilzen gefolgt, als sie Wittich fortgetragen hatten. Traurig vernahmen die Berner den Befehl zur Rückkehr in die Etzelburg. Dort sollte der Sieg mit einem glänzenden Fest gefeiert werden, zu dem auch die Waffengefährten Etzels nach Ritterbrauch erscheinen mußten.

Bei der Siegesfeier wollte bei Dietrich und seinen Gesellen keine rechte Freude aufkommen, denn alle trauerten um Wittich. Besonders Wildeber saß mit hängendem Kopf und düsterem Gesicht auf seinem Platz und starrte vor sich hin. Etzel war traurig, daß er seine gefeierten Gäste, die ihm so treu zur Seite gestanden waren, nicht aufheitern konnte. Er rief deshalb nach dem Spielmann Isung, der seit einiger Zeit an Dietrichs Hof lebte und die Heerfahrt mitgemacht hatte. Denn er war nicht nur der beste Spielmann weit und breit, sondern auch ein kühner Ritter.

Isung aber wollte keine fröhlichen Lieder singen. »Ich könnte jetzt nur Klagelieder anstimmen, denn ich trauere noch mehr als die meisten um Wittich. Wittich ist nämlich mein Vetter. Und wenn ich ihn auch erst am Hofe Dietrichs kennengelernt habe, so habe ich ihn doch herzlich liebgewonnen.«

Da sprang plötzlich Wildeber auf. »Vielleicht ist Wittich gar nicht tot, sondern schmachtet als Gefangener bei Oserich. Schließlich haben wir ja weder seinen Leichnam noch seine Waffen oder sein Pferd gefunden. Erlaube mir deshalb, König Dietrich, daß ich bei Oserich nach Wittich suche. Ich werde mich wohl in acht nehmen, damit mich niemand als deinen Gefolgsmann erkennt.«

Dietrich gab seine Erlaubnis, Isung schloß sich Wildeber an. Am nächsten Morgen schon zogen die beiden los. Wildeber hatte sein Bärenfell mitgenommen, denn sie wollten als Spielmann und Tanzbär in Oserichs Residenz Aufnahme finden. Als sie in der Hauptstadt der Wilzen ankamen, suchte Isung als erstes eine Unterkunft in einer Herberge. Dort hoffte er Neuigkeiten zu erfahren. Wildeber aber mußte inzwischen in einem stickigen Stall bleiben, doch nahm er für die Rettung Wittichs diese Unbill gerne in Kauf.

In der Herberge erfuhr Isung wirklich, daß Wittich als Gefangener auf der Burg schmachtete. Der geschwätzige Wirt konnte ihm sogar sagen, in welches Verlies sein Vetter geworfen worden war. Am nächsten Tag ließ Isung den »Tanzbären« auf dem Marktplatz die unglaublichsten Kunststücke vorführen und spielte dazu fröhliche Lieder auf der Fiedel. Er hoffte nämlich, daß Oserich davon erfahren und ihn zu sich bestellen würde. Wirklich kam bald ein Bote von der Burg, der Isung und den Bären für den Abend zu Oserich befahl. Die Stimmung unter Oserichs Gefolgsleuten war so gedrückt, daß der König froh über jede Abwechslung war.

Am Abend herrschte in der weiten Halle der Burg bald Frohsinn und Heiterkeit. Ausgelassen sahen Oserich und seine Mannen dem Treiben des Bären zu, jedes neue Kunststück feierten sie mit einem Humpen Wein. In seiner Weinlaune befahl schließlich Oserich, seine zwölf Jagdhunde auf den vermeintlichen Bären loszulassen. Alle Einwände Isungs blieben erfolglos. Doch Wildeber wußte sich wohl seiner Haut zu wehren. Nach kurzer Zeit lagen die zwölf wilden Rüden tot zu seinen Füßen. Wütend hob Oserich sein Schwert und wollte es dem Bären in die Seite stoßen.

Da riß ihm Wildeber das Schwert aus der Hand und schlug ihn nieder. Das gleiche Schicksal traf den wilden Widolt, der – diesmal wieder in Ketten – dem Treiben des »Bären« zugeschaut hatte. Die anderen Gefolgsleute Oserichs aber rannten schreiend davon, da sie sicher waren, einen bösen Geist vor sich zu haben. Wildeber aber warf das Bärenfell von sich und machte sich eilig gemeinsam mit Isung auf die Suche nach Wittich.

Bald schon hatten sie das Verlies gefunden, das der Wirt beschrieben hatte. Vor der Tür stand keine Wache, da Oserich der Stärke der eisenbeschlagenen Tür vertraut hatte. Doch zum Glück steckte der Schlüssel außen im Schloß – Wittich war frei. Nun eilten die drei Freunde zu den Ställen, um Pferde zu suchen, Da stand Schemming, der laut wiehernd seinen Herrn begrüßte. Auch für Isung und Wildeber fanden sich zwei gute Pferde, denn ihre eigenen hatten sie noch in der Herberge stehen. Bevor noch die erschrockenen Wilzen wußten, was da geschah, stürmten die drei Helden wie der Wind aus der Königsburg und der Residenz. Dann machten sie sich auf den weiten Weg zur Etzelburg.

Dort erwarteten sie Dietrich und alle Gefährten, die als Gäste Etzels im Hunnenland geblieben waren. Groß war die Freude, Wittich und seine beiden Retter unversehrt wiederzusehen. Nur einer schloß sich aus der Wiedersehensfreude aus: Heime, der fürchtete, daß er Mimung an den rechtmäßigen Besitzer zurückgeben müsse.

Nun, da die Trauer um Wittich vorbei war, wurde ein wahrhaft glänzendes Fest gefeiert. Obwohl damit nicht nur der Sieg über die Wilzen, sondern auch seine glückliche Rückkehr begangen wurde, zeigte gerade Wittich ein betrübtes Gesicht. Denn der Verlust seines herrlichen Schwertes ließ in ihm keine rechte Festesstimmung aufkommen. Als ihn nun Hildebrand fragte, warum er nicht froh wie die anderen Helden feiern konnte, gestand er ihm seinen Kummer um Mimung.

»Ei«, sagte da Hildebrand, »ich glaube, es gibt jemanden hier im Saal, der dir Auskunft über den Verbleib des Schwertes geben kann. Frag doch einmal Heime, ob er nicht etwas weiß.« Denn Hildebrand, der ja das Aussehen von Mimung genauer als die anderen kannte, hatte erkannt, daß Heime es an seiner Seite trug.

Wittich stürzte sich nun auf Heime: »Du hast mein Schwert Mimung umgeschnallt und gibst es mir nicht zurück? Ist das die Art unter Rittern und Gefährten?« fragte er zornbebend.

»Ja, Mimung ist mein und bleibt auch an meiner Seite. Denn ich habe es in der Schlacht einem Mann abgenommen, den ich für tot hielt. Wenn du das Schwert wiederhaben willst, mußt du schon darum kämpfen.«

Da griff Dietrich ein, der hier in der Etzelburg und vor den Hunnen keinen Streit unter seinen Männern haben wollte.

»Laß Heime jetzt noch das Schwert«, bat er Wittich. »Wir werden diese Frage klären, wenn wir wieder in Bern sind. Nimm inzwischen Nagelring, denn Heime braucht dieses Schwert jetzt nicht. Auch Nagelring ist eine berühmte Waffen, die Zwerge haben alle ihre Kunstfertigkeit hineingelegt.«

Mit einem wütenden Blick auf Heime nahm Wittich schließlich von Dietrich das Schwert Nagelring an. Er sah ein, daß ein Streit vor den Hunnen dem Ansehen und der Ehre Dietrichs und seiner Gefährten schaden würde. Doch nahm er sich fest vor, schon vor der Rückkehr nach Bern, auf dem Heimweg, seinen Anspruch auf Mimung durchzusetzen.

Für die Feier hatte Etzel eine besondere Überraschung vorbereitet: Er gab Biterolf das reiche Land Steiermark zu Lehen, das für seine herrlichen Wälder und seine großen Erzvorkommen berühmt war. Dadurch, so hoffte Etzel, würde er Biterolf auch weiterhin fest an sich binden. Biterolf nahm diese reiche Gabe mit großem Dank an und wollte schon bald mit seinem Sohn in sein neues Land aufbrechen. Dort, so war sein Plan, wollte er Dietleib in der Leitung des Landes unterrichten und ihm getreue Ratgeber zur Seite stellen. Er selbst wollte dann wieder zu Etzel zurückkehren, da er sich am Hof des Hunnenkönigs zu Hause fühlte.

Auch Dietleib war über die Gabe des Hunnenkönigs hoch beglückt. Bevor er jedoch mit seinem Vater in das neue Lehen aufbrach, wollte erst eine Beleidigung rächen, die ihm in Worms der Burgundenkönig Gunther während seiner Irrfahrten auf der Suche nach dem Vater zugefügt hatte. Als Dietleib von seinem Vorhaben erzählte, erbat Biterolf von Etzel Urlaub, um mit seinem Sohn gemeinsam nach Worms zu ziehen. Auch Dietrich und seine Schar wollten mitkommen. Etzel gewährte nicht nur den Urlaub, sondern gab Biterolf auch eine beachtliche Streitmacht mit, da ihm der Sieg seines wichtigsten Heerführers und Vertrauensmannes wichtig war. Was die Helden vor Worms erlebten, wird an anderer Stelle erzählt (siehe »Die Nibelungen«).

Auf dem Heimweg, einige Tagesreisen von Worms entfernt, trat Wittich zu Dietrich:

»Mein König, nun ist es hoch an der Zeit, mir Gerechtigkeit widerfahren zu lassen. Ich habe in der Etzelburg Nagelring aus deiner Hand angenommen, um vor den Hunnen keinen Zwist unter Gefährten auszutragen. Ich habe wacker gegen den Burgunden gekämpft, obwohl mir das Schwert meines Vaters sehr gefehlt hat. Ich habe sogar zugehört, wie sich Heime seiner Heldentaten rühmte, obwohl er sie nur meinem Schwert zu verdanken hatte. Nun fordere ich Mimung zurück, das nach Recht und altem Brauch mir gehört. Denn Heime hat es nicht im Kampf gewonnen, sondern einem todwunden Gefährten heimtückisch aus der Hand genommen.«

Diese Rede stimmte Dietrich sehr traurig, doch er wußte genau, daß dieser Fall endlich geregelt werden mußte. Er war Wittich sogar dankbar, daß er seine Forderung zurückgehalten hatte, solange fremde Krieger bei den Bernern waren.

»Was hast du auf die Vorwürfe Wittichs zu entgegnen?« fragte er deshalb Heime.

»Nichts, mein König. Ich hielt Wittich für tot. Und hätte ich das Schwert nicht genommen, wäre es in die Hände der Wilzen gefallen. Nun gehört es mir, ich habe es in harten Kämpfen siegreich geschwungen und mir damit endgültig den Anspruch darauf erworben.«

»Du falscher und ungetreuer Gefährte«, rief da Wittich wütend aus. »Seit dem Tag, an dem wir uns kennenlernten, verfolgst du mich mit Neid und Haß. Du hast tatenlos zugesehen, wie ich an der Eisack mit den Räubern kämpfte. Du warst voll Zorn, als ich heil aus der Gefangenschaft bei den Wilzen zurückkehrte. Nun willst du mir verweigern, was mir gehört. Kämpfe um Mimung, wenn du dich traust!«

Heime wollte schon das Schwert ziehen, da fällte der König seinen Richterspruch:

»Geh mir aus den Augen, Heime. Du bist es nicht wert, unserer Gemeinschaft anzugehören. Denn du hast dich nicht nur gegen einen Gefährten gestellt, sondern auch den Geist des Rittertums beleidigt. Gib Mimung heraus und nimm Nagelring, den ich dir einmal gab. Dann zieh deiner Wege.«

Heime schaute sich in der Runde um. Nicht einer der Gefährten blickte ihn an. Da wußte er, daß alle die Meinung des Königs teilten. Wortlos warf er Mimung zu Boden und hob Nagelring auf, den Wittich nach dem Urteilsspruch Dietrichs tief in den Boden gerammt hatte. Dann schwang er sich auf Rispe und ritt weg, ohne sich noch einmal umzudrehen. In düsterer Stimmung kehrten aber Dietrich und seine anderen Gefährten nach langer Abwesenheit nach Bern zurück.

»Merkwürdig«, dachte Katharina, »wie wenig sich die Menschen geändert haben. Diese Geschichten sind viele hundert Jahre alt. Aber die Gefühle der Menschen waren anscheinend nicht anders als heute.«

Katharina war sich gar nicht bewußt, wie sehr sie die Auseinanderset-
zung mit der Geschichte des Berners von ihrem Gipsfuß und allen damit
verbundenen Unannehmlichkeiten ablenkte. Die Mutter merkte aller-
dings genau, daß Katharina viel besserer Laune war als nach der Heim-
kehr aus dem Krankenhaus. Und sie war froh darüber.

KAPITEL 6

König Laurin

Nur langsam ließ Dietrichs Schmerz über den Verlust von Heime nach. Der König wußte, daß er keine andere Wahl gehabt hatte, als Heime zu verstoßen. Doch war ihm der Mann besonders vertraut gewesen, da er ja schon vor seines Vaters Tod zu ihm gekommen war. Er hatte nach dem Kampf mit Heime von König Dietmar und dessen Beratern manchen Tadel hinnehmen müssen, weil er um den Ritterschlag für einen Bauernsohn gebeten hatte. Aber er hatte seinen Willen durchgesetzt. Daß nun ausgerechnet Heime, der so sehr nach der Aufnahme unter die Ritter und unter Dietrichs Gefährten verlangt hatte, die Ritterehre mit Füßen getreten hatte, verletzte den König tief.

Er hoffte, daß neue Abenteuer und Herausforderungen ihn ablenken würden. Doch das Lampartenreich erlebte eine lange Zeit der Ruhe und des Friedens, auch Dietrich selbst boten sich keine neuen Abenteuer an. Er erfüllte gewissenhaft seine Pflichten als König, gab zur Unterhaltung seiner Gefährten und der Bürger seiner Stadt rauschende Fest und Ritterspiele und war doch innerlich unruhig. Zwar verblaßte langsam der Schmerz um Heime, doch inmitten all seiner Gefährten fühlte er sich oft einsam und traurig. Und dann erschien meist vor seinem inneren Auge das Bild von Herrat, der Nichte der Königin Helche. Wie weit weilte das schöne junge Mädchen doch von ihm, wie gerne hätte er sie wiedergesehen!

Echte Freude brachten ihm nur die Nachrichten aus der Steiermark. Biterolf hatte sein Lehen in Besitz genommen und blieb viele Monate dort, um Dietleib in der Verwaltung eines reichen und wichtigen Landes zu unterrichten. Auf Wunsch Dietleibs kamen auch Dietlinde und Künhilde in die Steiermark. Biterolf, der gegenüber seiner Frau nun ein sehr schlechtes Gewissen hatte, empfand zwar Furcht vor dem Wiedersehen nach jahrelanger Trennung. Dietlinde verzieh aber ihrem Gemahl, und seine Liebe zu ihr erwachte neu. Große Freude hatte er auch an seiner Tochter, die zu einem schönen jungen Mädchen herangewachsen war.

Als aber der Frühling kam, zog es Biterolf zurück zu König Etzel. Er hatte nicht nur bei den Hunnen eine neue Heimat gefunden, er wußte auch, daß Etzel ihn brauchte. Denn Rüdiger, der zweite bedeutende Heerführer der Hunnen, residierte die meiste Zeit in Bechelaren, um sein Lehen an der Donau in Ordnung zu halten. So sandte Biterolf eine Botschaft zu Etzel, um zu erkunden, ob er als Heerführer wiederaufgenommen werde. Etzel freute sich sehr darüber und sandte unverzüglich eine Schar Bewaffneter, damit Dietleib nicht schutzlos in der Steiermark zurückbliebe. Biterolf aber reiste mit Dietlinde ins Hunnenreich, denn diese hatte sich entschlossen, ihrem Gemahl zur Etzelburg zu folgen. Die Geschwister blieben in ihrer neuen Heimat zurück.

Die Trennung von der Mutter fiel Künhilde nicht leicht, hatte sie doch bisher immer mit ihr zusammengelebt. Dietleib, den der Schmerz der Schwester bedrückte, bot ihr an Unterhaltung und Zerstreuung, was ihm nur möglich war. Besonders liebte Künhilde Ausritte oder Spaziergänge in den Wäldern und Hainen rund um die Burg, denn die dunklen Wälder und die lichten Wiesen voll Blumen waren für sie neu und entzückten sie.

So erging sie sich einmal an einem schönen Tag im Frühsommer gemeinsam mit den Damen ihrer Begleitung auf einer der zahlreichen Wiesen. Dietleib und seine Mannen waren in der Nähe, Feinde waren seit Beginn ihres Aufenthaltes in der Steiermark nicht gesichtet worden. Also pflückte Künhilde arglos die schönsten Blumen und entfernte sich dabei immer mehr von ihren Gefährten. Plötzlich fühlte sie sich von starken Armen umfangen, zu ihrem Schrecken konnte sie aber niemanden sehen. Sie fühlte, daß sie emporgehoben und weggetragen wurde, dann schwanden ihr vor Angst die Sinne.

Als sie wieder zu sich kam, lag sie auf einer Waldwiese, die sie noch niemals gesehen hatte. Neben ihr saß ein winzig kleiner Mann, der schönere Gewänder trug, als sie sich in ihren kühnsten Träumen hatte vorstellen können. Sein Wams war aus dunkelrotem Samt und reich mit prunkvoller Goldstickerei verziert. Das Hemd war aus purer Seide, um die Mitte trug er einen seidenen Gürtel, der von Edelsteinen funkelte. Auf dem Kopf trug er eine prächtige Krone, die in einem Glockenspiel auslief. Bei jeder Bewegung des kleinen Mannes ertönten die lieblichsten Melodien. Der Zwerg schaute sie freundlich an, trotzdem empfand Künhilde tiefe Furcht – nicht nur wegen ihrer Entführung, sondern auch vor dem alten, verknitterten Gesicht des kleinen Mannes.

»Fürchte dich nicht, Künhilde«, sagte er da mit einer erstaunlich tiefen und kräftigen Stimme. »Dir soll kein Leid geschehen. Ich bin der Zwergenkönig Laurin. Tausende Zwerge in vielen Landen folgen meinem Befehl. Mit meinen Reichtümern kann sich kein König dieser Erde messen. Oft durchstreife ich das Menschenland, um das Tun und Treiben dort zu beobachten. Da habe ich dich gesehen, und mein Herz ist in Liebe zu dir entbrannt. Deshalb wünsche ich mir, daß du als meine Königin mit mir kommst. Es wird dir an nichts fehlen, jeder Wunsch soll dir von den Augen abgelesen werden. Verzeih mir, wenn ich dich erschreckt habe, doch konnte ich nicht offen bei deinem Bruder um dich werben.«

Künhilde brach nach diesen Worten in bitteres Schluchzen aus, dicke Tränen flossen ihr über die Wangen. Sie wollte nicht für alle Reichtümer der Erde die Gemahlin dieses Zwerges werden und bei ihm in einem fremden Land leben. Alle Versuche Laurins, sie zu beruhigen, nützten nichts. Schließlich wurde der Zwergenkönig streng und zornig.

»Es hilft dir nichts, dich gegen mich zu sträuben. Wir sind schon weit weg von der Burg deines Bruders. Durch einen Zaubergürtel habe ich die Stärke von zwölf kräftigen Männern, daher konnte ich dich in kurzer Zeit so weit wegbringen. Du mußt jetzt mit mir kommen. Du wirst dann erkennen, wie schön es in meinem Reich ist, und wirst mir freiwillig die Hand zur Ehe reichen. Denn wenn ich dich auch entführt habe, so will ich dich doch nicht zu einer Heirat zwingen.«

Als Künhilde dies hörte, versiegten langsam ihre Tränen. Sie erkannte, daß sie im Augenblick nichts zu ihrer Rettung tun konnte. Daher fügte sie sich darein, mit dem Zwerg zu reisen. Sie hoffte nur, daß er sein Versprechen halten und sie nicht zur Ehe mit ihm zwingen würde. Denn freiwillig, da war sie sicher, würde sie ihm niemals ihre Hand reichen. Also stand sie auf und erklärte ihre Bereitschaft, mit Laurin zu kommen.

Am Rande der Waldwiese waren zwei kleine Pferde angebunden. Auf eines hob sie Laurin und schwang sich selbst in den Sattel des anderen. Dann zog er zwei spinnwebfeine Tücher hervor, warf eines Künhilde über den Kopf und legte das andere über seine Krone.

»Jetzt sind wir unsichtbar, denn dies sind Tarnkappen. Diese Tarnkappe hatte ich auch auf dem Kopf, während ich dich beobachtete und als ich dich entführte. Versuch nicht, deine Tarnkappe abzustreifen oder um Hilfe zu rufen, wenn wir Menschen sehen. Denn wenn man mich zwingt, kann ich sehr streng sein und furchtbar strafen.«

Zitternd vor Furcht gelobte das Mädchen Gehorsam. Dann ging es fort wie der Wind. Die beiden kleinen Pferde entwickelten eine Schnelligkeit, die Künhilde fast schwindlig machte. Über Berge und durch Täler ging der eilige Ritt. Sorgsam umging Laurin alle menschlichen Ansiedlungen, da er seine Gefangene nicht zu Hilferufen und damit zum Ungehorsam verleiten wollte. Die beiden machten nur die notwendigsten Ruhepausen und aßen sogar im Sattel von den Vorräten, die Laurin mitgebracht hatte. Die ganze Zeit aber grämte sich Künhilde, da sie an ihren Bruder dachte, der sich sicher die größten Sorgen um sie machen würde.

Tatsächlich merkte Dietleib jedoch erst nach einiger Zeit, daß seine

Schwester nicht mehr bei ihren Gefährtinnen war. Zuerst hatte er keine großen Befürchtungen. Er meinte, sie sei zu weit gegangen und durch den weiten Spaziergang müde geworden; nun würde sie wohl im Schatten eines Baumes ausruhen. Deshalb ließ er seine Gefolgsleute ausschwärmen, um seine Schwester zu suchen. Doch als der Abend kam, war Künhilde noch immer nicht gefunden worden.

Nun erfaßte ihn eine namenlose Angst um seine Schwester. Er sandte Boten zu den benachbarten und befreundeten Burgherren, um dort nach ihr oder nach Neuigkeiten über ihren Verbleib forschen zu lassen. Dietleib glaubte nämlich, daß unbemerkt Feinde in sein Gebiet eingedrungen seien und die Schwester geraubt hätten. Auch in den Dörfern und Gehöften der Umgebung ließ er nachforschen, ob jemand etwas über seine Schwester erfahren habe. Doch niemand wußte etwas von einem feindlichen Einfall, niemand konnte sich erklären, wieso das Mädchen verschwunden war.

So hielt Dietleib nach Tagen der Suche Rat mit seinen Rittern. Er konnte nicht untätig abwarten, ob Künhilde wieder zurückkomme. Deshalb wollte er zu Meister Hildebrand reisen, der, wie er wußte, derzeit in seiner Burg in Garda war. Dietrichs Waffenmeister und Berater wußte mehr von den Geheimnissen dieser Welt als die meisten anderen Menschen. Er würde, so hoffte wenigstens Dietleib, einen Ausweg finden. Die Ritter waren mit dieser Entscheidung einverstanden. Dietleib übertrug die Sorge für die Burg und ihre Bewohner seinem erfahrensten Gefolgsmann und machte sich schweren Herzens auf den Weg.

In Garda wurde er von Hildebrand und dessen Gemahlin Ute freundlich empfangen. Hildebrand merkte sofort, daß schwere Sorgen seinen jungen Freund bedrückten, und Dietleib erzählte seinen Kummer. Er berichtete, was er alles unternommen habe, um seine Schwester wiederzufinden, und daß alle Bemühungen erfolglos geblieben waren.

»Da muß ein böser und mächtiger Zauber im Spiel sein«, meinte Dietleib abschließend. »Anders ist es nicht zu erklären, daß Künhilde verschwunden ist und niemand eine Spur von ihr entdecken konnte.

Deshalb bin ich auch zu dir gekommen, Meister Hildebrand. Du kennst hier das Land so genau wie niemand anderer und weißt um viele Geheimnisse. Vielleicht kannst du mir helfen.«

Noch wußte Hildebrand keine Erklärung für Künhildes Verschwinden. Er versprach aber Dietleib, daß er mit ihm am nächsten Tag zur Suche aufbrechen werde. Denn in ihm regte sich ein leiser Verdacht. Er wußte, daß sich Zwerge mit Tarnkappen unsichtbar machen konnten – er hatte es ja selbst bei Elbegast erlebt –, und hatte schon oft gehört, daß sich manche von ihnen im Schutz dieser Tarnkappen zu den Menschen wagten. Wenn Künhilde von einem Zwerg entführt worden war, war es verständlich, daß sie niemand mehr gesehen hatte. Um aber genauere Auskünfte zu bekommen, mußte er mit Dietleib in die Berge reiten. Denn dort hausten die Zwerge, dort konnte er vielleicht etwas erfahren.

Um Dietleib das Herz nicht noch schwerer zu machen, sagte er ihm nichts von seinem Verdacht. Der junge Held wunderte sich zwar, daß sie aufwärts in die tirolischen Berge ritten und nicht zurück in die Steiermark, wo Künhilde verschwunden war. Doch er vertraute darauf, daß Hildebrand gute Gründe dafür hatte. Bereits am ersten Abend waren sie tief in einem unwegsamen Bergwald. Hildebrand wollte gerade vorschlagen, daß sie sich nach einem Platz für ein Nachtlager umsehen sollten, als er im Gebüsch neben dem Weg etwas rascheln hörte.

Sofort sprang er vom Pferd und eilte dem Geräusch nach. Da sah er einen Waldschrat, der sich in einer Baumwurzel verfangen hatte und deshalb nicht davonlaufen konnte. Hildebrand griff nach ihm, und der arme Wicht glaubte, daß sein letztes Stündlein geschlagen hatte. Er hatte bisher nicht viel Gutes von den Menschen erfahren.

»Herr, laßt mich am Leben«, flehte er deshalb. »Ich bin nur ein armer Waldschrat ohne Heimat, denn König Laurin hat mich aus seinem Reich vertrieben.«

Hildebrand stellte sich ganz unwissend, um mehr zu erfahren. Vielleicht konnte ihm dieser Wicht die erwünschte Auskunft über Künhilde geben.

»Wer ist denn dieser König Laurin, der dich vertrieben hat. Und welchen Grund hatte er dafür?« fragte er deshalb, obwohl er schon oft vom Zwergenkönig gehört hatte.

»Ihr wißt nichts von König Laurin?« wunderte sich da der Waldschrat. »Er ist der Zwergenkönig und herrscht über fünfzehn Reiche. Obwohl er so klein ist wie ich, hat er doch die Kraft von zwölf großen Männern; diese Kraft gibt ihm ein Zaubergürtel. Und wenn er den Gürtel je verlieren sollte, kann er sich einen Zauberring anstecken, der die gleiche Wirkung hat. Er ist reicher als alle Könige dieser Welt, in seinem unterirdischen Reich liegt Gold in Bergen aufgehäuft, seine Truhen sind voll mit den kostbarsten Edelsteinen.

Doch achtet er alle seine Besitztümer gering, wichtig ist ihm nur der Rosengarten. Der liegt hoch in den Bergen, dort blühen die schönsten Rosen dieser Erde. Rund um den Garten ist keine Mauer, sondern nur ein seidener Faden. Wer aber den Faden verletzt, ist dem Zwergenkönig verfallen. Zur Buße schlägt Laurin dem Frevler die linke Hand und den rechten Fuß ab. Seit Jahren wagt sich kein Mensch mehr zum Rosengarten, vielleicht habt Ihr deshalb noch nichts davon gehört.«

Hildebrand kannte zwar sehr wohl die Geschichten vom Rosengarten, doch wollte er noch mehr von dem Zwerg vor ihm hören.

»Du hast mir noch immer nicht gesagt, warum dich Laurin vertrieben hat«, meinte er deshalb. »Wenn mir deine Auskünfte nützlich sind, will ich dir die Freiheit schenken.«

»Vor kurzer Zeit hat Laurin ein wunderschönes Menschenmädchen in seinen Palast gebracht. Er will sie zu seiner Frau machen. Doch das Menschenkind ist immer traurig und weint viel. Laurin hat ihr aber versprochen, daß er sie nicht zu einer Ehe zwingen will, und freiwillig hat sie ihm bisher nicht ihr Jawort gegeben.

Ich habe sie einmal gesehen, als der Zwergenkönig ihr erlaubte, in seinem Rosengarten spazierenzugehen. Da habe ich sie angesprochen, um sie zu trösten. Das hat aber Laurin bemerkt und ist sehr zornig geworden. Er will nicht, daß das Mädchen mit jemandem anderen als den Dienern und Dienerinnen aus dem unterirdischen Palast spricht. Deshalb hat er mich verjagt.«

Hildebrand atmete erleichtert auf, da er nun wußte, wo Künhilde war. Er wollte jedoch den Waldschrat nicht in sein Vertrauen ziehen, deshalb sagte er nicht, daß er Künhilde befreien wollte. Er stellte sich vielmehr ungläubig, als hielte er die Geschichten von Laurin für erfunden.

»Nein, Herr, ich erzähle Euch die reine Wahrheit«, versicherte der Wicht eifrig. »Laurin ist wirklich für einen menschlichen Feind der gefährlichste Gegner. Er kann mit einem Stoß seines Speeres jeden Ritter vom Pferd werfen, denn sein eigenes Pferd ist zwar klein, doch sehr schnell und stark. Von seinen Zauberkräften habe ich Euch schon berichtet. Und wenn er in die Enge getrieben wird, macht er sich mit seiner Tarnkappe unsichtbar. Man kann ihn nur besiegen, wenn man ihm den Zaubergürtel abreißt oder ihm mit dem Schwertknauf kräftig hinter die Ohren schlägt. Aber ich warne Euch, in dieser Richtung noch weiterzureiten. Der Rosengarten ist nur einen Tagesritt entfernt. Und jetzt ist Laurin noch fürchterlicher als sonst, weil ihn das Mädchen nicht erhören will.«

Erschöpft hielt der kleine Mann inne. Er war es nicht gewohnt, so lange mit einem Menschen zu sprechen. Als Hildebrand merkte, daß er alles gesagt hatte, was er wußte, befreite er ihn von der Baumwurzel und gab ihm seine Freiheit. Der Wicht bedankte sich herzlich und versprach Hildebrand jede Hilfe, die er ihm geben konnte. Dann huschte er davon und war bald in einem Erdloch verschwunden.

Voll schwerer Gedanken ging Hildebrand zurück zu Dietleib. Er wußte nun, daß die Befreiung Künhildes eines der schwierigsten Abenteuer zu werden versprach, das er jemals erlebt hatte. Ohne Dietrichs Hilfe, das wußte er auch, gab es überhaupt keine Hoffnung auf Erfolg. Er überlegte nun scharf, wie er sich Dietrichs Hilfe versichern konnte. Denn wenn er ihm sagte, daß Künhilde vom Zwergenkönig gefangengehalten wurde, würde der König sofort mit einer großen Schar aufbrechen. Doch gegen Laurin half nur List und Behutsamkeit. So mußte er Dietrich dazu bringen, nur mit ganz wenigen Gefährten aufzubrechen. In seinem Inneren reifte ein Plan.

Als er wieder bei Dietleib ankam, sagte Hildebrand deshalb:

»Ich glaube, daß ich eine Spur von Künhilde gefunden habe. Um diese Spur zu verfolgen und deiner Schwester Hilfe zu bringen, brauchen wir aber die Unterstützung von König Dietrich und einigen Gefährten. Wir wollen deshalb jetzt nach Bern reiten, ich werde mit Dietrich sprechen.«

Dietleib war sofort damit einverstanden und hoffte, daß der König mit einem großen Heer zu seiner Unterstützung ausrücken werde. Deshalb warnte Hildebrand:

»Ich weiß nicht, ob dieser Plan gut ist. Der Anmarsch eines großen Heeres bringt vielleicht deine Schwester in zusätzliche Gefahr, während ein kleiner Trupp mehr erreichen kann. Wir wollen deshalb Dietrich nichts über das Verschwinden deiner Schwester erzählen, damit er sich nicht zu vorschnellem Handeln hinreißen läßt. Wenn wir sehen, daß diese Spur nicht zum Ziel führt oder daß wir eine große Schar von Gewappneten brauchen, können wir immer noch einen Heerzug unternehmen.«

Dietleib sah ein, daß Hildebrands Überlegungen wohldurchdacht waren. So verabredeten sie, daß Dietleib sagen sollte, er hätte Dietrich und alle Gefährten wiedersehen wollen. Am Weg nach Bern habe er in Garda haltgemacht, Hildebrand sei mit ihm gekommen. Um die Geschichte noch glaubhafter erscheinen zu lassen, wollte Dietleib Dietrich auch um Rat hinsichtlich der Verwaltung seines Lehens fragen.

Dietrich empfing seinen Waffenmeister und Dietleib mit großer Freude. Am Abend gab er ein prächtiges Festmahl für alle seine Gefährten, bei dem sich alle fröhlich an ihre früheren Abenteuer erinnerten. Besonders Wittich, dessen Zunge vom Wein gelöst war, pries dabei Dietrich als den größten Helden der Christenheit, dem niemand widerstehen könne. Vielleicht dachte er in seiner weinseligen Laune, daß etwas vom Ruhme Dietrichs auch auf dessen Gefährten zurückstrahlen werde.

»Du sprichst die Wahrheit, Wittich«, sagte da Hildebrand bedachtsam. Denn er fand in diesem Gespräch eine gute Gelegenheit, Dietrich unauffällig zu einem Ritt in die Berge zu bewegen. »Der König ist wirklich ein sehr großer Held. Die schwerste Prüfung aber hat er noch nicht bestanden, eine Prüfung, die in seinem eigenen Königreich auf ihn wartet: ein Kampf mit den Zwergen!«

»Was sagst du da, Hildebrand? Ein Kampf mit Zwergen soll die schwerste Prüfung sein? Erinnere dich doch an Elbegast, wie ängstlich er war, als er mir das Schwert Nagelring brachte. Und selbst Herzog Bibung in seiner funkelnden Rüstung ist einem Kampf beflissentlich ausgewichen. Ein Kampf mit Zwergen – die schwerste Prüfung«, wiederholte Dietrich lachend. »Da waren die Kämpfe mit Riesen doch eine andere Aufgabe.«

Innerlich frohlockte Hildebrand, denn er war nun sicher, daß sein Plan gelingen werde. Nach außen aber gab er sich ruhig und besorgt.

»Hast du denn noch nie vom Zwergenkönig Laurin gehört, mein König? Er lebt in deinem Reich in den tirolischen Bergen. Er hat einen riesigen unterirdischen Palast, der durch den Glanz zahlloser kostbarer Edelsteine beleuchtet wird. Zehntausende Zwerge sind ihm untertan, denn er herrscht über das Zwergenvolk in vielen Ländern. Auf geheimen unterirdischen Wegen reisen seine Sendboten zu seinen Gefolgsleuten, wenn er ihrer bedarf. Auch kommt er manchmal zu den Menschen, aber dann ist er meistens durch seine Tarnkappe verborgen. Erinnere dich an Elbegast, auch er hatte eine Tarnkappe und verschwand plötzlich vor unseren Augen.«

Scheu sah sich Katharina um. Sie saß im Schatten eines Baumes im Garten, denn es war ein herrlicher Sommertag. Hatte sie da nicht ein Rascheln gehört, das nicht vom leichten Wind in den Bäumen kam? Regte sich dort nicht irgend etwas?

Dann mußte sie über sich selbst lachen. Nein, sie bildete sich nicht ein, daß sie jetzt am hellichten Tag einen Zwerg sehen oder hören würde. Denn Zwerge, so hatte sie immer gehört, gab es in Wahrheit gar nicht. Doch Erwachsene wußten auch nicht alles, nicht einmal ihr gescheiter Großvater. Jetzt ärgerte sie sich wieder, daß sie durch ihren Gips so unbeweglich war und daß jeder Schritt, den sie machte, laut durch das ganze Haus dröhnte. Sonst hätte sie am Abend eine kleine Schale Milch vor die

Tür gestellt. Zwerge, so hatte sie einmal gelesen, lieben Milch. Aber sie
hatte Angst vor dem Hohngelächter von Andreas, wenn er sie mit der
Milch erwischte. Da ließ sie diesen Gedanken doch lieber fallen.

Dietrich schien nachdenklich. »Erzähle mir mehr von diesem Zwergenkönig, mein treuer Hildebrand. Ich habe gute Lust, diesen Laurin
kennenzulernen. Denn als König sollte ich doch wohl alles über die
Bewohner meines Landes wissen – selbst wenn es sich um einen
Zwerg handelt, der sich selbst König nennt.«

Scheinbar besorgt wehrte Hildebrand ab – er wußte genau, daß
Dietrich durch den Widerspruch und die Besorgnis seines ehemaligen
Lehrers immer zu kühnen Taten aufgestachelt wurde:

»Ich bitte dich, mein König, laß ab von dem Gedanken, zu Laurin
zu reiten. Denn dann kommst du sicher am herrlichen Rosengarten
vorbei. Wenn du aber den Faden, der die Umgrenzung des Gartens
bildet, verletzt, ist ein Kampf mit Laurin unausweichlich.« Und Hildebrand erzählte alles, was er von dem Waldschrat erfahren und was
er selbst schon früher über König Laurin gehört hatte. Aber er verschwieg, daß Künhilde in den hohlen Berg gebracht worden war.

Bald merkte er, daß sein Plan tatsächlich Erfolg hatte. Dietrich
wollte unbedingt hinauf in die Berge zum Rosengarten, um dort Laurin kennenzulernen. Und alle seine Gefährten riefen laut, daß sie mit
ihm reiten wollten. Doch Dietrich wehrte ab.

»Ich will nicht mit einer Streitmacht zu dem Zwergenkönig kommen, sonst meint er gar noch, ich fürchte ihn. Allein will ich aber
auch nicht reiten, damit Hildebrand nicht wieder vor Sorge um mich
den Bart raufen muß. Er hat schon genug graue Haare, durch dieses
Abenteuer soll er keine neuen bekommen. Ich nehme Hildebrand,
Dietleib, Wittich, Rentwin, Alphart und Wolfhart mit. Sieben Helden sind wir dann, und sieben ist eine heilige Zahl. Bei unserer Rückkehr werden wir vieles zu berichten haben.«

Dietrichs andere Gefährten, die in Bern bleiben mußten, waren
mit dieser Entscheidung nicht sehr zufrieden. Doch mußten sie sich
dem Spruch des Königs beugen. Auch machte ihnen der König klar,

daß sie eine wichtige und ehrenvolle Aufgabe hatten. Sie waren für die Sicherheit und den Schutz von Bern verantwortlich, denn anders als beim Zug zu den Hunnen sorgte diesmal Kaiser Ermanerich nicht für Ruhe im Lampartenreich.

Am nächsten Morgen zog die Schar – neben den sieben Helden kamen noch die notwendigen Knechte und Diener mit – zu dem gefährlichen Ritt in die Berge los. Nur Hildebrand ahnte, was sie erwarten würde. Unterwegs machte er sich Vorwürfe, daß er dem König nicht die Wahrheit gesagt hatte. Dann hätte Dietrich wenigstens für eine Nachhut gesorgt, die ihnen im Falle großer Gefahr zu Hilfe geeilt wäre. Jetzt war es aber zu spät, also verbannte Hildebrand so gut wie möglich die düsteren Gedanken aus seinem Kopf und erfreute sich am Ritt durch die sonnenwarmen Wälder.

Nach einigen Tagen kamen sie zu jener Stelle, an der Hildebrand mit dem Waldschrat geredet hatte. »Wir wollen hier lagern«, meinte Hildebrand. Er hoffte nämlich insgeheim, daß der Wicht noch in der Nähe sei und ihm vielleicht Neuigkeiten von Künhilde bringen könnte. Da es schon zu dämmern begann, waren alle Gefährten mit Hildebrands Vorschlag einverstanden. Bald war ein guter Platz gefunden, die Knechte und Diener sorgten für das leibliche Wohl der Helden, die im Kreis um ein Feuer saßen und fröhlich alte Geschichten erzählten.

»Meine Beine brauchen nach dem langen Ritt etwas Bewegung, ich will deshalb einen kleinen Spaziergang machen«, entschuldigte sich Hildebrand. Dietrich war gewohnt, daß sein Waffenmeister oft seiner eigenen Wege ging, so ließ er in arglos weggehen. Nachdem dieser außerhalb der Hörweite seiner Gefährten war, ließ er sich auf den Boden nieder und pfiff eine kleine Melodie. Die hatte er noch als Knabe von seinem Vater gelernt. Damit, so hatte sein Vater gesagt, könne man Zwerge und andere Waldbewohner heranlocken, wenn man ihre Hilfe brauchte. Hildebrand hatte noch niemals erprobt, ob dieses kleine Lied tatsächlich und auch bei ihm seine Wirkung tat, doch nun schien ihm der rechte Augenblick dafür gekommen.

Da raschelte es im Gebüsch und – wirklich, der kleine Waldschrat stand vor ihm.

»Ihr habt mich gerufen, Herr?« fragte er höflich und ehrerbietig. »Bei unserem letzten Gespräch wußte ich nicht, daß Ihr das Geheimnis dieses Liedes kennt. Ich hätte Euch sonst bereitwilliger Auskunft gegeben. Was kann ich für Euch tun?«

»Weißt du, ob Laurin noch immer seine Gefangene im unterirdischen Palast im hohlen Berg verborgen hält?«

»Ja, Herr, noch immer. Meine Verwandten haben mir erzählt, daß sie nun weniger weint als in den ersten Tagen bei Laurin. Doch soll sie noch immer traurig sein. Sie darf nur in Begleitung von Laurin und bewaffneten Dienern im Rosengarten spazierengehen, sonst ist sie immer im Palast oder auf dem Anger davor. Doch warum fragt Ihr? Ihr wollt doch nicht etwa zum Rosengarten, damit Ihr das Mädchen seht?« Der Waldschrat schien sehr erschrocken bei dieser Vorstellung.

»Ich will dir vertrauen, denn du weißt jetzt, daß ich viele Geheimnisse der kleinen Waldbewohner kenne. Dort drüben lagert König Dietrich von Bern mit einigen seiner Recken. Ich selbst bin Hildebrand, sein Waffenmeister. Wir sind ausgezogen, um das Mädchen zu befreien, das Laurin aus seiner Heimat entführt hat. Erzähle mir darum alles, was du von Laurin und dem unterirdischen Palast weißt.«

»Herr Hildebrand, ich habe Euch schon beim ersten Mal alles gesagt. Den unterirdischen Palast kenne ich selbst nicht, ich weiß aber, daß es dort wunderschön sein soll. Ich habe aber auch gehört, daß es dort geheime Gefängnisse und Verliese und versteckte Fallen für Eindringlinge geben soll. Hütet Euch deshalb vor den Gefahren des unterirdischen Palastes. Vor allem aber hütet Euch vor Laurin. Denn er ist durch den Zaubergürtel nicht nur bärenstark, er ist auch voller List und Durchtriebenheit. Mehr kann ich Euch leider nicht sagen.«

»Dann geh, kleiner Mann«, sagte nun Hildebrand. »Ich danke dir auf jeden Fall für deinen guten Willen. Ich bin sicher, daß du uns nicht an Laurin verraten wirst.«

Mit den besten Wünschen für das Gelingen der Befreiung huschte der Waldschrat wieder fort. Hildebrand aber kehrte zu den Gefährten zurück und mahnte alle, sich zur Ruhe zu begeben. Denn er wußte, daß ihnen ein harter Tag bevorstand.

Am nächsten Tag ritten sie in der bisherigen Richtung weiter und strengten die Pferde sehr an, um noch bei Tageslicht zum Rosengarten zu gelangen. Wirklich sahen sie am frühen Nachmittag eine große Lichtung vor sich, auf der Tausende und Abertausende Rosen wuchsen. Sie prangten in allen Rosenfarben – vom zarten, schneeigen Weiß über alle Rosatöne bis zum tiefsten Dunkelrot. Ein köstlicher, eindringlicher Duft schwebte über dem Garten. Voll Bewunderung zügelten die Ritter ihre Pferde, sie glaubten sich in eine Märchenwelt versetzt. So wundervolle Blüten hatten sie noch nie gesehen. Und je länger sie die Rosen anschauten, desto mehr Ruhe und Zufriedenheit kehrte in ihre Herzen ein.

Nur einer ließ sich nicht vom Zauber des Rosengartens gefangennehmen: Wittich. Schon in Bern hatten die Schilderungen von Laurins Macht und Reichtum seinen Unmut erweckt. Denn sein Ehrgeiz trieb ihn nicht nur dazu, als der tapferste und bedeutendste Ritter zu gelten. Er wollte auch dem größten König im Abendland dienen. Und nun schien es ihm, als ob Laurin König Dietrich diesen Platz streitig machen wollte.

Deshalb spornte er Schemming zu einem gewaltigen Satz an und riß Mimung aus der Scheide. Das Schwert fuhr auf den seidenen Faden nieder, der den Garten umgab. Doch zur größten Verwunderung Wittichs hielt der Faden stand, er mußte mehrmals zuschlagen, bis der Seidenfaden endlich zerriß. Trotz der flehentlichen Zurufe Dietrichs und der Gefährten, die ihn von seinem Vorhaben abhalten wollten – nicht aus Furcht vor Laurin, sondern aus Freude über die herrlichen Rosen –, lenkte er sein Pferd mitten unter die Blumen und ließ Schemming hin und her tänzeln und dabei die Rosen unter den Hufen zerstampfen. Er selbst hieb mit seinem Schwert auf die Rosensträucher ein, bis aus dem prächtigen Rosengarten eine Wüstenei geworden war. Dann ritt er zu den Gefährten zurück.

Dietrich empfing ihn mit ungnädiger Mine. »War es wirklich notwendig, alle Rosen zu zerstampfen und zu zerstören?« fragte er böse.

»Den Kampf mit Laurin hätten wir auch gefunden, wenn wir nur den seidenen Faden zerstört hätten. Nun beginne ich den Zwergenkönig zu verstehen, dem sein Rosengarten mehr bedeutete als alle seine Schätze. Denn er war das Schönste, das ich jemals gesehen habe, bevor du ihn zerstört hast.«

Bevor Wittich noch antworten konnte, kam ein kleiner Mann auf einem Pferd in der Größe eines Rehs vom Wald hinter dem zerstörten Rosengarten herangaloppiert. Der Zwerg trug eine prunkvolle Rüstung, die wie pures Gold glitzerte. Das Schwert steckte in einer Scheide, die gleichfalls aus Gold und mit kostbaren Steinen geschmückt war. Um die Hüften trug er eine seidene, mit Edelsteinen geschmückte Schärpe – der Zaubergürtel, von dem Hildebrand gesprochen hatte. Der Helm, dessen Visier noch offenstand, war ebenso wie die Scheide reich verziert, in der Mitte funkelte ein Karfunkelstein, dessen Glanz die Berner fast blendete. Auf dem Helm aber saß ein Glockenspiel, das bei jeder Bewegung des Zwerges die schönsten Melodien erklingen ließ.

Mit rauher, kräftiger Stimme rief König Laurin – denn nur er konnte es sein, das hatten alle gleich erkannt – Dietrich und seinen Gefährten wütend zu:

»Welches Recht habt ihr, hier in mein Reich einzudringen und meinen Rosengarten zu zerstören? Warum könnt ihr Menschen euch nicht in Ruhe und Dankbarkeit an der Schönheit der Blumen erfreuen, die ich mit meiner ganzen Liebe gehegt und gepflegt habe? Ihr seid alle meiner Strafe verfallen. Eure Freveltat kostet euch den rechten Fuß und die linke Hand!«

Dietrich verstand nur zu gut den Groll und die Trauer des Zwergenkönigs, die in seinem zerfurchten alten Gesicht zu erkennen waren. Trotzdem versuchte er ihn zu beruhigen:

»Edlen Herren, wie wir es sind, nimmt man nicht einfach Hände und Füße zur Strafe ab. Ich werde deinen Schaden mit Gold ersetzen. Außerdem ist kein unwiderruflicher Schaden entstanden, denn übers Jahr erblühen die Rosen in neuer Pracht.«

»Ha, ihr wollt edle Herren sein? Wegelagerer und Raubgesindel seid ihr. Wenn ihr wirklich Gold habt, dann habt ihr es sicher zusammengestohlen. Ich brauche kein Gold, ich habe mehr als ihr alle. Aber eurer Strafe werdet ihr nicht entgehen!«

Da konnte sich Wittich nicht länger zurückhalten. »Hörst du, wie dieser Zwerg mit uns redet?« rief er Dietrich zu. »Ich werde ihm zeigen, daß wir wahre Helden und edle Herren sind, die über seine Drohungen nur lachen.«

»Sei vorsichtig, Wittich«, warnte da Dietrich mit leiser Stimme. »Du weißt, was Hildebrand von den Riesenkräften dieses Zwergenkönigs erzählt hat. Nimm einen Kampf mit ihm nicht zu leicht.«

Laurin aber lachte nur über Wittichs wütende Worte. Da klappte Wielands Sohn das Visier seines Helmes herunter und stürmte mit eingelegter Lanze auf Laurin los. Auch dieser schützte sein Gesicht, spornte sein kleines Pferd und – mit einem einzigen Speerstoß warf er Wittich zu Boden.

Die sechs Gefährten Wittichs, die am Waldrand vor dem Rosengarten dem Kampf zusehen wollten, schrien laut auf. So etwas hatten sie noch nie erlebt, hatte doch Wittich einst selbst den Speerstößen von König Dietrich standgehalten. Bevor sich noch Wittich, der von seinem Sturz leicht betäubt erschien, wiederaufrichten konnte, war schon Laurin über ihm. Er riß sein kleines Schwert aus der goldenen Scheide und wollte dem Ritter, wie er gedroht hatte, Hand und Fuß abhacken.

Da mengte sich Dietrich ein. Er hatte sich zwar weidlich über Wittich geärgert, als er den prachtvollen Rosengarten zerstörte. Doch konnte er trotzdem nicht zulassen, daß einer seiner Ritter verstümmelt wurde.

»Halt ein, König Laurin«, rief er deshalb mit dröhnender Stimme. »Ich habe dir schon gesagt, daß wir deinen Schaden ersetzen wollen. Und ich pflege mein Wort zu halten. Ich bin König Dietrich von Bern, und der dort liegt, ist mein Geselle, den ich schützen werde.«

»Und wärst du der größte König aller Zeiten, so könntest du doch nichts für diesen Frevler tun«, entgegnete Laurin ungerührt. »Ich habe mir schon oft gewünscht, Dietrich von Bern kennenzulernen, von dem ich bisher nur Gutes gehört habe. Nun ist mir die Freude vergällt. Weil du aber der Berner bis, will ich dich und deine anderen Gefährten nicht bestrafen, wie ich es zuerst vorhatte. Dieser Frevler hier ist mir aber verfallen.«

Während dieses Gesprächs hatte der Zwergenkönig seinen Fuß fest auf die Brust Wittichs gestemmt. Trotz aller verzweifelten Versuche konnte sich Wittich nicht erheben, denn er spürte nun unheilvoll die Zauberkraft, die der Gürtel Laurin verlieh. Der Zwerg hob sein Schwert, um das schaurige Werk seiner Rache zu beginnen.

»Zuerst mußt du mich besiegen«, brüllte ihn da Dietrich an, der ernsthaft um das Leben seines Gefährten fürchtete.

»Wenn du es so willst, König Dietrich, soll es mir recht sein. Dann werdet ihr eben beide mein Schwert zu fühlen bekommen. Ich hoffe, daß dein Gefährte wenigstens Ehrenmann genug ist, um während unseres Kampfes nicht zu entfliehen.« Mit diesen Worten trat er weg von Wittich und schwang sich auf sein Pferd.

Dietrich wollte gleichfalls Falke besteigen, doch Hildebrand warnte ihn mit leiser Stimme. »Zu Pferd hast du nicht die geringste Hoffnung, Laurin zu besiegen. Du mußt zu Fuß mit dem Schwert kämpfen. Versuch, ihm den Zaubergürtel zu entreißen. Und schlage ihm deinen Schwertknauf kräftig hinter die Ohren, dann kannst du die Oberhand behalten.«

Dietrich ging deshalb einige Schritte vor und forderte Laurin nochmals zum Kampf. Nun stieg auch der Zwergenkönig von seinem Pferd und stürmte auf den Berner los. Da begann ein furchtbares Gefecht, daß die Funken nur so stoben. Mit einem Hieb zerschlug Laurin den Schild Dietrichs, dann traf sein Schwert immer wieder den Berner und zerhieb dessen Rüstung an vielen Stellen. Dietrich konnte zuerst den kleinen Mann kaum treffen, weil sich dieser schnell wie der Wind bewegte. Doch endlich, mit einem gewaltigen Hieb, zerschlug er den goldenen Schild des Kleinen und zerriß gleichzeitig den Zaubergürtel. Dann schlug er mit voller Wucht mit seinem Schwertknauf gegen das Haupt des Zwergenkönigs.

Laurin glaubte sein letztes Stündlein geschlagen. Wohl trug er noch

den Zauberring am Finger, der ihm ebenso wie der Gürtel übermenschliche Kräfte verlieh, doch gegen Dietrichs Hiebe auf den Kopf konnte er nichts ausrichten. Da zog er schnell und von allen unbemerkt die Tarnkappe hervor und – Dietrich konnte seinen Gegner nicht mehr sehen. Dafür konnte er die Schwerthiebe Laurins furchtbar fühlen, denn der unsichtbare Gegner schlug nach Kräften auf ihn ein.

Da erfaßte Dietrich ob dieses ungleichen Kampfes eine furchtbare Wut. Sein Atem schien sich in einen Feuerstrom zu verwandeln. Ohne auf seine Wunden zu achten, schlug er um sich. Laurin wäre zerschmettert gewesen, hätte ihn ein Hieb getroffen. Doch im Schutze seiner Tarnkappe konnte er immer wieder ausweichen.

»Wirf dein Schwert weg und versuche, ihn mit den Händen zu fassen«, rief da Hildebrand seinem König zu. Dietrich befolgte diesen Rat. Wirklich bekam er den Zwerg zu fassen. Mit einer wilden Bewegung riß er ihm die Tarnkappe vom Kopf, hob ihn hoch empor und begann, Laurin die Luft aus dem Leibe zu drücken.

»Gnade«, stöhnte Laurin mit erstickter Stimme. »Ich will dir ungeahnte Schätze geben, wenn du mich freiläßt.« Doch Dietrich hörte gar nicht auf ihn. Im Berner tobte jene wilde Wut, die bei ihm immer die Folge von hinterlistigem Verhalten des Gegners war. Dann war es um seine Feinde geschehen, weil er keinem gütlichen Zuspruch mehr zugänglich war.

In Todesangst blickte Laurin um sich und suchte nach Rettung. Da erblickte er Dietleib, den er auf den Fahrten zu den Menschen an der Seite Künhildes gesehen hatte. »Hilf mir«, rief er ihm verzweifelt zu. »Deine Schwester ist bei mir im hohlen Berg. Wenn ich sterbe, wirst du sie niemals wiedersehen.«

Nun stürzte Dietleib zu Dietrich und bat um Gnade für den Zwergenkönig. Denn nur zur Rettung seiner Schwester war er ja in die Berge geritten, die Auseinandersetzung mit Laurin interessierte ihn wenig. Doch Dietrich war noch immer von seiner heißen Wut durchtobt und hörte deshalb nicht auf seinen Gefährten.

Da riß Dietleib mit einem starken Ruck den Zwergenkönig aus

Dietrichs Händen, der darauf nicht gefaßt war, schwang sich auf sein Pferd und versuchte mit seiner Beute zu fliehen. Doch sofort war Dietrich auf dem Rücken Falkes und preschte hinter ihm her. Bald erreichte er ihn. Sicherlich wäre es zum Kampf zwischen den beiden gekommen, wenn sich nicht die anderen Gefährten eingeschaltet hätten. Hildebrand und Rentwin hielten Dietrich fest, Alphart und Wolfhart drängten Dietleib vom König weg. Alle redeten gütlich auf den Gotenkönig ein, dessen Wut langsam erlosch.

Dietrich versprach, Laurin das Leben zu schenken. Doch mußte dieser versprechen, daß er von seiner Rache an Wittich Abstand nehmen werde. Auch verlangte der Berner, daß der Zwergenkönig Frieden und Freundschaft schwor, er selbst wollte ihm das gleiche Versprechen geben. Laurin willigte ein, da er wußte, daß er sonst nicht heil aus den Händen Dietrichs entkommen konnte.

Nun wollte aber Dietleib mehr über seine Schwester erfahren. Er konnte nicht glauben, daß sie freiwillig Laurin gefolgt war oder aus freien Stücken bei ihm blieb.

»Es geht ihr hier bei mir sehr gut«, stellte aber Laurin selbstbewußt fest. »Wohl habe ich sie aus ihrer Heimat entführt, doch inzwischen weiß sie die Schönheiten meines Reiches zu schätzen. Viele Diener und Dienerinnen lesen ihr jeden Wunsch von den Augen ab, sie wird überhäuft mit den kostbarsten Gewändern und den herrlichsten Geschmeiden. Bald schon wird sie meine Frau sein.«

Dietleib hatte starke Zweifel, daß Künhilde tatsächlich aus freien Stücken bei Laurin im hohlen Berg blieb. Deshalb war er sehr erfreut, als der Zwergenkönig Dietrich und alle seine Gefolgsleute einlud, als Gäste in seinen unterirdischen Palast zu kommen. Dort, so meinte Laurin, könne Künhilde ihnen selbst sagen, wie glücklich sie sei.

Auch Dietrich war über diese Einladung hocherfreut. Er nahm sie als Zeichen dafür, daß Laurin seinen Wutanfall verziehen hatte, für den sich der Gotenkönig jetzt schämte. Auch hatte Dietrich, seit er von den Herrlichkeiten des unterirdischen Palastes gehört hatte, den starken Wunsch, dieses Wunderwerk einmal mit eigenen Augen zu sehen. Also nahm er die Aufforderung Laurins, ihm zu folgen, zufrieden an. Nur Wittich war schlechter Laune. Er mißtraute dem Zwergenkönig und war darüber ergrimmt, daß in dieser so leicht hatte besiegen können. Doch da die Gefährten wußten, wie schwer Wittich an einer Niederlage trug, nahmen sie sein Murren nicht ernst.

»Wieso haben alle Gartenzwerge Zipfelmützen auf dem Kopf?« fragte sich Katharina. »Hat vielleicht doch jemand einmal einen Zwerg gesehen?«

Sie merkte gar nicht, daß sie laut dachte und daß Andreas in ihrer Nähe war – so vertieft war sie in ihre Geschichte. Als Andreas laut auflachte, schreckte sie empört auf. »Du bist wohl zur Märchentante geworden?« neckte sie ihr Bruder. »Aber ich habe eine bessere Nachricht als Geschichten über Zwerge. Morgen kommt Martin« – das war sein bester Freund – »für eine Woche zu uns. Dann können wir mit unserer Arbeit weitermachen. Ich muß nur das Drehbuch ein bißchen umschreiben. Martin soll jetzt die Hauptrolle spielen, weil Bärbel ausfällt.«

Andreas sagte seiner Schwester nicht, warum er sich so besonders über den Besuch seines Freundes freute: Martin hatte schon seit einiger Zeit eine Videokamera und konnte ihm sicher helfen. Denn die Schwierigkeiten mit den Film waren nicht nur auf das schlechte Wetter zurückzuführen. Andreas wußte nicht recht, wie er am besten mit seiner Kamera umgehen sollte. Darüber schwieg er aber ebenso wie Katharina über ihr Video im Kopf.

KAPITEL 7

Im unterirdischen Palast

Folgt mir«, rief Laurin den sieben Helden zu. So ritten sie hinter ihm her, nachdem Dietrich die Diener und Knechte angewiesen hatte, tiefer unten im Wald ein Lager aufzuschlagen. Um keine Vorsichtsmaßnahme zu unterlassen, sagte er ihnen auch, daß sie sich auf keinen Fall von irgend jemandem – sei es nun ein Zwerg oder ein Mensch – zurück nach Bern senden lassen dürften. Sie sollten unbedingt auf ihn und seine Gefährten warten. Und wenn er in drei Tagen noch nicht zurückgekehrt sei, sollten sie nach Bern um Hilfe senden. Dem ältesten und erfahrensten der Knechte übertrug der König die Leitung des Lagers, seine Anweisungen gab er so leise, daß niemand sonst seine Worte hören konnte.

Nach einem kurzen Ritt durch den Wald hinter dem Rosengarten kamen sie zu einer hochragenden Felswand. Vor einem Riß in dieser Wand standen zwei gewappnete Zwerge. Zu diesem Felsenriß ritt nun Laurin und trieb sein Pferd hinein. Dietrich und die anderen folgten ihm. Sie mußten sich tief auf den Hals der Pferde bücken, da die Felshöhlung für sie – nicht aber für Laurin – fast zu niedrig war.

Nach einem kurzen Ritt in tiefer Dunkelheit sahen sie einen Lichtschimmer vor sich, das Licht wurde immer stärker. Die Felswände wichen zurück, und vor ihnen lag die schönste Sommerwiese, die Dietrich und seine Gesellen jemals gesehen hatten. Viele Hunderte Blumen in allen Farben verbreiteten einen herrlichen Duft. Durch die Luft flogen und schwirrten Vögel, die die Berner noch nie gesehen hatten. Ihre Lieder klangen süß und einschmeichelnd, das Glockenspiel auf Laurins Helm paßte wunderbar zu diesen Gesängen.

Die Wiese war von hohen Bergen umgeben, der einzige Zugang schien der Felsspalt zu sein, durch den sie gekommen waren. Die Sonne stand schon tief, denn es nahte der Abend, doch noch beleuchtete sie weite Teile der Wiese und warf einen warmen Schein über die Blumen. Kein Windhauch regte sich, da alle widrigen Lüfte von den hohen Bergen rund um die herrliche Blumenwiese abgehalten wurden. Tief aufatmend betrachteten die sieben Männer diese Pracht, auf die sie nicht gefaßt waren.

»Man könnte denken, wir sind hier im Paradies, so wunderschön ist alles«, rief Dietrich begeistert aus. Und Hildebrand ergänzte: »Diese Wiese scheint mir so schön wie der Rosengarten, das ist ein wahrer Ort des Friedens und der Freude.«

Laurin freute sich sichtlich über das Lob, das seinem geheimen Anger gezollt wurde. »Mein Volk kommt gerne hierher, um frische Luft zu schöpfen. Oft feiern wir bei Musik und Tanz die schönsten Feste. Auch deine Schwester«, wandte er sich an Dietleib, »liebt diesen Ort sehr. Doch ihr werdet alle sehen, daß es in meinem unterirdischen Palast noch schöner ist. Kommt deshalb weiter.«

Begeistert ritten die Berner ihrem kleinen Führer nach. Nur Wittich hatte sein Mißtrauen noch immer nicht überwunden, im Gegenteil, es war noch gewachsen. Diese Wiese schien ihm wie eine wunderschöne Falle. Denn er hatte sich genau umgesehen und gemerkt, daß der Weg durch den Felsen selbst von Zwergen leicht verteidigt werden konnte. Auch hatte er die beiden riesigen Felsblöcke entdeckt, die scheinbar schwerelos über dem inneren Ausgang der Felsspalte hingen. Wenn diese Blöcke hinuntergestürzt wurden, war der Weg nach außen, in die Welt der Menschen, versperrt. Trotz seiner Zweifel folgte er ohne merkliches Zögern seinem König und nahm sich nur fest vor, die Augen offenzuhalten.

Sie ritten bis zur gegenüberliegenden Felswand, in die ein festes

Holztor eingelassen war. Laurin ergriff eine kleine Trompete, die an dem Tor hin, und blies hinein. Sofort ging wie von Geisterhand der Eingang in den unterirdischen Palast auf, vor den Reitern öffnete sich eine weite Halle.

»Steigt ab, meine Diener werden eure Pferde versorgen. Habt keine Furcht, die Tiere werden gut behandelt werden«, sagte der Zwergenkönig, und im gleichen Augenblick erschienen einige Zwerge, gekleidet wie königliche Stallknechte, und wollten die Pferde in Empfang nehmen. Alle stiegen ab, doch bevor Dietrich und Wittich ihre Zügel aus der Hand gaben, streichelten beide ihre Pferde und flüsterten ihnen etwas ins Ohr.

»Was tut ihr da?« fragte Laurin voll Mißtrauen.

»Wir sagen unseren Tieren nur, daß sie ruhig mit deinen Dienern gehen können. Denn Falke und Schemming sind mehr als andere Pferde an ihre Herren gewöhnt und gehorchen nur uns«, antwortete Dietrich gleichmütig. Der Zwergenkönig mußte sich mit dieser Antwort zufriedengeben und sah auch mit Erleichterung, daß der Schimmel und der Rappe ganz ruhig den Zwergen folgten. Dietrich und Wittich aber sahen sich einen Augenblick an. Beide wußten, daß sie ihren treuen Pferden den Befehl zur höchsten Aufmerksamkeit zugeflüstert hatten.

Dann führte Laurin seine Gäste weiter in den großen Festsaal. Die Vorhalle war den sieben Helden schon prächtig erschienen, denn an den Wänden funkelten Edelsteine, die ein sanftes Licht verbreiteten, kostbare Fahnen mit reicher Goldstickerei bildeten den Wandschmuck. Doch gegen die Pracht des Festsaales verblaßte die Einrichtung der Vorhalle vollständig.

An den Wänden waren Edelsteine in zierlichen Mustern eingelassen, große goldene Ständer waren reich mit Steinen ausgelegt, von der Decke hingen Schalen und Ampeln mit wertvollen Steinen. Dadurch war der Festsaal hell beleuchtet, doch war es kein grelles Licht. Es schien vielmehr, als sei die Pracht der Blumenwiese im Schein der untergehenden Sonne eingefangen worden, denn neben blitzenden Diamanten verstrahlten Rubine, Saphire, Smaragde, Amethyste und viele andere prächtige Steine ihr vielfarbiges Licht. Kostbare Wandteppiche und goldfunkelnde Stickereien verdeckten vollständig die Felswand, in die der Saal in Urzeiten hineingehauen worden war. Tische und Armsessel warteten auf eine große Gästeschar. Auf den Tischplatten waren ganze Bilder aus farbigem Holz eingelegt, bunte seidene Kissen und weiche Decken lagen auf den Sesseln. Alle diese Möbel waren im Zwergenmaß hergestellt.

An der Rückwand des Saales war ein Hochsitz – ähnlich wie in der Residenz Dietrichs – errichtet. Hinter dem Tisch prangte ein Thronsessel, umgeben von zwölf Stühlen. Doch – die Berner trauten ihren Augen kaum – Tisch und Sessel waren hier nach Menschenmaß gefertigt.

»Ihr wundert euch über meinen Thronsessel?« schmunzelte Laurin, der den Blicken seiner Gäste gefolgt war. »Dort sitze ich mit meinen zwölf wichtigsten Gefolgsleuten, wenn wir ernste Beratungen abhalten. Oft sehe ich aber auch den Festlichkeiten und Darbietungen meines Volkes von dort oben zu. Es ist gut, wenn der König seinen eigenen, erhöhten Platz hat.«

Als Dietrich näher kam, sah er, daß der Zwergenkönig die Wahrheit gesprochen hatte. Denn zu den Sitzflächen führten kleine Leitern, die es Laurin und seinen Beratern ermöglichten, ohne Anstrengung zu den hohen Sitzen zu gelangen. Der Zwergenkönig kletterte auf seinen hohen Thronsessel und forderte seine Gäste auf, gleichfalls Platz zu nehmen. Dann klatschte er in die Hände, und sofort öffneten sich mehrere Türen, durch die ganze Scharen von Zwergen hereinkamen.

Einige trugen gemeinsam riesige Platten der köstlichsten Speisen, andere schleppten Humpen voller Wein und süßem Met herbei. Vor jeden Gast wurde ein Teller aus purem Silber gestellt, die Trinkbecher waren aus Gold und verziert mit Edelsteinen. Große Schalen aus Bergkristall, die gleichfalls auf den Tisch gestellt wurden, enthielten klares, mit Blütenessenzen vermischtes Wasser, damit sich alle nach dem Festmahl die Hände waschen konnten. Wieder andere Zwerge brachten prunkvolle Festgewänder in Menschengröße herbei.

Laurin forderte Dietrich und seine Gefährten auf, ihre Rüstungen und Waffen abzulegen, wie es Brauch war bei einem Festmahl. »Ich hoffe, daß euch diese Festgewänder passen werden. Ich habe immer einen Vorrat davon in meinen Kammern lagern, falls ich einmal einem Menschen erlaube, mich zu besuchen. Bisher habe ich sie noch kaum gebraucht, und so viele Gäste auf einmal hatte ich noch nie. Deshalb wollen wir nun ein großes Fest feiern.«

Den Bernern blieb nichts anderes übrig, als ihre Waffen abzulegen. Sehr wohl war ihnen nicht dabei – trotz des Eides von Laurin, mit dem er ihnen Frieden und Freundschaft versprochen hatte. Doch vertrauten sie darauf, daß sie sich gemeinsam selbst ohne Waffen gegen die Zwerge verteidigen konnten, da nur Laurin den Zaubergürtel hatte, der seine Kräfte vervielfachte und der jetzt in der Hand von Dietrich war. An den Zauberring, von dem der Waldschrat Hildebrand berichtet hatte, dachten sie nicht mehr.

Nachdem sich die Gäste umgezogen hatten, begann das Festmahl. Kleine Musikanten spielten auf Fiedeln und Lauten liebliche Melodien, zu denen Zwergen und Zwerginnen zierliche Reigentänze vorführten. Alle Zwerge waren prächtig gekleidet, wie es dem Hofstaat eines mächtigen Königs zukommt. Zufrieden genossen Dietrich und seine Gefährten dieses Schauspiel und erfreuten sich an den wunderbar mundenden Speisen und Getränken. Selbst Wittich begann sich wohl zu fühlen, sein immer wacher Argwohn legte sich langsam.

Nur Dietleib war unruhig, denn er wollte endlich seine Schwester sehen. Doch wagte er nicht, die fröhliche Stimmung der Gefährten zu unterbrechen oder gar Laurin durch eine Frage nach Künhilde zu beleidigen. Doch der Zwergenkönig ließ ihn nicht allzu lange warten. Nachdem alle gesättigt und die Speisen abgetragen waren, klatschte er abermals in die Hände. Und wieder öffnete sich eine Tür. Daraus trat Künhilde hervor, gefolgt von einem langen Zug von Zwerginnen, ihren Ehrenjungfrauen. Alle Mädchen trugen wundervolle weiße Seidengewänder, die reich mit farbiger Stickerei verziert waren. Künhilde aber war in ein Gewand aus blauer Seide gekleidet, verziert mit Goldstickerei – es schien, als ob eine warme Sonne von einem tiefblauen

Sommerhimmel leuchte. Um den Hals trug sie ein Geschmeide aus Gold und blauen Saphiren, die Steine hatten den gleichen Farbton wie ihr Gewand. Den Kopf zierte ein kleines, aber erlesen schönes Krönchen.

Jubelnd sprang Dietleib auf, eilte zu seiner Schwester und umarmte sie. Auf den ersten Blick sah der junge Recke, daß seine Schwester gesund aussah und sich bemühte, den Eindruck von Zufriedenheit zu erwecken. Doch da er sie besser kannte als alle anderen, bemerkte Dietleib auch den geheimen Kummer, der an ihrer Seele nagte. In Anwesenheit von Laurin wollte er aber nicht offen fragen, ob sie wirklich freiwillig im Zwergenreich bleibe. Er hoffte, daß er noch die Gelegenheit zu einem Gespräch unter vier Augen finden werde.

Künhilde begrüßte nun freundlich Dietrich und die anderen Helden. Alle bewunderten ihre Schönheit und ihren Liebreiz. Besonders Rentwin konnte kaum die Augen von ihr wenden, ihm schien sie wie die Erfüllung eines langgehegten Traumes. Das Mädchen ließ sich nun an Laurins Seite nieder, neben sie setzte sich ihr Bruder. Nach dem köstlichen Festmahl hatte Laurin noch weitere Überraschungen für seine Gäste bereit.

Eine Truppe kleiner Artisten führte die unglaublichsten Kunststücke vor: Sie kletterten auf dünnen Seile, die kaum zu sehen waren, man konnte glauben, sie kletterten in der Luft. Ein Seiltänzer tanzte in schwindelnder Höhe zur Musik, die seine Freunde machten, auch er schien in der Luft zu tanzen. Andere Zwerge wieder führten am Boden Turnübungen vor, wieder anderen spielten mit mehreren Bällen gleichzeitig, ohne daß einer davon zu Boden fiel. Dietrich und seine Gefährten hielten förmlich die Luft an, so beeindruckt waren sie von den Darbietungen. Mächtiger Applaus belohnte schließlich die Künstler und Artisten.

Dann begann eine fröhliche Unterhaltung. Dietrich hatte viele Fragen an Laurin, denn er wollte alles über das Zwergenreich erfahren. Als Dietleib sah, daß der Zwergenkönig in ein angeregtes Gespräch vertieft war, tat er so, als ob er Künhilde von den Freunden und Gefährten daheim in der Steiermark erzählen wollte. Sie verstand aber seine Absicht, mit ihr einige heimliche Worte zu wechseln und tat so, als ob sie sich im Eifer des Gesprächs nahe zu ihm beugte. Das gab Dietleib die Gelegenheit, zu flüstern:

»Bist du hier glücklich, Schwester? Und willst du wirklich Laurin heiraten?«

»Mir fehlt es an nichts«, erwiderte Künhilde ebenso leise. »Aber ich sehne mich nach Menschen und einem Leben in der gewohnten Luft.«

»– und alle haben mir herzliche Grüße an dich aufgetragen, wenn wir uns begegnen«, sagte da Dietleib plötzlich mit lauter Stimme. Er hatte nämlich bemerkt, daß Laurin durch das leise Gespräch der Geschwister mißtrauisch geworden war und sich bemühte, einige Worte der Unterhaltung zu verstehen. Dann wechselte er noch einige belanglose Sätze mit Künhilde, bis er merkte, daß sich sein Gastgeber wieder Dietrich zuwandte. Nun flüsterte er dem Mädchen noch schnell zu: »Wir sind hierhergekommen, um dich zu befreien. Hab keine Furcht, es wird gelingen. Wo können wir uns heimlich sprechen?«

Bevor aber Künhilde antworten konnte, mischte sich wieder Laurin in das Gespräch ein. Er wollte auf jeden Fall ein unbeobachtetes Treffen zwischen Bruder und Schwester verhindern. Denn keiner wußte so gut wie er, daß Künhilde noch keineswegs eingewilligt hatte, seine Frau zu werden. Im Gegenteil: wenn sie auch nicht mehr vor ihm weinte und klagte, so merkte er doch, daß ihre Schwermut täglich größer wurde.

Laurin erfaßte eine namenlose Angst, daß seine menschlichen Gäste ihm nach dem Rosengarten auch die einzige Frau nehmen wollten, die er jemals geliebt hatte. Und während die Rosen im nächsten Sommer wieder erblühen würden, wäre der Verlust von Künhilde endgültig. Laurin sah viele einsame Jahre vor sich, er fühlte förmlich bereits den tiefen Schmerz, falls Künhildes Jugend und Schönheit aus seinem Leben verschwinden sollten.

Seine düsteren Gedanken ließen auch den Groll über die so sinnlose und böswillige Vernichtung des Rosengartens wieder aufleben. Nein, dieser Frevel sollte nicht ungestraft bleiben, auch wenn er den

Bernern Frieden und Freundschaft geschworen hatte. Nur Dietleib wollte Laurin verschonen. Der Zwergenkönig wußte genau, daß ihm Künhilde niemals verzeihen könnte, wenn ihrem Bruder etwas angetan würde. Die Liebe zu ihr war aber echt, darum wollte er auch sein Wort halten und sie nur zur Frau nehmen, wenn sie ihm freiwillig angehören wollte.

Um seine noch nicht fertig durchdachten Pläne zur Bestrafung der Berner durchführen zu können, mußte er zuerst Dietleib von den Gefährten trennen, ohne daß jemand Verdacht schöpfte. Als daher wieder eine Gruppe von Gauklern und Artisten in den Saal lief, um die Gäste mit ihren Kunststücken zu erfreuen, erhob er sich und meinte:

»Dietleib wird sicher gerne die Gemächer seiner Schwester sehen wollen. Er kann sich dann mit eigenen Augen überzeugen, daß es meiner künftigen Königin an nichts fehlt und jeder ihrer Wünsche erfüllt wird. Komm, meine Teure«, wandte er sich an Künhilde, »wir werden deinen Bruder geleiten.«

Wie Laurin vorausgesehen hatte, schöpfte keiner von Dietleibs Gefährten den geringsten Verdacht. Dietrich freute sich sogar über den Herzenstakt und das Verständnis des Zwergenkönigs, der – wie er glaubte – so viel Rücksicht auf Dietleibs Befürchtungen nahm. Fröhlich wandten sich daher alle wieder den Gauklern zu, die neue Kunststücke zeigten, und leerten manchen Becher von dem köstlichen Wein.

Das Geschwisterpaar ging mit Laurin aus dem Saal. »Ich werde dir zuerst einige der Schätze zeigen, die Künhilde gehören sollen. Ich weiß, daß sie noch einige Vorbereitungen treffen muß, um ihren Bruder würdig in ihren Gemächern zu empfangen und zu bewirten.« Bei diesen Worten öffnete der Zwergenkönig die Tür zu einem kleinen Vorsaal, durch den man zu Künhildes Räumen kam. Das Mädchen war dankbar für diese Atempause, denn sie wollte sich vor dem vertrauten Gespräch mit ihrem Bruder noch ein wenig sammeln.

Dietleib aber folgte Laurin in eine kleine Kammer. Dort waren auf langen Tischen herrliche Geschmeide, Gewänder aus Samt und Seide und wunderschöne Teppiche ausgelegt. »Dies alles und noch viel mehr wird Künhilde am Tage unserer Hochzeit erhalten. Ich hoffe, daß du solange mein Gast sein wird. Deine Gefährten werden allerdings nicht an der Feier teilnehmen können. Denn die frevelhafte Zerstörung des Rosengartens darf nicht ungestraft bleiben. Dir, dem Bruder meiner Braut, soll aber nichts geschehen.«

»Wittich hatte also mit seinem Verdacht recht, du bist wirklich ein Verräter«, brauste da Dietleib auf. »Glaube aber nicht, daß du meine Gefährten so einfach besiegen kannst. Auf jeden Fall werde ich ihr Schicksal teilen, denn ich lasse sie nicht im Stich.«

Während diesen Worten hatte sich Laurin langsam und behutsam der Türe genähert. »Jetzt bleibst du einmal hier drinnen«, rief er triumphierend, schlüpfte aus der Türe und verriegelte sie hinter sich. Aufatmend lehnte er sich dagegen. Das war leichter und schneller gegangen, als er gedacht hatte. Dietleib trommelte zwar wie wild gegen das Holz, doch half ihm dies nichts. Die Tür hielt fest. Nun mußte er noch Künhilde beruhigen, dann konnte er sich wieder seinen »Gästen« widmen und ihre Bestrafung vorbereiten.

Künhilde empfing Laurin mit ängstlichem Gesicht, als er ohne ihren Bruder kam. »Wo ist Dietleib?« fragte sie sofort.

»Er ist noch mit dem Brautschatz beschäftigt, der seine kühnsten Erwartungen übertrifft«, log Laurin. »Ich bin aber sehr froh, daß ich dich einen Augenblick allein sprechen kann, denn ich brauche deinen Rat.«

Künhilde war schon daran gewöhnt, daß der Zwergenkönig in vielen Fragen ihre Meinung wissen wollte. So neigte sie nur anmutig den Kopf und wartete.

»Du weißt«, hob Laurin an, »daß ich allen eine schwere Strafe angedroht habe, die in meinen Rosengarten eindringen. Diese Strafe soll jeden treffen, der den seidenen Faden zerreißt oder auch nur eine Rose knickt. Denn der Rosengarten soll das Herz aller erfreuen, die ihn anblicken. Nun wurde vor kurzem aber nicht nur der seidene Faden zerrissen oder eine einzelne Rose geknickt, sondern der ganze Rosengarten vernichtet. Nicht eine einzige Rose blüht mehr an ihrem Stamm. Haben die Frevler nun Strafe verdient?«

Künhilde wußte genau, daß Laurin von Dietrich und seinen Gefährten sprach. Sie wußte aber nicht, daß Dietrich den Zwerg besiegt hatte und dieser feierlich Frieden und Freundschaft versprochen hatte. So zwang sie ihre angeborene Ehrlichkeit zu folgender Antwort:

»Ich weiß, daß du von König Dietrich und seinen Gefährten sprichst. Sicherlich haben sie für die Vernichtung des Rosengartens Strafe verdient, doch bitte ich dich, ihr Leben zu schonen. Denn die Rosen blühen ja nächstes Jahr von neuem. Da wäre es wohl nicht richtig, dafür ein Leben oder gar mehrere zu verlangen.«

»Ich werde nicht grausam mit ihnen verfahren«, versprach Laurin doppeldeutig, und Künhilde atmete erleichtert auf. Sie wußte ja nicht, daß ihre und Laurins Vorstellungen über Grausamkeit grundverschieden waren. »Dein Bruder aber wird auf jeden Fall von einer Strafe verschont bleiben, denn ich möchte dich nicht betrüben.«

Da dankte Künhilde dem Zwergenkönig mit bewegten Worten, denn sie hatte schon große Angst um Dietleib gehabt. In diesem Augenblick stand Laurin ihrem Herzen näher als je zuvor. Dieser verabschiedete sich nun von ihr, denn er wollte zu seinen Gästen zurückkehren. Zuvor aber ging er zum Kellermeister und ließ ihn einen Krug mit einem besonders edlen Wein füllen. Den sollte er jedoch nur den Gästen einschenken, denn Laurin hatte einen starken und schnell wirkenden Schlaftrunk in den Krug gegossen.

Auf dem Weg zum Festsaal hörte der Zwerg, daß Dietleib in der Kammer am Ende des langen Ganges noch immer heftig an die Türe pochte und wilde Verwünschungen ausstieß. Laurin schmunzelte in sich hinein. Er wußte genau, daß die Türe festhielt und Dietleib sie nicht aufbrechen konnte. Der Lärm, den er machte, ging jedoch im Trubel unter, der aus dem Festsaal tönte.

Fröhlich begrüßten die Berner ihren Gastgeber. Der Wein hatte bereits ihre Laune gehoben und ihre Gesichter erhitzt, sie lachten dröhnend über die Scherze, die kleine Spaßmacher nun vorführten. Laurin sah zufrieden, daß der Wein schon seine Wirkung getan hatte. Da würden die – wie er sie bei sich nannte – tölpelhaften Menschen gar

nicht merken, daß er nicht mit ihnen trank. Die Wirkung des Schlaf-
mittels aber würde doppelt schnell eintreten.

In diesem Augenblick kam auch schon der Mundschenk und trug
den Krug herbei, in den Laurin das Schlafmittel gegeben hatte. Es
schien dem Zwergenkönig, als ob das Schicksal oder die Vorsehung
selbst auf seiner Seite wäre. Denn alle sechs Humpen seiner Gäste waren leer, der Mundschenk konnte allen gleichzeitig den unheilvollen
Trank einschenken.

»Trinkt, denn dies ist ein ganz besonderer Tropfen, den ich nur zu
festlichen Gelegenheiten aus dem Keller holen lasse«, forderte Laurin
die sechs Menschen auf. Und wirklich leerten alle auf einen Zug ihre
Becher und lobten den guten Wein.

Da wurden plötzlich Wittichs Augen ganz starr und glasig. »Du
Verrä . . .« lallte er, konnte aber das Wort nicht mehr zu Ende sprechen, denn er sank bewußtlos zu Boden. Den anderen ging es nicht
besser, am längsten wehrte sich Dietrich gegen die unheilvolle Wirkung des Trankes. Schwankend erhob er sich und wollte Laurin pak-
ken, doch nach den ersten Schritten sank auch er zu Boden. »Du elen-
der Wicht«, konnte er gerade noch stammeln, dann war er ebenso bewußtlos wie seine Gefährten.

*»Großvater, muß man ein Versprechen halten, auch wenn es erzwungen
worden ist?« Katharina hatte wieder einmal Schwierigkeiten mit ihrer
Geschichte. Denn sie wußte nicht genau, ob sie es richtig finden sollte, wie
Laurin seine Gäste behandelte. Die Zerstörung des Rosengartens fand sie
auf jeden Fall sehr schlimm. Dafür sollte es eine Strafe geben.*

*»Na, ich glaube, man soll sich zuerst einmal kein Versprechen abpressen
lassen. Aber auf keinen Fall darf man ein Versprechen halten, wenn man
etwas Schlimmes versprochen hat.«*

*Na ja, Friede und Freundschaft waren ja etwas Gutes, Das hätte Lau-
rin schon halten können. Außerdem hatte sie selbst einmal gesehen, daß
ein Rosenstrauch durch ein Unwetter ganz zerschlagen worden war, aber
im nächsten Jahr hatte er doch wieder geblüht.*

»Gibt es eigentlich den Rosengarten wirklich?« fragte sie noch. Sie

bildete sich nämlich ein, daß sie schon einmal diesen Namen gehört hatte.

»Ja, das ist ein Berg bei Bozen in Südtirol. Er heißt so, weil er am Abend bei Sonnenuntergang ganz rot glänzt.«

Stolz und erleichtert sah Laurin auf seine Gefangenen. Was waren diese Menschen doch für armselige Geschöpfe! Sie fielen wirklich der ältesten und gewöhnlichsten List zum Opfer! Schnell befahl der Zwergenkönig, daß alle sechs Gefangenen mit starken Stricken gefesselt wurden, dann mußten sie seine Knechte zu einem Verlies am hintersten Ende des unterirdischen Palastes schleppen. Das war eine Plage für die kleinen Männer! Mehr als zehn mußten jeweils anpacken, um einen einzigen Gefangenen zu dem vorgesehenen Verlies zu bringen. Und selbst dann konnten sie sie nicht tragen, sondern mußten sie über den Boden schleifen, daß die kostbaren Festgewänder in Fetzen gingen. Doch der Schlaftrunk war so stark, daß keiner der Recken erwachte.

Laurin selbst schloß die schwere Eisentüre ab, als alle Gefangenen im Verlies lagen. Dann ging er zur Ruhe. Noch wußte er nicht genau, was er mit Dietrich und dessen Gefährten anfangen sollte. Künhilde hatte um das Leben der sechs gebeten. Er hatte zwar nicht ausdrücklich das Versprechen gegeben, daß er ihr Leben schonen werde, doch meinte er, daß das Mädchen Milde schätzen werde. Vielleicht sollte er jedem nur einen Fuß abhacken. Das war weniger, als er bisher Frevlern getan hatte, die seinen Rosengarten betraten. Laurin war mit diesem Gedanken recht zufrieden. Denn er hatte Künhilde gesagt, daß nicht grausam sein werde. Wenn er nun die Männer, die seinen Rosengarten vollständig vernichtet hatte, weniger streng bestrafte als jene, die nur eine Rose abgebrochen hatte, war er doch wirklich nicht grausam. Der Zwergenkönig war sich gar nicht klar, wie meilenweit seine Vorstellungen und jene von Künhilde auseinanderklafften.

Das Mädchen hatte in seinen Gemächern das Getrappel und Ächzen der Zwerge, die die schweren Gefangenen wegschleppten, nur ganz schwach gehört. Trotzdem erwachte in ihr eine namenlose Angst, daß den Helden, die zu ihrer Rettung ausgezogen waren, ein Unheil geschehen sei. Und trotz Laurins Versprechen sorgte sie sich auch um Dietleib, der noch immer nicht zu ihr gekommen war. Trotzdem rief sie scheinbar unbekümmert nach ihren Dienerinnen, damit sie ihr beim Auskleiden helfen sollten.

»Ich glaube, beim Fest geht es so hoch her, daß die Helden für uns arme Mädchen keine Zeit mehr haben. Aber Morgen ist auch noch ein Tag, da kann ich mit meinem Bruder länger sprechen«, sagte sie mit gespielt sorgloser Stimme. Denn sie vermutete – und zu Recht –, daß ihre Dienerinnen Laurin alles berichten mußten, was sie sagte. Deshalb hatte sie sich auch in den letzten Tage so sehr bemüht, ihren Kummer vor ihren Ehrenjungfrauen und Dienerinnen zu verbergen. Ihren Tränen hatte sie nur freien Lauf gelassen, wenn sie sich allein wußte.

Sie wollte wach bleiben, um nach Möglichkeit ihrem Bruder und dessen Gefährten zu helfen. Doch die Aufregungen des Abends hatten sie müde gemacht, so verfiel sie in einen unruhigen Schlummer. Als sie erwachte, wußte sie zwar nicht, wie lange sie geschlafen hatte – im unterirdischen Palast gab es ja zu ihrem Schmerz keinen Unterschied zwischen Tag und Nacht, immer herrschte die gleiche Beleuchtung –, doch war alles ruhig. Da sie nun wußte, daß die Diener bereits früh am Morgen mit ihrer Arbeit begannen, vermutete sie, daß noch die Zeit der Nachtruhe war.

Sie erhob sich geräuschlos, um die Dienerinnen, die im Nebengemach schliefen, nicht zu wecken, und huschte hinaus. Dann fiel ihr ein, daß ihr Laurin kurz nach ihrem Eintreffen im hohlen Berg als Zeichen seiner Wertschätzung und seines Vertrauens alle Schlüssel des unterirdischen Palastes übergeben hatte. Zum Glück hatte er am letzten Abend nicht daran gedacht, sonst hätte er ihr vermutlich die Schlüssel weggenommen. So nahm Künhilde vorsichtig und geräuschlos den Schlüsselbund mit sich und verließ endgültig ihr Gemach.

Als erstes wollte sie Dietleib befreien. Doch – wo ihn finden? Obwohl ihr Laurin den unterirdischen Palast gezeigt hatte, wußte sie doch genau, daß es noch viele versteckte Kammern und Räume gab. Da hörte sie hinter einer Tür im langen Gang, der zum Festsaal führte, ein leises Pochen. Sollte das Dietleib sein?

Sie schlich zu der Tür und stellte fest, daß sie von außen verriegelt war. Ganz leise schlug sie an die Tür und lauschte. Wirklich, da hörte sie die Stimme Dietleibs: »Wer ist da? Laurin, wenn du es bist, dann lasse mich endlich hinaus!« Und wie um seine Worte zu bekräftigen, trommelte er an die Tür.

»Pst!« hauchte da Künhilde an den engen Türspalt. »Ich bin es, deine Schwester. Ich lasse dich jetzt heraus, aber sei ganz leise.« Dann öffnete sie geräuschlos die Türe und fiel ihrem Bruder um den Hals. Nun fühlte sie sich stark genug, selbst Laurin entgegenzutreten.

»Wo sind Dietrich und meine Gefährten?« fragte Dietleib hastig. »Und wo sind die Waffen?«

»Ich fürchte, Laurin hat deine Gefährten gefangengenommen«, antwortete Künhilde. »Er will sie für die Zerstörung des Rosengartens strafen. Aber ich weiß noch nicht, wo sie sind und wie es ihnen geht. Dafür kann ich dir zeigen, wo eure Rüstungen und Waffen verwahrt worden sind. Komm!«

Sie führte ihren Bruder zu der Waffenkammer Laurins, da sie mit Recht vermutete, daß dort auch die Rüstungen seiner Gefangenen aufbewahrt wurden. Erleichtert schlüpfte Dietleib in seine Wehr, nahm seine Waffen an sich und belud sich selbst und seine Schwester mit der Ausrüstung seiner Gefährten. Dann machten sie sich auf die Suche nach ihnen.

Dietrich und seine fünf Mitgefangenen waren inzwischen mühsam aus dem Betäubungsschlaf erwacht. Anfangs wußten sie nicht mehr, was ihnen geschehen war. Auch konnten sie sich nicht umsehen, denn in ihrem Gefängnis war es ganz dunkel. Und die Fesseln verwehrten ihnen jede Bewegung. Durch Zurufe stellten sie fest, daß sie alle beisammen waren, nur Dietleib fehlte.

»Im letzten Humpen Wein war sicher ein Schlaftrunk. Laurin muß ihn hineingemischt haben«, meldete sich Hildebrand zu Wort.

Und Wittich konnte sich nicht zurückhalten, seine Gefährten an sein Mißtrauen zu erinnern. »Hättet ihr auf mich gehört, dann wären wir jetzt nicht in dieser schrecklichen Lage. Ich wußte doch gleich, daß man diesem kleinen Wicht Laurin nicht trauen darf.«

»Wo wird wohl Dietleib sein? Und wie wird es Künhilde ergehen, wenn wir sie nicht retten können?« fragte Rentwin, auf den das Mädchen einen so großen Eindruck gemacht hatte.

»Ich glaube, daß Dietleib kein Leid geschehen wird. Denn Laurin wird sicher nicht den Mann töten, der sein Schwager werden soll. Ich bin sicher, daß seine Liebe zu Künhilde echt ist. Aber ich glaube nicht, daß das Mädchen bei Laurin bleiben will«, erwiderte Hildebrand.

Dietrich aber schwieg und bemühte sich, seine Gedanken zu sammeln, um einen Weg für ihre Rettung zu ersinnen. Zuerst einmal mußten sie die Fesseln loswerden. Das sollte doch möglich sein! Er zog und zerrte an den Stricken, bis seine Haut durchgescheuert war und ihm das Blut herunterlief. Doch er verbiß die brennenden Schmerzen. Noch ein Ruck – und seine Hände waren frei!

Dann bemühte er sich, die Fessel von den Füßen zu streifen. Das ging langsamer, als ihm lieb war, denn seine Hände waren durch die festen Bande ganz geschwollen und gefühllos. Schließlich war aber der König frei und wandte sich zu seinen Gefährten, um auch ihre Stricken loszuknüpfen. Sie halfen sich gegenseitig, und bald schon standen sie alle aufrecht und frei in dem Verlies. Nun galt es, die starke Eisentür aufzusprengen. Doch in der undurchdringlichen Dunkelheit konnten die sechs Helden nur mühevoll herumtappen und nach dem Gefühl mit bloßen Händen nach einem Ausweg suchen.

Da hörte Dietrich, der der Türe am nächsten stand, draußen plötzlich ein Geräusch.

»Still«, flüsterte er. »Vielleicht ist das Laurin, der uns holen will. Wenn wir ihn fangen können, haben wir unsere Freiheit gewonnen.« Da Dietrich nicht wußte, wie lange sie bewußtlos dagelegen waren, glaubte er, daß es schon Morgen sei.

»Mein König, bist du in dieser Kammer«, hauchte da kaum verständlich eine Stimme durch den Türspalt.

»Es ist Dietleib«, rief da der König viel zu laut. »Wir sind gerettet!«

»Leise, seid doch leise! Meine Schwester sperrt jetzt das Schloß auf!«

Die sechs hörten ein leises Knarren, dann öffnete sich langsam die Türe. Alle drängten gleichzeitig in den Gang hinaus. Dann schlossen sie wie geblendet die Augen. Der Gang war durch Karfunkelsteine matt erleuchtet, doch nach den Stunden in vollkommener Dunkelheit erschien ihnen der schwache Glanz wie helles Sonnenlicht. Bevor sie noch ein Wort sagen konnten, erschallte der rauhe Ton eines Horns durch die Gänge. Und noch einmal, noch eindringlicher wurde das Horn geblasen.

»Laurin hat Dietleibs Flucht bemerkt und ruft jetzt seine Krieger!« rief Künhilde erschreckt aus. Denn Laurin hatte sie mit vielen Geheimnissen des unterirdischen Palastes vertraut gemacht. Er wollte ihr damit seine Macht zeigen und auch jeden Gedanken an eine Flucht vereiteln.

»Schnell, rüstet und bewaffnet euch!« schrie Dietleib. Er hatte große Angst, daß im letzten Moment die Befreiung seiner Schwester verhindert werden könnte. Wie froh war er jetzt, daß ihm Künhilde gleich nach seiner eigenen Befreiung die Waffenkammer gezeigt hatte. Ohne Waffen wären die Recken wirklich verloren gewesen, denn Laurin war viel näher, als sie dachten.

Auch der Zwergenkönig hatte nur einen unruhigen Schlaf gefunden, aus dem ihn immer wieder schwere Gedanken aufschreckten. Er war sich bald darüber klargeworden, daß er Dietrich und die anderen fünf nicht bestrafen und dann wegschicken konnte, wenn er nicht sein Reich verlieren wollte. Der Tod dieser sechs bereitete ihm aber weniger Sorgen als die Frage, was er mit Dietleib machen sollte. Er wußte genau, daß der junge Held nicht freiwillig bei ihm bleiben würde. Wenn er ihn aber weiter gefangenhielt, würde er – auch darüber war sich Laurin im klaren – Künhildes Gunst niemals erringen.

Im Halbschlaf hatte er schließlich Geräusche gehört, die ihm verdächtig vorkamen. Sie kamen aus der Waffenkammer, die nahe bei Laurins Gemächern lag. Der Zwergenkönig schlich hin, doch kam er zu spät, um noch Dietleib und Künhilde festzuhalten, die schon in den weiten Gängen verschwunden waren. Doch entdeckte der König sofort, daß die Rüstungen und Waffen der Gefangenen fehlten. Und da wußte er, daß er in höchster Gefahr war.

Sofort eilte er in eine geheime Kammer, in der er alle jene Gegenstände verborgen hielt, die ihm und seinem Volk besondere Macht und Stärke gaben. Seinen Zauberring, der ihm die Stärke von zwölf Männern gab, trug er zwar noch am Finger und brauchte deshalb den Verlust des Zaubergürtels nicht zu beklagen. Doch hatte ihm Dietrich im Kampf die Tarnkappe genommen, er mußte daher eine andere holen. In dieser Kammer war auch das Horn aufbewahrt, mit dem er Tausende Krieger herbeirufen konnte.

Bald wimmelte es in den Gängen von bewaffneten Zwergen, die sich – wie sie es von ihren Anführern gelernt hatten – in Gruppen zu je hundert aufstellten. Alles ging so schnell und sicher vor sich, daß ein Heerführer seine Freude an dieser Zucht und Ordnung gehabt hätte. Die Anführer seiner Scharen versammelte Laurin im Festsaal. Dort erklärte er ihnen, daß sich die Gefangenen befreit hätten und wieder bewaffnet seien.

»Es darf keiner von ihnen entkommen, denn sonst ist unser Reich in höchster Gefahr. Wir werden mit Tarnkappen kämpfen, dann ist uns der Sieg gewiß. Aber um nichts zu versäumen, soll sofort ein Bote zu den fünf Riesen gesandt werden, die mir untertan sind. Sie sollen uns im Kampf unterstützen.«

Während Laurin seine Befehle erteilte, waren auch Dietrich und seine Gefährten nicht müßig. Bald standen sie alle in voller Rüstung da und hofften, daß sie der Zwerge Herr werden könnten. Doch Hildebrand, der ja vom Zwergenvolk mehr wußte als seine Gesellen, mahnte zur Vorsicht.

»Was ist, wenn sich die Zwerge mit Tarnkappen unseren Augen entziehen? Künhilde, du kennst doch viele Geheimnisse Laurins, weißt du nicht einen Rat?«

»Es gibt Zauberringe, die die Wirkung der Tarnkappen aufheben«, überlegte sie hastig. »Aber zu denen kann ich nicht mehr gelangen, denn sie sind in den Gemächern Laurins verborgen. Sonst kann nur der Zaubergürtel helfen. Wer ein Stück davon auf der Haut trägt, sieht einen Zwerg trotz der Tarnkappe.«

»Dietrich, du hast doch den Zaubergürtel an dich genommen. Zerhaue ihn schnell in sieben Teile«, drängte Hildebrand. Und Eile tat wirklich not. Denn die sieben Helden hörten ein dumpfes Gedröhn und Getrampel, als nähere sich ihnen eine unübersehbare Menge. Und dann spürten sie, daß die Zwerge da waren! Von allen Seiten fühlten sie Stiche und Hiebe, die auf sie niederprasselten. Wohl waren die meisten Stiche nicht tief, die meisten Hiebe nicht stark, denn außer Laurin hatte niemand einen Zauber, der die Kräfte verstärkte. Doch merkten sie deutlich, daß sie in einem längeren Kampf der Übermacht erliegen müßten. Denn sie sahen ja niemanden, sie wußten nicht, ob ihre Schwerthiebe auch trafen. Die meisten blieben auch wirkungslos, da sie – an menschliche Gegner gewöhnt – viel zu hoch zuschlugen.

Dietrich aber nahm den Zaubergürtel aus der Scheide seines Schwertes, wo er ihn versteckt hatte, ohne daß Laurin dies bemerkte. Schnell zerschlug er den Gürtel in sieben Teile und warf jedem seiner Gefährten ein Stück zu. Kaum hatten sie diese Stücke in der Hand, sahen sie das Gewimmel der bewaffneten Zwergenkämpfer zu ihren Füßen. Mit furchtbaren Hieben streckten sie einen der kleinen Kämpfer nach dem anderen nieder.

Doch es schien, als ob sich die Zwerge gar nicht um ihr eigenes Schicksal kümmerten. Immer neue Scharen schoben und drängten sich herein, immer mehr Kämpfer schlugen auf die Helden ein, immer wieder gelang es einem der kleinen Männer, einen Stich, einen Stoß anzubringen. Schon bluteten die sieben Recken aus mehreren Wunden – keine war gefährlich, doch mußten der Blutverlust und die lange Dauer des Kampfes sie schließlich erschöpfen.

»Such Laurin«, schrie Hildebrand verzweifelt seinem König zu. Denn der erfahrene Waffenmeister wußte, daß nur eine Niederlage ihres eigenen Königs die Zwerge von der Fortführung des Kampfes abhalten konnte. Laurin aber hatte sich bisher im Hintergrund gehalten, um den Überblick über den Fortgang des Kampfes zu wahren und seine Truppen zu befehligen.

Dietrich aber war schon dabei, sich zu Laurin durchzukämpfen. Auch er wußte, daß im Kampf zwischen den beiden Königen die Entscheidung fallen würde. »Denk an den Zauberring«, hörte er noch Hildebrands Ratschlag, dann stand er vor Laurin. Der wollte zuerst zurückweichen und dem Kampf mit Dietrich aus dem Wege gehen. Er wußte ebensogut wie sein Gegner, daß die sieben Recken schließlich doch unterliegen würden. Außerdem erwartete er die fünf Riesen, zu denen er einen Boten gesandt hatte. Es konnte nicht mehr lange dauern, bis sie auf dem Kampffeld erschienen. Und dann war es, wie Laurin dachte, endgültig um Dietrich und seine Gefährten geschehen.

Doch der Gotenkönig stürmte mit hocherhobenem Schwert hinter Laurin her. Fast hätte Eckesachs den Zwergenkönig getroffen, der sich nur durch einen schnellen Sprung retten konnte. Da beschloß Laurin im Vertrauen auf seinen Zauberring, den Kampf mit Dietrich zu wagen. »Haltet ein!« rief er seinen Zwergen zu, da sie seinen Sieg mit ansehen sollten. Dann stürmte er auf seinen Gegner zu, doch auch Dietrich war schnell und wich aus. Mit beiden Händen hielt er Eckesachs – da – ein schneller Streich – ein Schrei Laurins, und der Zwergenkönig taumelte zurück. Dietrich hatte ihm den Finger, an dem der Zauberring saß, abgehauen.

Nun war es mit Laurins übermenschlichen Kräften vorbei. Doch noch hoffte er auf den Sieg. Denn in der Ferne hörte er das Gedröhne und Getrampel der fünf Riesen, die zu seiner Hilfe herbeieilten. Mit einem Blick erkannten sie die Lage, jeder von ihnen stürzte sich auf einen Helden. Doch in dem Gang kam ihre Kraft nicht zur Geltung: für die sieben Menschen war der Gang gerade hoch genug, so daß sie aufrecht stehen konnten. Die Riesen aber mußten ihre Köpfe einziehen und die Rücken beugen, sie hatten auch keinen Platz, um mit ihren gefährlichen Eisenstangen auszuholen. So lagen sie bald besiegt am Boden.

Dietrich wandte sich wieder Laurin zu. Der fiel vor dem wütenden Berner auf die Knie:

»Gnade – nicht für mich, sondern für mein Volk«, bat er. »Wenn wir weiterkämpfen, werden wir vielleicht den Sieg davontragen. Doch allzu viele meiner Gefolgsleute werden getötet werden. Deshalb bitte ich: beendet das Wüten, ich will mich Euch auf Gnade und Ungnade ergeben!«

Lange blickte Dietrich den knienden Zwergenkönig an, als wolle er bis in dessen Herz blicken. Dann steckte er mit einer schnellen Bewegung Eckesachs wieder in die Scheide und sagte:

»Gut, der Kampf soll zu Ende sein. Über dein Schicksal werde ich mit meinen Gefährten später entscheiden, zuerst sollen die Verwundeten versorgt werden. Auch du selbst brauchst Hilfe.«

Fünf der sechs Gefährten waren mit dieser Entscheidung zufrieden. Nur Wittich widersprach:

»Laurin will doch nur neue Kräfte sammeln, um uns dann wieder heimtückisch zu überfallen. Ich traue diesem Wicht nicht über den Weg. Wir sollten die Gunst der Stunde nutzen und wenigstens mit ihm kurzen Prozeß machen.«

Da antwortete ihm Dietrich mit deutlichem Vorwurf in der Stimme:

»Wohl bin ich in die Berge gezogen, um Laurin und sein unterirdisches Reich kennenzulernen. Ich wußte auch, daß es dabei zu einem Kampf zwischen Laurin und mir kommen konnte. Doch es war niemals meine Absicht, daß Zwergenvolk zu vernichten oder einen Wehrlosen zu töten. Denke an deine Ritterehre, Wittich.«

Da senkte Wielands Sohn beschämt das Haupt und sagte nichts mehr. Nun aber drängte sich Künhilde vor, die während des ganzen Kampfes voll Furcht in der Türöffnung jener Kammer, aus der sie mit ihrem Bruder Dietrich befreit hatte, gestanden war.

»König Dietrich, du bist wahrhaft so edel, wie man es in allen Burgen erzählt. Ich danke dir, daß du das Leben Laurins und seiner Gefolgsleute schonst. Der Zwergenkönig hat mich zwar gegen meinen Willen hierhergebracht, doch hat er mich immer gut behandelt und mir alle Wünsche von den Augen abgelesen. Daß er mich nicht freiließ, ist nur seiner großen Liebe zuzuschreiben. Erlaube nun, Herr, daß ich mich mit meinen Dienerinnen der Verwundeten annehme.«

»Ich werde Euch helfen, edles Fräulein«, rief da Rentwin mit seiner hellen Stimme dazwischen. Er suchte nach einer Gelegenheit, um mit Künhilde zusammensein zu können. »Von meiner Mutter habe ich vieles über die Heilung von Wunden gelernt, die wieder ihr Wissen von einer Quellnymphe hat.«

Dietrich war mit diesen Vorschlägen einverstanden, und so begann bald ein emsiges Treiben im unterirdischen Palast. Dienerinnen brachten feines Linnenzeug, um alle Verwundeten zu verbinden. Auch Dietrich ließ die Verletzungen an den Handgelenken verbinden, die er erlitten hatte, als er sich von den Fesseln befreite. Die toten Zwerge wurden in eine tiefe Kammer gebracht, sie sollten später nach der Sitte der Zwerge bestattet werden.

Dann aber drängte es die Menschen hinaus an die freie Luft. Auf der wunderschönen Wiese vor Laurins unterirdischem Palast sollte beraten werden, wie sich Dietrich gegen einen neuerlichen Verrat des Zwergenkönigs absichern konnte. Doch bevor noch die sieben Helden mit Künhilde und Laurin den Palast verließen, nahm Wittich seinen König zur Seite:

»Ich weiß, mein König, daß dir mein Mißtrauen gegen Laurin nicht gefällt. Aber beherzige trotzdem meine Warnung. Es gibt, soviel ich gesehen habe, nur einen Ausgang von der Wiese vor dem Palast, nämlich den Felsenriß, durch den wir gekommen sind. Gerade über dem Beginn dieses Felsenpfades liegen zwei große Felsblöcke. Ich bin sicher, Laurin kann sie leicht herunterstürzen lassen. Dann sind wir Gefangene. Sieh dich also vor!«

Dietrich dankte für diese Warnung, die er sehr ernst nahm. Er wollte Laurin zwar begnadigen, doch trotz der guten Worte Künhildes traute er dem Zwergenkönig keineswegs. Deshalb ließ er ihn zu sich kommen und warnte ihn:

»Wir werden nicht nur dich, sondern auch deine wichtigsten Heerführer mit uns auf die Wiese nehmen. Ich weiß, daß es in deinem unterirdischen Palast viele Geheimnisse und Fallen gibt, die dem Fremden leicht zum Verhängnis werden können. Darum warne ich dich: Wenn du eine Hinterlist planst, seid ihr alle des Todes, dein Volk ist aber dann ohne Anführer.«

Da senkte Laurin den Kopf und erklärte:

»Ich habe wirklich viele Möglichkeiten, euch auch jetzt noch zu schaden. So könnte ich den Ausgang von der Blumenwiese verschütten lassen, so daß ihr meine Gefangenen wärt. Aber meine Unterwerfung ist diesmal ehrlich gemeint, da ich weiß, daß eine neue Hinterlist nur einen Aufschub bedeutet, aber nicht den endgültigen Sieg. Auch weiß ich nun, daß ich Künhilde niemals gewinnen kann. Deshalb werde ich nur mehr für mein Volk leben, das durch neue Kämpfe nur verlieren kann.«

Nun ließ Dietrich beruhigt die Pferde holen, die auch an die frische Luft gebracht werden sollten. Falke und Schemming aber kamen auf einen Pfiff ihren Herren herangetrabt; Laurin bewunderte die beiden prachtvollen Tiere, die ihm schon am Vortag aufgefallen waren. Nun verließen alle den unterirdischen Palast. Da sahen sie, daß die Sonne schon hoch über Mittag stand, denn die Kämpfe und die Bemühungen um die Verwundeten hatten viel länger gedauert, als Dietrich gedacht hatte.

»Erlaube, Herr, daß ich meinen Dienern befehle, eine Mahlzeit auftragen zu lassen«, wandte sich da Laurin an den Gotenkönig. Der schlaue Zwerg vermutete zu Recht, daß die Menschen nach einem guten Mahl eher zur Milde geneigt wären. »Diesmal, das verspreche ich, lasse ich nichts in die Speisen und Getränke mischen. Auch ich werde von allem nehmen, was ihr eßt.«

Alle nahmen diesen Vorschlag dankbar an, denn jetzt erst spürten sie, wie hungrig sie waren und wie sehr die Kämpfe an ihren Kräften gezehrt hatten. Wirklich brachten die Diener in kürzester Zeit eine erlesene Mahlzeit. Alle lagerten sich auf der Wiese und schmausten fröhlich, auch Laurin und seine Heerführer nahmen an dem Mahl teil. Doch kaum war das Mahl abgetragen, erhob sich Dietrich und sprach:

»König Laurin, du hast uns Frieden und Freundschaft geschworen und uns trotzdem in deinem Palast betäubt und gefangengenommen. Diese Tat verlangt eine Sühne. Doch wir haben dich im Kampf besiegt, viele deiner Untertanen sind tot oder verletzt. Auch die Riesen, die dir Unterstützung versprochen hatten, haben den Kampf nicht überlebt. So will ich von einer weiteren Strafe absehen. Aber ich muß uns vor einem neuen Angriff oder einem Hinterhalt schützen. Deshalb wirst du mit uns nach Bern kommen und dort bleiben, bis wir deiner Treue sicher sein können. In der Zwischenzeit mag einer deiner Getreuen, den du bestimmen darfst, in deinem Reich für Ruhe und Ordnung sorgen.«

Laurin nahm diesen Urteilsspruch dankbar an, da er eine viel strengere Strafe erwartet hatte. Er ließ sofort sein Pferd bringen und war auch schon reisefertig. Auf seinen Befehl wurde auch ein Pferd für Künhilde sowie ein Packtier gebracht, das einige der prunkvollen Gewänder des Mädchens sowie eine ganze Ladung Gold, Edelsteine und Geschmeide trug. Durch diese Gabe wollte der Zwergenkönig Künhilde seine ganze Liebe beweisen.

Künhilde dankte Laurin mit Tränen in den Augen. Fast tat es ihr leid, daß sie seine Liebe nicht erwidern konnte. Doch merkte sie jetzt, da sie mit ihrem Bruder und seinen Gefährten sprechen und scherzen konnte, noch deutlicher als in Laurins Palast, daß sie unter dem fremdartigen Volk der Zwerge niemals hätte leben können. Ihr war, als werde sie in der freien, würzigen Luft der Sommerwiese neu geboren, denn sie wußte, daß sie niemals in den unterirdischen Palast zurück mußte. Und immer wieder ging ihr Blick verstohlen zu Rentwin, der sie gleichfalls bewundernd ansah.

Dann brach Dietrich mit seinen Gefährten, Künhilde und Laurin auf. Während des Rittes durch den Felsenriß flüsterte Dietrich Wittich zu, daß er mit seinem Verdacht recht gehabt habe. Der Ausgang von der Blumenwiese könne wirklich verschlossen werden, doch habe Laurin diesmal keine Untreue geplant. Wittich freute sich über diese Bemerkung, da er merkte, daß ihm Dietrich die Aufforderung zur Vernichtung der Zwerge verziehen hatte.

Bald traf die Reiterschar bei den Dienern und Knechten ein, die schon angstvoll nach dem König Ausschau hielten. Als Laurin das Lager sah, erblaßte er. Nun wurde ihm vollends bewußt, wie nahe sein Volk und sein Reich dem Untergang gewesen war. Denn die Knechte, auf die er völlig vergessen hatte, hätten Hilfe geholt, wenn Dietrich zu lange Zeit nicht zurückgekommen wäre. Für Dietrich und seine Gefährten wäre es zwar zu spät gewesen, aber die Zwerge hätten sich nicht lange gegen eine menschliche Übermacht halten können.

Da der Nachmittag schon weit fortgeschritten war, blieben alle für eine Nacht noch in dem Lager. Am nächsten Tag traten sie die Heimreise an. Während des Ritts blieb Laurin meistens neben Dietrich an der Spitze des Zuges; er wollte damit dem Berner beweisen, daß er keine Heimtücke plante. Anfangs ritten die zwei meistens schweigend nebeneinander, doch bald führten sie angeregte Gespräche und kamen sich dabei näher. Dietrich merkte, daß Laurin in vielen Fragen zwar ganz andere Ansichten hatte als er selbst, daß er sich aber bemühte, seinem Volk ein guter König zu sein. Und Laurin erkannte, daß nicht alle Menschen den Zwergen böse gesinnt waren, sondern daß sogar etwas wie Freundschaft zwischen Menschen und Zwergen möglich war.

Nach einem harten Ritt kam die Schar glücklich in Bern an. Wie staunten da alle, als sie den Zwergenkönig erblickten! Noch mehr aber staunten Dietrichs Gefährten, die in der Residenzstadt zurückgeblieben waren, über die Abenteuer, die ihre Freunde erlebt hatten. Laurin aber wurde auf Befehl Dietrichs mit allen Ehren behandelt, die einem König gebühren. Er bekam prächtige Gemächer in der Residenz angewiesen – wenn sich auch Dietrichs Residenz nicht mit dem Prunk von Laurins unterirdischem Palast messen konnte –, einige Diener wurden für ihn bereitgestellt.

Kurz nach der Rückkehr gab Dietrich ein prachtvolles Fest, zu dem er auch Laurin einlud. Und zu seinem Erstaunen nahm der Zwergenkönig die Einladung an. Dieser begann sich in der Gesellschaft der Menschen recht wohl zu fühlen, wenn ihm auch die Unterschiede zwischen Zwergen und Menschen immer deutlicher wurden. Er konnte jetzt auch besser verstehen, daß Künhilde nicht bei ihm bleiben wollte.

Schließlich ließ Dietrich Laurin zu sich bitten. »Ich weiß jetzt gewiß«, sagte er ihm, »daß du keine List und keine Heimtücke gegen mich oder meine Gefährten planst. Du kannst in dein Reich zurückkehren, wann immer du willst. Doch werde ich mich immer freuen, dich zu sehen, du bist jederzeit ein hochwillkommener Gast in Bern. Ich werde dir auch gerne zu Hilfe kommen, wenn du der Hilfe bedarfst.«

»Ich danke dir, König Dietrich«, antwortete ihm höflich der Zwergenkönig. »Auch du bist jederzeit in meinem Reich willkommen. Ich werde dir einen Boten mit einem Horn senden. Das mußt du blasen, wenn du zu mir kommen willst oder wenn du von den Zwergen Hilfe brauchst. Nur eine Bitte habe ich: Bringe niemals wieder Wittich zu mir, denn diesen Ritter kann ich nicht als meinen Gast betrachten.«

Dietrich versprach das, und Laurin nahm unverzüglich Abschied. Es drängte ihn zurück in sein Reich. Der versprochene Bote kam wirklich nach wenigen Tagen und brachte das Horn, das Dietrich von nun an immer bei sich trug.

Dietleib aber beschloß, noch einige Zeit in Bern zu bleiben, nachdem er einen Boten mit der Nachricht von Künhildes Befreiung in die Steiermark gesandt hatte. Der junge Held wollte seiner Schwester nach der Zeit voll Angst und Sorge fröhliche Tage am Hofe Dietrichs schenken. Darüber freute sich nicht nur Künhilde, sondern auch Rentwin, der immer wieder eine Ausrede erdachte, um an der Seite des schönen Mädchens zu verweilen.

Zufrieden blickte Katharina in die Blätter des Baumes, unter dem sie saß. Jetzt lebte sie schon eine Woche mit den Geschichten von Dietrich und seinen Gefährten, und sie entdeckte immer neue Möglichkeiten, ihr Video im Kopf noch interessanter, noch aufregender zu machen. Vielleicht sollte sie doch aufschreiben, was ihr noch alles zu diesen alten Geschichten eingefallen war, damit sie es im Herbst ihren Freundinnen erzählen konnte.

»Gibt es in deinem Krimi eigentlich auch eine Liebesgeschichte?« fragte sie ihren Bruder, der zufällig einmal zu Hause war. Er und seine Freunde hatten nämlich Hunger, deshalb wollten sie den Vorratskasten in der Küche plündern.

»Nein, natürlich nicht, wir haben ja jetzt auch keine Mädchenrollen

mehr«, stellte Andreas ziemlich überheblich fest. »Liebesgeschichten – an etwas so Dummes kann auch nur ein Mädchen denken.«

»Schade. Ich finde, ein bißchen Romantik gehört zu einer richtigen Geschichte.«

KAPITEL 8

Im Dienste Ermanerichs

D er Sommer verging und auch der nächste Winter. Längst war Dietleib mit Künhilde zurück in die heimatliche Steiermark gereist. Vorher hatte er noch Dietrich versprochen, daß er jederzeit herbeieilen werde, wenn der Berner seine Hilfe brauche. Dietleib wäre noch gerne länger am Hof zu Bern geblieben, da der König seine Gäste gar trefflich zu unterhalten wußte. Auch lernte der junge Held vieles von Dietrich und Hildebrand und hoffte deshalb, seinem Land ein guter Herr zu werden. Als aber die steirischen Ritter, die er zurückgelassen hatte, einen Boten schickten, um Nachricht über seine Heimkehr zu bekommen, machte er sich mit seiner Schwester und einem stattlichen Gefolge auf den Weg.

Künhilde schied noch schwereren Herzens als ihr Bruder aus dem Lampartenreich. Denn der junge Rentwin, der ihr im unterirdischen Palast so wacker bei der Versorgung der Verwundeten geholfen hatte, hatte ihr Herz gewonnen. Und sie merkte wohl, daß auch Rentwin für sie tiefere Gefühle hegte als für die anderen Edelfräulein an Dietrichs Hof. Doch keiner der beiden jungen Leute hatte den Mut, die Liebe einzugestehen.

Rentwin fürchtete, daß er von Dietleib und Biterolf zurückgewiesen werde, weil er noch so jung war. Auch hatte er noch wenige Heldentaten vollbracht, sein Name war seiner Meinung nach nicht berühmt genug für ein Mädchen wie Künhilde. Denn sie war nicht nur die Tochter und Schwester der Herren der Steiermark, durch Laurins Geschenk besaß sie auch einen unermeßlichen Reichtum. Und Rentwin war nicht einmal Herr eines eigenen Lehens! Künhilde aber sprach nicht von ihrer Liebe, da eine solche Vorgangsweise undenkbar für ein Edelfräulein war. So schieden die beiden schweren Herzens voneinander und hofften nur insgeheim auf ein Wiedersehen.

Da kam an einem schönen Frühlingstag ein Bote von Kaiser Ermanerich an den Hof zu Bern. Der Kaiser hatte Sorgen. Denn Herzog Rimstein, der in Gerisheim am Rhein über ein großes Lehen herrschte, hatte dem Kaiser die Gefolgschaft aufgekündigt. Er verweigerte Ermanerich die Abgaben, die er ihm schuldete, weil er sich in seiner festen Burg, umgeben von einer großen Schar Rittern und Gewappneten, sicher fühlte.

Als der Kaiser vor kurzem die Zahlungen der letzten beiden Jahre forderte – so lange hatte Rimstein schon nicht gezahlt –, ließ der hochmütige Herzog dem Kaiser ausrichten:

»Wenn du etwas von mir willst, dann komme selbst her. Ich werde dich bezahlen, aber nur mit kräftigen Schwerthieben!« Die kaiserlichen Boten schickte er mit Schimpf und Schande nach Romaburg zurück; er gab ihnen weder ein Nachtquartier, noch bewirtete er sie, wie es der Sitte entsprach.

Dietrich wollte gerne der Bitte des Kaisers um Hilfe entsprechen, mehr noch, er plante, den Feldzug ohne kaiserliche Truppen nur mit seinen Getreuen durchzuführen. So sandte er einen Boten zu seinem Oheim und ließ diesem sagen, daß er in Kürze nach Gerisheim aufbrechen wolle. Er werde nach Romaburg kommen, wenn er Ermanerich die Siegesbotschaft überbringen könne. Dann sandte er auch einen Boten zu Dietleib, um ihn fragen zu lassen, ob er sich am Feldzug beteiligen werde.

Während die Boten unterwegs waren, rüstete Dietrich ein stattliches Heer. Er fragte diesmal auch alle seine Gefährten, ob sie mitkommen wollten. Und keiner schloß sich aus. Besonders Rentwin freute sich auf den Heerzug, da er auf eine Gelegenheit hoffte, seine Tapferkeit unter Beweis zu stellen. Jede wackere Tat wollte er Künhilde widmen, die nach wie vor in seinem Herzen einen besonderen Platz einnahm.

Wittich aber wunderte sich, daß der König sofort zum Kriegszug rüstete, als die Botschaft des Kaisers kam. Ermanerich hatte ja nicht einmal ausdrücklich um Hilfe gebeten, er hatte nur seine Sorgen und Nöte dargestellt. Schon seinerzeit, als Dietrich Etzel zu Hilfe eilen wollte, war Wittich sehr erstaunt gewesen. Denn damals war Dietrich erst aufgebrochen, nachdem er Ermanerich unterrichtet hatte. Sollte da mehr dahinterstecken als nur die verwandtschaftlichen Bande?

Also wandte er sich an Hildebrand um eine Erklärung, denn niemand kannte so gut wie der Waffenmeister die Geschichte Dietrichs und seiner Ahnen. Und Wittich vermutete, daß Dietrichs Bereitschaft, dem Kaiser zu helfen, vor allem in der Vergangenheit begründet lag. Auch wollte Wielands Sohn die Gelegenheit nutzen, um mehr über die Vorfahren Dietrichs zu erfahren, da der König selbst kaum je ein Wort darüber verlor.

Hildebrand nahm immer gerne die Möglichkeit wahr, Geschichten aus grauer Vorzeit zu erzählen. Und von Dietrichs Ahnen berichtete er besonders gerne, weil da auch seine eigenen Vorfahren eine wichtige Rolle spielten. Also versammelte er an einem Abend kurz vor ihrem Aufbruch Wittich und seine Neffen Alphart, Wolfhart und Rentwin, um ihnen von Dietrichs Ahnen zu erzählen. Er vermutete nämlich zu Recht, daß auch seine drei jungen Verwandten wenig über ihre eigenen Vorfahren wußten.

Vor langer Zeit, so begann der Waffenmeister, herrschte in Konstantinopel König Anzius über die Griechen und viele andere Völkerscharen. Er starb, als sein einziger Sohn mit Namen Hugdietrich noch sehr jung war. Deshalb sorgte Herzog Berchtung von Meran, der einst selbst von Anzius erzogen worden war und in Konstantinopel das Waffenhandwerk und die Kunst der Kriegführung erlernt hatte, für den Knaben und war ihm ein getreuer Lehrmeister.

Als Hugdietrich erwachsen war, zog Berchtung auf seine Burg Lilienporte bei Meran. Er heiratete und führte ein zufriedenes Leben, das Ehepaar bekam nach und nach insgesamt sechzehn Söhne. Berchtung blieb aber seinem Herrn treu ergeben und stellte sich immer ein, wenn dieser Hilfe und Unterstützung brauchte. Auch Hugdietrich heiratete, und zwar eine Schwester des Hunnenfürsten Botelung. Sie war zwar Heidin, doch nahm sie viele christliche Gewohnheiten an. Auch ihre Kinder – sie bekam zwei Söhne – wurden getauft. Als sie ihr drittes Kind erwartete, mußte ihr Gemahl in einen Krieg ziehen.

Während der Abwesenheit Hugdietrichs mußte die Königin die Regierungsgeschäfte leiten. Als Ratgeber ließ der König Herzog Saben zurück, der einst mit der Königin aus dem Land ihres Bruders gekommen war. Berchtung hatte zu dieser Wahl geraten, doch sollte sich das als schlechter Ratschlag erweisen. Denn Saben, ein hinterlistiger, aber feiger Mann, begehrte die Königin. Als sie ihn entrüstet abwies, schwor er ihr Rache.

Während Hugdietrich auf dem Feldzug war, gebar die Königin ihr drittes Kind, es war wieder ein Knabe. Als das Kind wenige Tage alt war, kam ein Einsiedler nach Konstantinopel in den königlichen Palast. Der taufte den Knaben auf den Namen Dietrich und schenkte ihm ein wundertätiges Hemd: Das paßte sich in der Größe seinem Träger an, außerdem konnten weder Schwerthiebe noch Bisse wilder Tiere oder Drachen durchdringen. Auch berichtete er der Königin, was er im Traum über die Zukunft des Kindes erfahren hatte. Es werde sich, so hatte er gesehen, aus eigener Kraft ein Königreich und eine Königin erringen, er sei also nicht auf das väterliche Erbe angewiesen.

Das Kind wuchs heran und war schon bald der Liebling seiner Eltern. Denn es zeigte sehr früh ungewöhnliche körperliche und geistige Kräfte. Aber gerade das war sein Unheil. Unter den Hofleuten und den Bewohnern der Stadt begannen Gerüchte zu schwirren, weil Dietrich größer, stärker und klüger war als seine älteren Brüder. Dies hörte auch Saben und wußte dieses Gerede listig für seine Rache zu nutzen.

»Herr, ich will Euch keinen Schmerz bereiten«, sagte er deshalb eines Tages zu Hugdietrich. »Doch betrachtet einmal Euren jüngsten

Sohn. Er ist schon jetzt größer und stärker als seine älteren Brüder. Ich fürchte, ich muß Euch jetzt doch über eine Beobachtung berichten, die ich bisher nicht für wahr halten wollte.«

»Sprich!« forderte ihn Hugdietrich unwirsch auf, denn diese umständliche Vorrede weckte in ihm arge Befürchtungen.

»Ich glaube, daß Dietrich nicht Euer Sohn ist. Wenn Ihr nicht in Konstantinopel wart, habe ich die Königin immer wieder nach dem Teufel rufen gehört. Ich fürchte, sie hat unerlaubten Umgang mit ihm. Ihr als Heidin wird dies vielleicht nicht so arg erschienen sein«, setzte er noch scheinheilig hinzu.

Der König brauste empört auf und verteidigte die Tugend der Königin, doch begann er jetzt seinen jüngsten Sohn mit Mißtrauen zu betrachten. Und Saben ließ nichts unversucht, um diesen Argwohn zu verstärken. Bald schon glaubte Hugdietrich seinem ungetreuen Ratgeber und wollte sich seines Kindes – denn es war wirklich sein eigenes – entledigen. Und wieder wußte Saben Rat: Berchtung, der doch dem König so treu ergeben war, sollte die Tat ausführen. Schweren Herzens – denn insgeheim liebte Hugdietrich noch immer seinen Sohn – sandte er nach Berchtung.

Als dieser in Konstantinopel ankam, gab ihm der König sofort den Befehl, den Knaben mit sich zu nehmen und fernab der Hauptstadt zu töten. Berchtung wollte sich weigern, doch Hugdietrich schrie wütend:

»Wenn du es nicht tust, lasse ich deine ganze Familie hinrichten. Meinen Befehl wird dann eben ein anderer ausführen. Außerdem habe ich Beweise dafür, daß Dietrich mir nur unterschoben wurde und gar nicht mein Sohn ist.«

Um seine Familie nicht zu gefährden, gehorchte Berchtung schließlich. Als ihm der König eines Nachts das schlafende Kind brachte, ritt er sofort mit dem Knaben weg. Doch zögerte er viele Stunden, den schrecklichen Befehl auch zu befolgen. Als es schon Tag war, kam er zu einer Wiese, die an einem Weiher gelegen war. Dort wollte er die Tat ausführen und den toten Körper dann in das Wasser werfen. Zuvor ließ er Dietrich noch ein wenig auf der Wiese spielen, denn insgeheim hoffte er, daß der Knabe ins Wasser fallen und ertrinken werde; dann mußte er ihn nicht selbst töten.

Das Kind spielte aber fröhlich und ohne Furcht neben dem Wasser, obwohl es niemanden sah, weil sich Berchtung versteckt hatte. Dieser konnte es einfach nicht über sich bringen, Dietrich zu töten. Als es Abend wurde, zeigte der Knabe noch immer keine Angst, er verlangte auch nicht nach Speise und Trank. Viele Waldtiere kamen zu dem kleinen Teich, um daraus zu trinken, und Dietrich saß mitten unter ihnen. Schließlich schlich auch ein großes Rudel grauer Wölfe auf die Lichtung. Berchtung, der alles beobachtete, glaubte seinen Augen nicht zu trauen: Die Wölfe griffen das Kind nicht an, sondern beschnupperten ihn zuerst und bildeten dann friedlich einen Kreis um Dietrich. Der aber spielte mit ihnen, als ob er die wohlerzogenen Hunde vom Hof in Konstantinopel vor sich habe.

Dieser Vorfall erschien Berchtung wie ein Gottesurteil. Er beschloß, den Königssohn nicht zu töten, sondern mit sich auf seine Feste zu nehmen und ihn dort mit seinen eigenen Söhnen zu erziehen; die Herkunft des Kindes sollte aber geheim bleiben. Doch da er nicht wissen konnte, was das Schicksal für ihn bereithielt, wollte er Dietrichs Abkunft und seine Abenteuer schriftlich festhalten lassen. Außerdem änderte er den Namen des Kindes in Wolfdietrich – zur Erinnerung daran, daß ihm die Wölfe nichts zuleide getan hatten, aber auch, um seine Spur besser zu verbergen.

In Konstantinopel trauerte inzwischen nicht nur die Königin um ihren Sohn, auch Hugdietrich begann zu bereuen, daß er den Knaben dem Tod überantwortet hatte. Doch statt Saben zu grollen, der ihm listig den Plan dazu eingeflüstert hatte, wandte sich sein Ärger gegen Berchtung. Und auch daran war Saben schuld: Er hatte nämlich dem König eingeredet, daß der getreue Herzog nur zu der Tat bereit gewesen sei, weil er in Wahrheit nach der königlichen Macht strebe.

»Da seht ihr, meine jungen Freunde, wie gefährlich schlechte Ratgeber sind«, sagte da Hildebrand belehrend. »Sie vergiften nicht nur das Herz und das Gemüt, sondern träufeln auch Gift ins Gehirn, bis der, der ihnen zuhört, nicht mehr denken kann.« Hildebrand ahnte nicht, daß er selbst und mit ihm Dietrich und viele andere unter der Ränke eines schlechten Ratgebers leiden würden.

Hugdietrich lud – auf Ratschlag Sabens – den Herzog von Meran mit allen Söhnen, die schon erwachsen waren, zu einem Fest ein. Doch beim Mahl ließ er sie alle gefangennehmen und des Mordes an seinem jüngsten Sohn anklagen. Die Königin zwang er, sich dieser Anklage anzuschließen. Sie konnte zwar nicht glauben, daß der getreue Berchtung wirklich ihren Sohn aus freien Stücken getötet oder daß er nach dem Thron gegriffen habe. Doch konnte sie gegen den Befehl ihres Gemahls nichts ausrichten.

Bei der Gerichtsverhandlung aber, bei der er zu Tode verurteilt werden sollte, ließ Berchtung das Schreiben verlesen, das er seinem Schreiber und Hofkaplan diktiert hatte. Darin wurde das Schicksal Wolfdietrichs genau geschildert. Als nun Hugdietrich erfuhr, daß Berchtung seinen Sohn gerettet hatte, erkannte er endlich, welch falscher Ratgeber Saben war. Nur die Fürsprache Berchtungs rettete diesem das Leben. Doch mußte er mit seiner Frau sofort das Reich Hugdietrichs verlassen.

Berchtung aber kehrte hochgeehrt und reich beschenkt nach Lilienporte zurück. Er sollte dort Wolfdietrich mit seinen eigenen Söhnen erziehen und ausbilden, da Hugdietrich wußte, daß niemand für diese Aufgabe besser geeignet war. Der Herzog versprach, den Königssohn wieder nach Konstantinopel zu bringen, wenn er erwachsen war und seine künftigen Aufgaben im Reiche seines Vaters erfüllen konnte. Die Königin aber gab ihm das wundertätige Hemd für ihren Sohn mit, auch berichtete sie Berchtung von der Weissagung des Einsiedlers.

Wolfdietrich wuchs nun im Hause Berchtungs auf und betrachtete ihn und die Herzogin als seine echten Eltern. Er erinnerte sich gar nicht an Konstantinopel oder seine leiblichen Eltern. Bald war er der stärkste unter den siebzehn jungen Männern, obwohl er der jüngste war. Sein Tatendrang war viel größer als der seiner Brüder, wie er sie nannte, auch lernte er schneller und mehr als sie. Denn Berchtung schaute darauf, daß der Jüngling in allen Fertigkeiten unterrichtet wurde, die ein König braucht.

Als Wolfdietrich schon fast erwachsen war, drang die Kunde zu Berchtung, daß König Hugdietrich im Sterben lag. Sofort eilte er zu seinem ehemaligen Schüler und traf ihn noch lebend an. Hugdietrich bat nochmals um Vergebung dafür, daß er ihn einst so schlecht behandelt hatte. Dann forderte er von Berchtung das Versprechen, daß sich dieser um die Königin und alle seine Söhne kümmern werde. Nachdem Berchtung dies durch einen feierlichen Eid geschworen hatte, verschied Hugdietrich.

Der Herzog von Meran sah es für seine Pflicht an, wenigstens für einige Zeit der Königin zur Seite zu stehen, deshalb sandte er nur einen Boten nach Lilienporte, um seine lange Abwesenheit zu erklären. Doch seines Bleibens in Konstantinopel sollte nicht lange sein. Inzwischen hatte Saben vom Tode Hugdietrichs erfahren und eilte sofort nach Konstantinopel, wo er noch viele Anhänger hatte. Denn er hatte so manchen Gefolgsmann des Königs durch reiche Schenkungen für sich gewonnen. Daß diese Geschenke aus der Schatzkammer des Königs kamen, wurde nie entdeckt, weil er den Verwaltern der Schätze gleichfalls große Gaben zukommen ließ.

Bald schon verlangten viele Fürsten, daß Saben wieder in den Kreis der Berater der Königin und der beiden Königssöhne, die am Hof lebten, aufgenommen werde. Lange lehnte die Königin dieses Ansinnen ab, weil sie Saben nicht traute, obwohl er einst als ihr persönlicher Gefolgsmann nach Konstantinopel gekommen war. Doch schließlich gab sie den wiederholten dringenden Forderungen nach. Berchtung, der seine seinerzeitige Milde gegenüber Saben schon längst bedauerte, machte ihr heftige Vorwürfe. Doch sie verteidigte sich:

»Ich kann nicht anders, denn ich muß auf die Meinung jener Fürsten Rücksicht nehmen, die immer hier am Hof leben. Ihr werdet ja bald auf Eure eigene Burg zurückkehren. Aber ich lebe hier und kann nicht gegen den Willen meiner Berater zu herrschen versuchen. Auch meine beiden Söhne, die die Erben des Königreichs sind, wünschen sich Saben als Berater und Freund.«

»Ich kann Euch vor diesem Mann nur warnen«, sagte da Berchtung. »Ich fürchte, daß Ihr Eure Entscheidung schon bald sehr bedauern werdet. Doch da dies Euer Wille ist, kann ich nichts dagegen machen. Ich aber werde jetzt wirklich heimreisen, denn Saben und ich haben gemeinsam im Kreis Eurer Berater keinen Platz.«

Berchtung behielt mit seinen düsteren Ahnungen recht. Wieder setzte Saben Gerüchte über die Königin und deren jüngsten Sohn in die Welt. Und nicht nur die Ratgeber schenkten diesen Gerüchten Glauben, sondern auch die beiden älteren Söhne Hugdietrichs. Denn ihr falscher Freund Saben hatte ihre Gier und ihren Neid geweckt und ihnen erzählt, daß sie schließlich ihr Erbe mit Wolfdietrich teilen müßten, wenn er als ihr Bruder anerkannt werde. Und so fällten die beiden jungen Könige aus Habgier den Richterspruch über die Mutter und verjagten sie aus dem Land.

Erschöpft kam sie nach langer Wanderung in Lilienporte an, da sie hoffte, bei Berchtung eine neue Heimat zu finden. Sie sehnte sich auch nach ihrem jüngsten Sohn, den sie viele Jahre nicht gesehen hatte. Berchtung erkannte die Königin zuerst gar nicht, so verhärmt und elend sah sie aus. Doch schließlich konnte sie ihn überzeugen, daß sie wirklich diejenige war, für die sie sich ausgab. Berchtung fand zwar, daß sie an ihrem Unglück mitschuldig war, denn er hatte sie schließlich vor Saben gewarnt. Trotzdem nahm er sie bei sich auf, denn er fühlte sich noch immer an den Eid gebunden, den er Hugdietrich geleistet hatte.

Die Ankunft der Königin brachte eine große Wende in Wolfdietrichs Leben. Denn jetzt erst erfuhr er seine wahre Herkunft, jetzt erst wurde ihm klar, warum er so viel mehr lernen mußte als seine vermeintlichen Brüder. Er begann auch zu ahnen, daß er zu großen Taten berufen war und deshalb viel stärker war als alle anderen.

Als die Königin berichtet hatte, wie es ihr nach der Abreise Berchtungs aus Konstantinopel gegangen war, flammte in Wolfdietrich sofort ein ungeheurer Zorn auf.

»Ich will nach Konstantinopel ziehen und Saben für seine Schurkenstreiche bestrafen. Denn jetzt bin ich erwachsen und stark genug dafür!« rief er in wildem Grimm aus.

Vergeblich versuchte Berchtung, ihn von seinem Vorhaben abzubringen. Der alte Held ahnte nämlich, daß Saben viel größere Heerscharen aufstellen könnte, als es ihm selbst oder Wolfdietrich gelingen würde. Doch als der Königssohn von seinem Plan nicht abließ und sogar erklärte, er werde eben allein nach Konstantinopel reisen, gab Berchtung schließlich nach. Er und jeder seiner sechzehn Söhne bewaffneten je tausend Mann. Nach zwölf Wochen der Vorbereitung war die beachtliche Streitmacht zum Aufbruch bereit. Wolfdietrich fiel der Abschied von der Mutter, die er erst seit so kurzer Zeit kannte, sehr schwer. Sie aber richtete nur eine Bitte an ihn: Er solle seine Brüder schonen, wenn er im Kampf der Sieger sei.

Verwirrt beugte sich Katharina über einen Atlas. Jetzt kannte sie sich überhaupt nicht mehr aus.

»Großvater, hat es Konstantinopel wirklich gegeben?« fragte sie.

»Ja, jetzt heißt die Stadt Istanbul. Man hat sie auch Byzanz genannt.«

»Aber Meran ist doch in Südtirol. Mit Pferden oder Pferdewagen braucht man sicher endlos lange von Südtirol in die Türkei. Wieso kommen die Leute in dieser Geschichte dann immer so schnell hin? Wieso kann eine Frau alleine überhaupt diesen Weg schaffen?«

»Da ist sicher den Sängern, die die Geschichte immer wieder erzählt haben, die Geographie durcheinandergekommen. Ich weiß nicht, ob es eine Burg Lilienporte überhaupt gegeben hat. Aber wenn sie existiert hat, dann war sie sicher nicht in Südtirol.«

Katharina war zufrieden und beschloß, sich um solche Kleinigkeiten wie Entfernungen überhaupt nicht mehr zu kümmern. Es war ja schließlich gleichgültig, ob ihre Helden zehn, hundert oder tausend Kilometer von einem Abenteuer zum nächsten reiten mußten.

Schon bald nach dem Aufbruch der Streitmacht erfuhr Saben vom Nahen des Heeres. In wenigen Tagen versammelte er ein gewaltiges Heer, das jenem von Berchtung weit überlegen war. Er ließ es auf der Kuppe eines Hügels Aufstellung nehmen, da immer jene Krieger im Vorteil sind, die einen Hang hinunterstürmen können und sich nicht mühevoll den Abhang hinaufarbeiten müssen.

Bald begann ein furchtbares Ringen. Da pfiffen die Schwerter ein schauriges Lied durch die Luft, die Sonnenstrahlen fielen auf blitzende Klingen. Berchtung, seine Söhne und ihre Mannen kämpften zwar tapfer, doch das Heer der Griechen war ihnen weit überlegen. Für jeden Gefallenen oder Verwundeten konnte Saben zwei ausgeruhte Männer in das Gefecht senden. Trotzdem wogte der Kampf einige Stunden unentschieden hin und her, denn Wolfdietrich hauste fürchterlich unter seinen Gegnern. Sein Schwert verschonte niemanden, er führte es so schnell, daß die einzelnen Hiebe kaum voneinander zu unterscheiden waren. Keiner der Griechen war seiner Stärke gewachsen.

Da öffnete sich eine Gasse im Heer der Griechen, durch die Wolfdietrich die Anführer – Saben und seine beiden Brüder – erblickte. Nun glaubte er, daß das gegnerische Heer zurückweiche. Er wollte sich zu Saben durchkämpfen. Doch der hatte eine List angewandt, als er die Gasse in seinem Heer öffnen ließ. Wolfdietrich war plötzlich von seinen Gefährten abgeschnitten und von feindlichen Griechen umzingelt. Schon dachte er, daß er das Schlachtfeld nicht lebend verlassen werde. Da gelang es Berchtung im letzten Augenblick, sich mit einem Trupp Getreuer zu ihm durchzuschlagen und ihn zu befreien.

Der Einbruch des Abends rettete Berchtungs und Wolfdietrichs Gefolgsleute vor der vollständigen Vernichtung. Der unerfahrene Wolfdietrich wollte den Kampf am nächsten Tag fortsetzen. Denn da er für eine gerechte Sache stritt, glaubte er fest daran, daß ihm schließlich der Sieg zufallen müsse. Doch Berchtung wußte, daß ihnen nur mehr die Flucht nach Lilienporte blieb, wenn sie überleben wollten. Denn viele Tausende ihrer Ritter und Gewappneten waren gefallen. Auch sechs der Söhne Berchtungs hatten den Kampf nicht überlebt.

Als Wolfdietrich vom Tod seiner Ziehbrüder erfuhr, willigte er schweren Herzens in die Flucht ein. In gewaltigen Tagesmärschen erreichten die Überlebenden Berchtungs Burg – gerade rechtzeitig, um die Feste für eine Belagerung auszurüsten. Denn Saben hatte schon bald bemerkt, daß seine Gegner entkommen waren, und setzte ihnen mit dem Großteil seines Heeres nach.

Nun begann eine lange Belagerung. Lilienporte war so gut ausgerüstet und befestigt, daß die Feinde die Burg nicht einnehmen konnten. Aber der Ring der Belagerer war so dicht, ihre aufmerksamkeit war so groß, daß die Belagerten keine Hoffnung sahen, sie zu vertreiben. So ging es drei Sommer und drei Winter.

Da konnte Wolfdietrich das untätige Abwarten nicht länger ertragen. »Ich will mich aus der Burg schleichen und versuchen, Hilfe für uns zu finden«, sagte er eines Tages zu Berchtung. »Vom Lampartenkönig Ornit berichtet man, er sei der mächtigste Herrscher der Welt und immer bereit, Unterdrückten zu Hilfe zu eilen. Deshalb will ich zu ihm ins Lampartenland reiten.«

»Laß ab von diesem Vorhaben«, erwiderte der Burgherr. »Meine Späher haben mir berichtet, daß in Sabens Heer Unzufriedenheit herrscht, weil die lange Belagerung dem Kriegsvolk weder Ehre noch Beute bringt. Auch wüten verschiedene Krankheiten im Heer, Saben wird also die Belagerung nicht mehr lange aufrechthalten können.«

»Und was geschieht, wenn du unrecht hast? Unsere Vorräte werden zur Neige gehen, dann müssen wir uns ergeben. Nein, mein Entschluß steht fest. Am nächsten Abend soll ein Trupp einen Ausfall beim Haupttor machen, dann kann ich leicht bei der Hinterpforte entkommen. Aber ich schwöre dir beim Blut meiner Ziehbrüder, die im Kampf für mein Recht gestorben sind, daß ich hierher zurückkehren werde. Ich werde keine Frau nehmen und mir keine dauerhafte Ruhe gönnen, bis ich nicht dich und meine Gefährten befreit habe.«

Wolfdietrichs Fluchtplan wurde auch wirklich durchgeführt. Er zog das wundertätige Hemd an, das seine Mutter von dem Einsiedler für ihn bekommen hatte. Dann wappnete er sich mit der Rüstung und dem Schwert seines Vaters, beides hatte Berchtung für ihn aufbewahrt. Als schließlich ein Trupp der Eingeschlossenen mit großem Geschrei aus dem Tor sauste, konnte Wolfdietrich mit seinem Pferd unbemerkt durch die schmale Pforte schlüpfen, auf die kein Belagerer achtete. Und nun machte er sich auf den langen Weg zu König Ornit.

Der aber lebte nicht mehr. Durch die Belagerung hatten jedoch weder er noch Berchtung erfahren, daß Ornit in der Zwischenzeit das Opfer eines Drachen geworden war.

Der junge Held ritt die ganze Nacht hindurch, um so schnell wie möglich aus der Nähe der Burg und damit der Belagerer zu kommen. In der Dunkelheit nahm er jedoch einen falschen Pfad, und als der Morgen graute, fand er sich in einer unbekannten, unwegsamen Gegend wieder. Nun mußte er auf sein Glück und seinen guten Stern vertrauen, wenn er den Weg ins Lampartenreich finden wollte. Viele Tage irrte er umher, er gönnte sich und seinem Pferd nur die notwendigsten Ruhepausen. Er kam durch finstere Wälder und ritt über felsige Gebirge. Bald gingen die Vorräte zur Neige, die er von Lilienporte mitgetragen hatte. Doch nirgends fand er ein Haus, wo er um ein Stückchen Brot bitten konnte. Mühsam ernährte er sich von Wurzeln und Beeren, denn die Wälder schienen wie verhext, es zeigte sich kein Reh und kein Hirsch, nicht einmal ein armseliger Hase.

Wolfdietrich wußte vor Erschöpfung nicht mehr, wie viele Tage er bereits den Weg ins Lampartenreich suchte. Sein Pferd war ebenso entkräftet wie er, schließlich mußte er absteigen und das Roß am Zügel führen. Da hörte er in der Ferne ein wildes Rauschen und Dröhnen, doch konnte er nicht erkennen, was dieses Geräusch bedeuten sollte. Mit schleppenden Schritten ging er den Hügel hinunter, da er hoffte, daß der Lärm die Nähe von Menschen ankündige. »Bei Menschen kann ich auch Nahrung finden«, war sein einziger bewußter Gedanke.

Da wich plötzlich der Wald zurück, und er sah das Meer vor sich liegen. Er hatte die Wellen gehört, die an den Strand schlugen. Doch weit und breit war kein Mensch zu sehen. Eine prächtige, frische Wiese breitete sich vor ihm bis zum Strand aus. Erschöpft sank er zu Boden und merkte gerade noch, daß sein Pferd zufrieden vom grünen Gras fraß. Dann fiel er vor Hunger und Durst in Ohnmacht.

Als er erwachte, sah er zuerst erstaunt zum Himmel. Die Sonne stand schon tief, aber er glaubte sich schwach zu erinnern, daß er bei strahlender Mittagssonne die Wiese gefunden habe. Ein Blick in die

Runde vertrieb allerdings alle Gedanken aus seinem Kopf. Neben ihm saß eine unsagbar häßliche Frau, das häßlichste Wesen, das er je gesehen hatte. Zottige, schmutzige Haarsträhnen hingen ihr bis tief auf den Rücken. Aus ihrem breiten Mund ragten die Zähne gleich Hauern. Sie trug kein Gewand, sondern ihr Körper war mit großen Schuppen bedeckt. Das Wesen schimpfte mit rauher Stimme los, als Wolfdietrich die Augen öffnete:

»Was machst du hier in meinem Eigentum? Weißt du denn nicht, daß es verboten ist, diesen Strand zu betreten?«

»Verzeih«, murmelte Wolfdietrich mit schwacher Stimme. »Ich irre seit Tagen ohne Nahrung hier in der Gegend umher. Mein Pferd und ich sind ganz entkräftet, wir haben uns nur mehr hier an den Strand schleppen können. Ich wollte nicht in dein Eigentum eindringen.«

Die Meerfrau nickte einige Male – es sah aus, als ob ihr der Kopf vom dürren Hals fallen wollte. »Ich werde dir vielleicht helfen«, meinte sie etwas freundlicher. »Du mußt mir aber sagen, wer du bist.«

Wolfdietrich erzählte also seine ganze Lebensgeschichte. Der Bericht dauerte lange, weil er sehr schwach war und ihm die Zunge vor Durst schier am Gaumen klebte.

Da reichte ihm die häßliche Frau eine Wurzel und sprach:

»Iß davon, dann werden nicht nur deine Kräfte wiederkehren, du wirst sogar stärker als je zuvor. Gib auch deinem Pferd von der Wurzel zu fressen, wenn es dich wieder tragen soll.«

Mißtrauisch biß Wolfdietrich in die Wurzel, und wirklich, er spürte, wie neue Kraft durch seine Adern rann. Auch das Pferd wieherte nach nur wenigen Bissen freudig auf und tänzelte auf der Wiese umher, als habe es viele Tage im Stall seine Kräfte gesammelt.

»Ich habe dir geholfen, nun will ich auch etwas von dir«, sagte die Meerfrau. »Heirate mich, es wird dein Schaden nicht sein.«

Wolfdietrich fiel vor Schreck fast die Wurzel aus der Hand, von der er eben abbeißen wollte. Nein, dieses Ungeheuer, diese häßliche Frau wollte er nicht heiraten. Da fiel ihm zum Glück das Versprechen ein, das er Berchtung gegeben hatte.

»Ich darf nicht heiraten, bevor ich nicht Berchtung und seine Söhne aus Lilienporte gerettet habe«, sagte er und freute sich, daß er nicht einmal zu einer Lüge Zuflucht nehmen mußte.

Da schüttelte das merkwürdige Wesen wieder den Kopf. Und mit einem Mal fielen die Schuppen von ihm ab, um den schlanken Körper schmiegte sich plötzlich ein Gewand aus meergrüner Seide. Weiche Haare lockten sich um den Kopf, das Gesicht war mit einem Mal von berückender Schönheit.

»Gefalle ich dir jetzt besser? Bist du jetzt bereit, mir die Hand zum Ehebunde zu reichen?« fragte sie mit warmer, klingender Stimme. Doch obwohl ihm diese Frau unendlich gefiel, blieb Wolfdietrich fest. Er durfte nicht das Vertrauen Berchtungs enttäuschen.

»Ich weiß, daß du einer anderen Frau zum Manne bestimmt bist«, sagte da die schöne Erscheinung. »Ich wollte dich nur auf die Probe stellen. Du hast sie bestanden, so will ich dir nochmals helfen und dir eine Zauberwurzel als Wegzehrung mitgeben. Doch überlege gut, wann du von ihr ißt. Nimm sie nur in höchster Gefahr zu dir, wenn du übermenschliche Kräfte brauchst.«

Dann zeigte ihm die Meerfrau die Richtung zum Lampartenreich und verschwand. Wolfdietrich aber trabte fröhlich den Strand entlang, wie ihm seine Retterin gesagt hatte. Jetzt glaubte er an seinen Erfolg, jetzt war er sicher, daß er mit Hilfe von König Ornit seinen Ziehvater und dessen Söhne befreien könnte.

Doch wie groß war seine Enttäuschung, als er in die erste Stadt des Lampartenreiches kam und das Schicksal von König Ornit erfuhr! Der König, so erzählte man ihm, war vor mehr als einem Jahr von seiner Lieblingsstadt Garda aus zum Kampf gegen eine Drachenbrut aufgebrochen, die das Land verwüstete. Seither hatte man nichts mehr von ihm gesehen oder gehört. Die Drachen hatten ihn getötet. Seine Gemahlin, Königin Liebgart, wurde nun von den Fürsten und Herren des Lampartenreiches bedrängt, sich nach dem Ende des Trauerjahres wieder einen Gemahl zu wählen. Denn das Land brauchte einen König.

Lange hatte sich Liebgart gegen dieses Ansinnen gewehrt, denn sie wollte ihrem Gemahl die Treue halten. Doch schließlich gab sie nach, knüpfte aber eine Bedingung an ihr Einverständnis. Sie wollte nur denjenigen heiraten, der die Drachen tötete und damit König Ornit rächte. Bisher waren schon einige Ritter zu diesem Kampf ausgezogen, doch keiner war zurückgekehrt.

Als Wolfdietrich dies hörte, dachte er sofort an die Prophezeiung des Einsiedlers, der ihn getauft hatte. Hier war die Gelegenheit, sich ein Königreich und eine Königin zu erkämpfen. Und wenn er den Sieg davontrug, war er auch mächtig genug, um den Belagerungsring um Lilienporte zu sprengen.

Also ließ er sich den Weg nach Garda erklären und zog los, um das Drachennest zu suchen. In der Nähe von Garda fand er einen Jäger, der ihm den Weg wies, aber gleichzeitig eine ernste Warnung aussprach. Doch Wolfdietrich wollte sich sein Königreich erwerben und vertraute auf sein wundertätiges Hemd und die Wurzel der Meerfrau. Also suchte er siegesgewiß nach den Drachen. Da hörte er plötzlich ein wildes Fauchen und Brüllen und ritt dem Lärm nach. Ein unerwarteter Anblick bot sich ihm dar! Ein Löwe und ein Drache kämpften auf Leben und Tod miteinander. Gerade als Wolfdietrich vom Pferd sprang, packte der Drache den Löwen mit seinem riesigen Maul und wollte ihn fortschleppen.

Da stürmte der Held auf den Drachen zu und wollte ihm sein Schwert in die Seite stoßen. Doch ach! Die Drachenhaut war viel zu stark, das Schwert drang nicht durch. Der Drache hatte aber den Angriff gespürt und wandte sich dem neuen Feind zu. Mit einem einzigen Hieb seiner Tatze zerschmetterte er Wolfdietrichs Schild und Schwert, dann wollte er ihn packen. Da aber sprang ihn der Löwe an. Doch selbst gegen zwei Feinde gleichzeitig blieb das Untier siegreich. Es packte den Löwen wieder mit dem Maul und schlang seinen langen Schwanz um Wolfdietrich. So zerrte es die beiden Gegner in seine Höhle, wo die Drachenjungen auf Nahrung warteten.

Sofort machten sie sich über den Löwen her, dann fraßen sie auch Wolfdietrichs Pferd auf, das der Drache vor seiner Höhle gefunden hatte. An Wolfdietrichs Rüstung aber bissen sie sich die Zähne aus, und selbst der alte Drache vermochte nicht das wundertätige Hemd zu durchdringen. So ließen der alte und die fünf jungen Drachen von Wolfdietrich ab, da sie für den Augenblick gesättigt waren. Die schlechte Luft aber und der furchtbare Gestank der Drachen nahmen dem Helden den Atem, daß er in einen einer Ohnmacht ähnlichen Schlaf versank.

Als er erwachte, konnte er kaum seine Gedanken ordnen, denn der Gestank der Drachen umnebelte noch immer seine Sinne. Wie blind tastete er um sich, da er in der stockdunklen Höhle nichts sah. Da fühlte er einen Schwertgriff unter seinen Fingern, und als er die Waffe zu sich zog und ein wenig schüttelte, fiel der Staub ab und ein Karfunkelstein begann zu leuchten. »Das muß das Schwert von König Ornit sein«, dachte Wolfdietrich erleichtert, weil er nun nicht mehr wehr- und waffenlos war. Sofort erhob er sich, und jetzt endlich erinnerte er sich an die Zauberwurzel. Er aß von ihr und fühlte, wie seine Kräfte wieder zurückkehrten. Dann erstach er die Drachenjungen, die nach der üppigen Mahlzeit in tiefem Schlaf lagen.

Der alte Drache aber, der aus der Höhle gekrochen war, hörte draußen den Lärm und wollte sich auf Wolfdietrich stürzen. Der aber rammte, gestärkt durch die Zauberkraft der Wurzel, dem Untier das Schwert Ornits tief in den Schlund. Einige Zuckungen machte der Drache noch – dann war auch er tot.

Tief atmete Wolfdietrich die herrliche Luft des Waldes ein und gedachte dankbar der Meerfrau, die ihm mit ihrer Wurzel gleich zweimal das Leben gerettet hatte. Dann machte er sich eine Fackel und untersuchte die Höhle. Dort fand er die Gebeine und die Rüstung des getöteten Königs sowie einen Ring, den er an sich nahm. Er begrub die Überreste Ornits und schnitt den Drachen die Zungen ab, um einen Beweis dafür zu haben, daß er sie getötet hatte. Dann machte er sich zu Fuß auf den mühevollen Weg nach Garda.

Während er aber unterwegs war, kam Herzog Wildung, einer der Fürsten des Lampartenreiches, mit großem Gefolge zu der Drachenhöhle. Denn er wollte Königin Liebgart erobern und deshalb den Kampf mit den Untieren wagen. In der Nähe der Höhle ließ er seine Leute warten, um selbst zuerst Umschau zu halten. Wie staunte er aber, als er den toten Drachen vor der Höhle fand. Sofort hieb er ihm den Kopf ab, dann wagte er sich in die Höhle. Dort hieb er auch den Drachenjungen die Köpfe ab. Schließlich fand er noch die Rüstung von König Ornit, die Wolfdietrich liegengelassen hatte, und nahm sie an sich.

Mit dieser Beute kehrte er nach Garda zurück und verlangte von Königin Liebgart, daß sie ihr Versprechen halte. Denn Wildung tat so, als habe er selbst die Drachen getötet. Schweren Herzens mußte Liebgart den Vorbereitungen zur Hochzeit zustimmen. Sie wunderte sich zwar, daß ausgerechnet Wildung die Drachen bezwungen hatte, denn der Herzog hatte sich niemals durch besondere Tapferkeit ausgezeichnet. Die Drachenhäupter schienen aber ein unwiderlegbarer Beweis seiner Heldentat.

Am Vorabend der Hochzeit kam endlich auch Wolfdietrich in das festlich geschmückte Garda. Als er erfuhr, daß sich Wildung als Drachentöter feiern ließ und die Königin heiraten wollte, packte ihn großer Zorn. Diesem Aufschneider und Lügenbold wollte er die Suppe kräftig versalzen. Das Lampartenreich und Königin Liebgart waren vom Schicksal ihm selbst und niemandem sonst bestimmt, das fühlte er deutlich.

Gehüllt in einen weiten Mantel, den er sich von einem freundlichen Wirt in einer Herberge ausgeborgt hatte, schlich er zum Palast der Königin. Dort war ein großes Fest im Gange, bei dem es die herrlichsten Speisen im Überfluß gab. Auch der Wein floß reichlich. Beschwingt vom edlen Tropfen, begann Wildung mit seinem angeblichen Sieg über die Drachen zu prahlen und erfand eine unheimliche Geschichte über den schweren Kampf mit ihnen. Da riß Wolfdietrich der Geduldsfaden.

»Ei, edler Herr«, rief er so laut, daß er den fröhlichen Lärm des Festes übertönte. »Ihr habt in Wahrheit wohl mit kranken Tieren gekämpft?«

»Wer wagt es, mich zu schmähen?« fuhr da Wildung auf.

»Ich, Herr«, rief Wolfdietrich und warf seinen Mantel von sich. Da stand er in seiner Rüstung, das Schwert Ornits an der Seite, und alle staunten über diesen edlen, schönen jungen Mann. »Die Drachen müssen wohl krank gewesen sein, denn sie hatten keine Zungen im Maul«, fuhr Wolfdietrich fort.

»Du lügst«, tobte Wildung, doch Wolfdietrich sagte ganz ruhig: »Seht doch nach und laßt auch die Königin einen Blick auf die Drachenköpfe machen.« Die Häupter der Untiere waren nämlich im Saal ausgestellt. Alle drängten herbei und stellten erstaunt fest, daß den Drachen wirklich die Zungen fehlten.

»Ich habe sie«, erklärte Wolfdietrich stolz und zeigte sie der Königin. »Denn in Wahrheit habe ich die Drachen getötet. Da fand ich auch die Gebeine von König Ornit, die ich begraben habe. Diesen Ring aber habe ich mitgenommen, um ihn Euch vorweisen zu können.«

Erleichtert atmete Liebgart auf, denn nun mußte sie nicht Wildung zum Gemahl nehmen. Der junge Mann, der sich als der wahre Drachentöter ausgewiesen hatte, gefiel ihr viel besser. Alle, die beim Fest anwesend waren, jubelten jetzt Wolfdietrich zu, der ihnen nun seine Geschichte erzählte. Damit wollte er beweisen, daß er ein würdiger Nachfolger des verstorbenen Königs der Lamparten war. Wildung aber schlich mit seinen engsten Gefolgsleuten beschämt weg.

Am nächsten Tag schon wurde die feierliche Hochzeit gefeiert. Denn Liebgart hatte Wolfdietrich überzeugen können, daß er erst als ihr Gemahl König und damit oberster Heerführer werden könne. Getreu seinem Versprechen an Berchtung gönnte sich der neue Lampartenkönig nach den Feierlichkeiten keine Ruhe, sondern rüstete so schnell wie möglich ein Heer aus, um die Feinde von Lilienporte zu vertreiben.

Doch er kam zu spät. Denn in der Zwischenzeit war es dem Heer der Griechen gelungen, die Festung zu erobern, Berchtung und seine zehn Söhne waren als Gefangene weggeschleppt worden. Dies alles erfuhr Wolfdietrich von einem Gefolgsmann Berchtungs, der sich in die Wälder hatte retten können. Sofort setzte der Lampartenkönig sein Heer nach Konstantinopel in Marsch; und diesmal konnte er Saben und seine Brüder überraschen. Die lange Belagerung hatte nämlich die königlichen Schatzkammern geleert, deshalb hatte Saben das Heer entlassen müssen.

Im Nu stürmte das Lampartenheer das fast schutzlose Konstantinopel. Saben versuchte zwar, die Bürger der Stadt als Verteidiger einzusetzen, doch diese waren der Herrschaft Sabens schon lange überdrüssig und begrüßten Wolfdietrich als ihren Befreier. Saben und die beiden Königssöhne wurden gefangengenommen, dann machte sich Wolfdietrich auf die Suche nach Berchtung und dessen Söhne. Er konnte aber nur mehr seine zehn Ziehbrüder befreien, da Berchtung die schlechte Behandlung während der Gefangenschaft nicht überlebt hatte. Und noch einen Kummer hatte das Schicksal für Wolfdietrich bereit: Seine Mutter war während der Belagerung in Lilienporte gestorben.

Nun hielt Wolfdietrich Gericht über Saben, der diesmal keinen Fürsprecher fand. Er wurde zum Tode verurteilt und hingerichtet. Seine beiden Brüder aber begnadigte der Lampartenkönig, getreu dem Versprechen, das er seiner Mutter gegeben hatte. Sie mußten ihm Treue und ewige Freundschaft schwören, dann durften sie ihr Reich behalten.

Dann aber zog es Wolfdietrich und die Lamparten zurück in die Heimat. Die Söhne Berchtungs, die nach wie vor die treuesten Gefolgsmänner Wolfdietrichs waren, wurden reich beschenkt. Einer von ihnen erhielt Garda – »und das ist mein und euer Ahn«, stellte Hildebrand fest. »Der Rest der Geschichte ist schnell erzählt: Wolfdietrich und Liebgart bekamen einen Sohn, den sie Amelung nannten. Der hatte wieder drei Söhne: Ermanerich, der älteste, bestieg nach seinem Vater den Kaiserthron in Romaburg. Er hat drei Söhne. Dietmar, der Vater von Dietrich und Diether, bekam, wie ihr wißt, das Lampartenreich. Der jüngste, Dieter, genannt Harlung, ist gleichfalls schon verstorben. Seine beiden Söhne, die man nach ihrem Vater die Harlunge nennt, leben in ihrem Erbe in Breisach am Rhein, betreut von Eckehart, dessen Ahn gleichfalls Berchtung war.

Das also ist die Geschichte von Dietrichs Ahnen. Und deshalb ist der König auch so bestrebt, ein gutes Verhältnis zu seinen Anverwandten zu erhalten. Denn diese Geschichte zeigt, wieviel Unheil gerade aus Feindschaft innerhalb einer Familie erwachsen kann.«

Alphart, Wolfhart und Rentwin gingen zufrieden in ihre Kammer. Sie waren stolz darauf, so wackere und treue Recken unter ihren Ahnen zu haben. Für Wittich aber bot die Geschichte reichlich Stoff zum Nachdenken. Er hatte immer danach gestrebt, Gefolgsmann des mächtigsten Königs zu werden. Dietrich war zwar der berühmteste Held des Abendlandes, aber nun wußte Wittich, daß er sich – wenn auch freiwillig – dem Kaiser und Oheim in Romaburg unterstellte. Und das ärgerte den ehrgeizigen Wittich.

Lange hatte er aber nicht Zeit, über Hildebrands Geschichte zu grübeln. Denn am übernächsten Tag zog das Heer aus, um den unbotmäßigen Herzog Rimstein zu bestrafen. Unterwegs stieß auch Dietleib mit einer tüchtigen Schar von Gewappneten zu Dietrich, und so reisten alle siegesgewiß nach Gerisheim am Rhein.

Doch dort kam ihr kühner Schwung jäh zum Stillstand. Denn die Feste des Herzogs war stark gebaut und hatte eine große Besatzung. Eine schnelle Eroberung war deshalb nicht möglich, Dietrich mußte sich vielmehr auf eine Belagerung einrichten. Das war nun gar nicht nach seinem Geschmack, da er die schnelle, kühne Tat liebte, nicht aber das untätige Warten vor einer feindlichen Burg. Doch blieb ihm keine andere Wahl, da er ja dem Kaiser einen Sieg versprochen hatte.

Einige Wochen vergingen. Die Belagerer versuchten immer wieder, mit großen Rammböcken das starke Burgtor zu durchstoßen. Sie schleuderten auch mit riesigen Katapulten schwere Felsbrocken gegen die Burgmauern, um eine Bresche in die Befestigung zu schlagen. Doch alles mißlang. Die Verteidiger wehrten die Angreifer immer wieder mit Pfeilhagel und Strömen von kochendem Pech von der Burgmauer ab, jeder Schaden in der Befestigung wurde in Windeseile ausgebessert.

Die Laune Dietrichs und seiner Gefährten sank immer mehr. Schon befürchtete der König, daß er unverrichteter Dinge abziehen müsse. Da ritt Wittich eines Abends aus, um zu erkunden, ob ihm jemand Auskunft über das Innere der Burg geben könne, damit er eine

List zur Eroberung der Feste ersinnen könnte. Auf einem Anger begegnete er einem Trupp von fünf Rittern, die nach den Wappen auf ihren Schilden zur Schar der Belagerten gehörten. Der vorderste Reiter stürmte gegen Wittich vor, doch war seine Rüstung der Schärfe von Mimung nicht gewachsen. Schon bald sank er tot von seinem Pferd zu Boden, die anderen aber ergriffen die Flucht.

Als Wittich den Toten genauer anschaute, stellte er fest, daß es der Herzog selbst war. Sofort überbrachte er Dietrich die Nachricht, daraufhin ließ der König am nächsten Morgen zum Sturm auf die Burg blasen. Ihres Anführers beraubt, ergaben sich die Verteidiger nach kurzem Kampf. Dietrich nahm die drei wichtigsten Gefolgsleute Rimsteins gefangen, den anderen schenkte er Leben und Freiheit. Dann zog er nach Romaburg, um Ermanerich die Siegesnachricht zu überbringen.

Die Gerüchte eilten aber dem siegreichen Heer voran, und so empfing der Kaiser seinen Neffen und dessen Gefolge schon vor der Stadt mit höchsten Ehren. Besonderes Lob spendete er Wittich, der durch seine kühne Tat das Ende der Belagerung herbeigeführt hatte. Als Dank erhielt Wittich fürstliche Ländereien als Lehen, damit war er aber dem Kaiser zur Treue und zur Gefolgschaft verpflichtet. Dietrich konnte und wollte diese reiche Belohnung nicht verhindern, trotzdem machte er sich Sorgen. Er wußte, daß es niemals guttat, wenn man Gefolgsmann von zwei Herren sein soll. Doch bat er Wittich nur, an den Treueschwur zu denken, den er bei seinem Ritterschlag abgelegt hatte. Dann ließ er ihn in seine neuen Ländereien ziehen.

»Vielleicht«, dachte sich Katharina, »werde ich doch nach Griechenland mitfahren. Ich kann ja dort weiter an meinem Video im Kopf arbeiten. Immerhin waren ja Dietrichs Ahnen dort Könige.«

»Denkst du daran, daß du morgen ins Krankenhaus zur Kontrolle mußt?« unterbrach da die Mutter ihre Überlegungen. »Wenn du Glück hast, bekommst du noch vor unserer Reise einen neuen Gips, mit dem du ein bißchen ins Wasser darfst.«

Katharina hatte im ersten Ärger über ihr gebrochenes Bein lautstark erklärt, daß sie die ganzen Ferien bei den Großeltern bleiben wollte. Aber die Mutter hatte diesen Ausbruch nicht sehr ernst genommen. Jetzt atmete sie auf, daß vom Mädchen kein Widerspruch kam. Die alten Bücher haben doch ihre Vorteile, dachte sie bei sich, Katharina ist jetzt jedenfalls viel friedlicher.

»Wir brauchen dich für unseren Film«, platzte da wieder einmal Andreas herein. »Du sollst die Leiche spielen. Da mußt du dich nicht bewegen. Wir bringen dich auf einem Handkarren in den Wald. Kommst du?«

»Also gut, ich werde die Leiche spielen!«

KAPITEL 9

Ein ungetreuer Berater

Mit deutlichem Unbehagen zog Dietrich zurück nach Bern. Nun hatte er schon Heime aus dem Kreis seiner Getreuen verloren, und jetzt mußte er auch um Wittichs Treue fürchten. Wenn er auch Wielands Sohn niemals diese herzliche Freundschaft entgegenbringen konnte wie seinen anderen Gefährten, so schätzte er doch den kühnen Recken hoch ein. Seine Tapferkeit und Kraft sowie seine fast undurchdringliche Wehr und seine unvergleichlichen Waffen machten ihn im Kampf zu einem der wichtigsten Gefährten.

Dietrichs Sorge war wahrhaft begründet. Und sie wäre noch größer gewesen, wenn er Späher und Kundschafter in Romaburg gelassen hätte, die ihm über alle Vorfälle unterrichtet hätten. So aber vertraute er seinem Oheim und hielt ihn für einen ebenso ehrenvollen König, wie er selbst es war.

Der aber war es nicht. Während Dietrich die Burg Gerisheim belagerte, hatte Ermanerich Sibich, seinen wichtigsten Ratgeber und Gefolgsmann, mit einer dringenden Botschaft in den Süden seines Reiches geschickt. Während nun Sibich fort war, versuchte der Kaiser die Gelegenheit zu nutzen, um sich Odilia, der jungen, schönen Gattin seines Kanzlers, zu nähern. Die Frau konnte den Kaiser, der plötzlich von einer wilden Leidenschaft zu ihr ergriffen worden war, nicht abwehren. Sie war auf diesen Angriff auch gar nicht gefaßt gewesen, da Ermanerich erst seit kurzem mit seiner zweiten Frau, der jungen, schönen Schwanhild aus dem Geschlecht der Gibiche, vermählt war.

Als Sibich von seiner Reise zurückkehrte, erzählte ihm seine Gemahlin den Vorfall. Im ersten Zorn und Schmerz wollte Sibich sofort zu Ermanerich eilen, um die Gewalttat gegen Odilia zu bestrafen. Doch dann besann er sich anders. Er wußte genau, daß er allein nichts gegen den Kaiser ausrichten könne, selbst wenn er dessen wichtigster Berater und sein Kanzler war. Jedoch schwor er Ermanerich furchtbare Rache, die der Kaiser bis zu seinem Tod spüren sollte:

»Du hast eine Frau, du hast drei Söhne, du hast Verwandte, und alle haben sie einen Platz in deinem Herzen. Doch ich werde dich dazu bringen, daß du selbst sie alle töten läßt, bis du ganz allein und einsam auf deinem Thron sitzt, ohne eine mitfühlende Menschenseele neben dir. Und ich werde zusehen, wie du von Zweifel geplagt wirst, wie Schuldgefühle dein Inneres zerreißen werden. Ich werde neben dir stehen und innerlich über dich lachen und mich über deine Schmerzen freuen. Und dann, wenn sich dein Leben zu Ende neigt, werde ich dir die Wahrheit enthüllen, damit du mit dem Bewußtsein deiner Schuld ins Jenseits gehst.«

Diesen fürchterlichen Fluch machte Sibich ganz geheim, nur vor sich selbst, nicht einmal seiner so schwer beleidigten Frau sagte er etwas davon. Er versuchte vielmehr, sie zu beruhigen, und versprach ihr, von nun an besser für ihren Schutz zu sorgen. Gleichzeitig bat er sie, niemandem von diesem Vorfall zu erzählen, da sonst der Kaiser ihren Untergang beschließen würde.

Nun wartete Sibich auf eine Gelegenheit, um mit seiner grausamen Rache zu beginnen. Zuerst wollte er die drei Söhne des Kaisers, Friedrich, Reginbald und Randwer, sowie Kaiserin Schwanhild in den Tod schicken. Und Ermanerich selbst mußte den Befehl dazu geben. Da er das Mißtrauen und die Herrschsucht seines Herrn genau kannte, der immer um seinen Thron fürchtete und auch wußte, wie unbeliebt er im Reich war, entfachte er als ersten Schritt Zweifel an der Treue der Söhne gegen ihren Vater.

Da er sehr schlau war und die geheimen Fehler seiner Mitmenschen schnell erkannte und für seine Zwecke zu nützen verstand, fand er bald Helfer für seinen Plan. Er ließ Briefe Friedrichs an mehrere Große des Reiches fälschen, in denen der junge Fürst angeblich zum Sturz seines Vaters aufrief. Diese Schreiben zeigte Sibich dem Kaiser. Der wollte im ersten Zorn sofort seinen Sohn bestrafen, Sibich riet indes zu Geduld. Er gab vielmehr Ermanerich einen grausamen Plan ein: Friedrich sollte zum Schein an die Nordgrenze des Reiches gesandt werden, um bei den Wilkinen Tribut einzufordern. In Wahrheit aber sollte er von einem Gefolgsmann des Kaisers kurz vor der Grenze überfallen und getötet werden.

Der junge Friedrich war in Romaburg bei der Bevölkerung sehr beliebt, deshalb wollte Sibich den ersten Mord möglichst weit weg von der Hauptstadt durchführen lassen. Ermanerich stimmte den Vorschlägen seines Kanzlers zu, da auch er Unruhe in seiner Hauptstadt befürchtete, wenn sein ältester Sohn getötet würde. Gerade weil aber Friedrich so beliebt war, glaubte der Kaiser um so eher an den Vorwurf einer Verschwörung.

Sibichs Plan wurde ausgeführt. Schon bald nach der Abreise des Kaisersohnes drang die Kunde nach Romaburg, daß die Gesandtschaft von Aufständischen, die ihren Tribut nicht zahlen wollten, überfallen worden sei. Die kaiserliche Truppe, so meldete man, sei bis auf den letzten Mann niedergemetzelt worden. Der Bote, der diese Nachricht brachte, sprach die Wahrheit. Allerdings wußte er nicht, daß ein kaiserlicher Gefolgsmann auf Befehl seines Herrn eine Truppe von Strauchdieben gesammelt und beim Überfall selbst angeführt hatte.

Nun sollte der zweite Kaisersohn sterben. Auch für dessen Tod ersann Sibich einen weiteren heimtückischen Plan. Reginbald sollte unter dem Vorwand, daß er wichtige Botschaften überbringen müsse, nach England gesandt werden. Doch machte der Kanzler seinem Herrn weis, daß nun Reginbald nach des Vaters Leben trachte. So stimmte Ermanerich dem Vorschlag zu, daß die Gesandtschaft auf einem Schiff reisen solle, daß nicht seetüchtig war. Wirklich versank das Schiff nach kurzer Fahrt, niemand überlebte.

Unter der Bevölkerung von Romaburg griff Unruhe um sich, weil zwei Söhne des Kaisers innerhalb kurzer Zeit gestorben waren. Man munkelte, daß Ermanerich selbst über die Todesfälle besser Bescheid wisse, als er nach außen zugebe, und daß die öffentliche Trauer um die beiden Heuchelei sei. Diese Gerüchte fanden um so mehr Nahrung, als Ermanerich bei seinen Untertanen nicht beliebt war. Sein Jähzorn und seine Mißgunst gegenüber jedem, der sich durch kühne Taten bewährte, war allgemein bekannt.

Nun holte aber Sibich zum schwersten Schlag aus, der Ermanerich in Einsamkeit und Unglück stürzen und ihn endgültig die Achtung der Bevölkerung kosten sollte. Schwanhilde, die im Alter besser zu ihren Stiefsöhnen als zu ihrem Gemahl paßte, hatte immer ein herzliches Verhältnis zu diesen gehabt, ohne jedoch dem Kaiser untreu zu werden. Nun bemühte sie sich mütterlich um Randwer, der sehr unter dem Verlust seiner beiden Brüder litt.

Sibich aber machte Ermanerich glauben, daß Schwanhilde ein ehebrecherisches Verhältnis zu ihrem jüngsten Stiefsohn unterhielt. Der Kaiser war inzwischen durch den Gedanken an den Tod seiner beiden älteren Söhne und an die Hinterlist, die zu deren Untergang geführt hatte, ganz schwermütig geworden. Deshalb verschloß er anfangs die Ohren vor Sibichs Beschuldigungen, weil er weitere Verluste nicht ertragen konnte. Als er aber eines Abends sah, daß Randwer während einer Jagd einen Blumenstrauß für Schwanhilde pflückte, glaubte er Sibich.

»Die beiden Ehebrecher sollen sterben«, rief er in seinem Zorn und tiefen Schmerz. »Schwanhilde soll von rasenden Pferden zerstampft werden, wie es das Gesetz für eine Ehebrecherin vorsieht, Randwer aber soll schmählich am Galgen enden.« Heuchlerisch widersprach Sibich dem Kaiser, der aber blieb bei seinem Urteilsspruch. Schwanhilde wurde gefangengenommen und gefesselt auf die Rennbahn geworfen. Dann wurde ein Gespann halbwilder Pferde herangejagt. Doch die Pferde scheuten vor der schönen Frau und wollten sie nicht berühren. Erst als das Antlitz der Kaiserin mit einem Tuch bedeckt wurde, jagten die Rosse über sie hinweg. Randwer aber starb am Galgen mit einem letzten Gruß an den Vater.

Die Nachrichten über die Ereignisse in Romaburg drangen auch bis Bern. Dietrich war voll des Mitleids mit seinem Oheim, als er vom Tod der beiden älteren Kaisersöhne hörte. Denn da dachte er noch, daß die Berichte wahr seien, daß Friedrich wirklich bei einem Überfall und Reginbald bei einem Unglück ums Leben gekommen seien. Als jedoch der Tod von Randwer und Schwanhilde gemeldet wurde, erwachten Zweifel in ihm.

»Mir scheint, daß ein böser Geist über meinen Oheim gekommen ist. Denn ich kann nie und nimmer glauben, daß Randwer und seine Stiefmutter ein ehebrecherisches Verhältnis hatten. Ich weiß genau, daß Schwanhilde die Ehre ihres Gemahls ebenso hoch schätzte wie ihre eigene. Der Kaiser muß bösen Einflüsterungen erlegen sein.«

Mit dieser Vermutung kam Dietrich der Wahrheit näher, als er selbst wußte. Doch obwohl er sich nun ernsthaft Sorgen um die Zukunft des Reiches machte, ahnte er noch nicht, daß Sibich, der böse Geist Ermanerichs, auch gegen ihn Ränke schmiedete. Zuerst aber wollte dieser gegen die Harlunge vorgehen. Davon erwartete er sich einen reichen Schatz, den er für die Durchführung seiner weiteren Pläne brauchte. Harlung hatte nämlich von seinem Vater Amelung nur den Breisgau geerbt, sein Land war also viel kleiner als die Ländereien seiner Brüder. Aber als Ausgleich hatte er einen unermeßlich reichen Goldschatz bekommen, groß wie der Hort der Nibelungen. Und den wollte Sibich in seinen Besitz bringen.

Diese Aufgabe erschien ihm auch viel leichter als die Vernichtung Dietrichs. Denn Harlung war – ebenso wie Dietrichs Vater Dietmar – schon vor dem ältesten Bruder gestorben. Seine beiden Söhne Embrike und Fritila waren noch jung und lebten unter der Obhut des getreuen Eckehart, eines Nachkommens von Berchtung, in der Feste Breisach. Sie hatten kein großes Heer, da sie mit allen Fürsten in Frieden lebten. Daher erschien ein Sieg über sie einfach, nur mußte Sibich den Kaiser erst für den Feldzug gewinnen.

Bevor er aber noch Ermanerich Argwohn gegen seine beiden Neffen einflüstern konnte, erschien Wittich am Hof zu Romaburg. Er wollte dem Kaiser berichten, wie er die reichen Lehen vorgefunden hatte, die er nach dem Feldzug gegen Rimstein erhalten hatte. Dies nützte Sibich sofort aus: Er bewog Ermanerich, dem Sohn Wielands reiche Geschenke zu überreichen. Und als er bemerkte, daß Wittich sein Auge wohlgefällig auf einer der Damen bei Hofe ruhen ließ, vermittelte er eine Heirat mit ihr.

Nun war Wittich fest an Kaiser Ermanerich gebunden. Und er ließ dies geschehen, obwohl er die Absicht merkte, ihn von Dietrich loszulösen. Der Dienst beim Kaiser kam seinem Ehrgeiz noch mehr entgegen als jener bei Dietrich. Denn noch kannte er Ermanerich und den verschlagenen Sibich viel zu wenig, um ermessen zu können, was diese Entscheidung nach sich ziehen könnte.

Und nochmals griff das Schicksal für Ermanerich und gegen die Harlunge und in der Folge auch gegen Dietrich ein. Auch Heime kam nach Romaburg. Nachdem ihn Dietrich aus dem Kreis der Gefährten ausgeschlossen hatte, war er lange durch die Lande gezogen, ohne irgendwo Ruhe und Rast zu finden. Denn ihn drückte sein Gewissen, da er nun genau erkannte, wie unrecht er gehabt hatte. Auch machte er sich bitterste Vorwürfe, daß er so leichtfertig die mühsam erworbene Ritterschaft hingeworfen hatte. Mit ihm hatte Sibich also auch ein leichtes Spiel, als er ihm fürstliche Lehen und reiche Schätze versprach. Heime wußte genau, daß er bei keinem anderen Herrscher aufgenommen und so großzügig beschenkt würde. So schwor auch er Ermanerich den Treueeid.

Sibich aber begann sein unheilvolles Ränkespiel gegen Embrike und Fritila. Einmal ließ er die Bemerkung fallen, daß die beiden Harlunge nun schon fast erwachsene Krieger seien, die den Gebrauch der Waffen schon gut geübt hätten. Dann fragte er scheinheilig den Kaiser, ob er seine beiden Neffen wohl nach Romaburg holen wolle, um sie zu seinen Nachfolgern zu erziehen. Als Ermanerich deswegen wütend aufbrauste, wußte der verschlagene Sibich, daß er sein Spiel schon fast gewonnen hatte.

Eines Tages nun kam er zum Kaiser und fragte ihn: »Der Schatz der Harlunge ist gewiß groß genug, um ein Heer ausrüsten zu können?«

»Warum willst du das wissen?« antwortete Ermanerich mißtrauisch. Er fühlte insgeheim, daß Sibichs Ratschläge und Einflüsterungen ihn um seine Ruhe und seinen Frieden brachten, doch hatte er nicht die Kraft, sich dagegen zu wehren. Denn seit dem Tod seiner Söhne war er mehr denn je auf seinen Kanzler angewiesen.

»Nun, Herr«, erwiderte Sibich, »ich habe Gerüchte gehört, daß in Breisach Gewappnete angeworben werden. Doch ist das sicher eben nur ein Gerücht, denn gegen wen sollen die Harlunge zu Krieg ziehen wollen? Ich kann und will ja nicht glauben, daß sie Euch den Thron streitig machen werden.«

»Diese beiden Knaben? Da mußt du dich irren«, entgegnete Ermanerich. Sibich sah allerdings an der nachdenklichen Miene des Kaisers, daß er das Gift des Mißtrauens in Ermanerichs Gedanken geträufelt hatte. Er wunderte sich daher auch gar nicht, als der Kaiser einige Tage später fragte:

»Hast du Neuigkeiten aus Breisach?«

Sibich gab eine ausweichende Antwort. Er wußte, daß Ungewißheit den Kaiser ärger beunruhigen würde als die sofortige Nachricht über einen angeblichen Verrat der Harlunge. Und er sah Ermanerich an, daß er den richtigen Weg für seine Rache gefunden hatte. Der Kaiser wirkte unruhig und gedrückt, tiefe Ringe unter seinen Augen zeugten von mangelndem Schlaf, seine Blicke huschten ängstlich hin und her. Doch leugnete er hochfahrend ab, daß ihn Sorgen quälten.

Nach wenigen Tagen trat nun Sibich mit einem falschen Boten vor den Kaiser:

»Herr, dieser Gewappnete kommt gerade aus Breisach. Er mag Euch selbst erzählen, was er beobachtet hat.«

Und der Mann, der in Wahrheit in Sibichs Dienst stand, berichtete:

»Eckehart, der Pfleger der Harlunge, wirbt im geheimen ein ganzes Heer an. Wer sich bei ihm zum Dienst verpflichtet, darf dies aber nicht offen zugeben, sondern muß feierlich Stillschweigen geloben. Kämpfer aus aller Herren Länder kommen im Breisgau zusammen, denn Eckehart zahlt ein hohes Handgeld, wenn man sich anwerben läßt. Auch verspricht er große Beute, da die mächtigste Stadt der

Christenheit bald im Besitz der Harlunge sein werde. Embrike und Fritila sind oft bei den Kriegern und üben sich mit ihnen im Waffenhandwerk.«

»Diese Verräter«, schrie da Ermanerich auf. Er war von seinem Mißtrauen schon so besessen, daß ihm die Widersprüche in dieser Geschichte gar nicht auffielen. Er überlegte nicht, daß niemand heimlich Gewappnete anwerben und gleichzeitig ganz öffentlich und in vielen Ländern ein hohes Handgeld versprechen kann. Er sah nur seinen Verdacht bestätigt, daß alle seine Verwandten nach seinem Thron strebten.

»Wir ziehen gegen die Harlunge«, befahl er deshalb. »Heime und Wittich werden Heerführer, wir beide reisen mit dem Heer«, wandte er sich an Sibich. Das war dem Kanzler nun gar nicht recht, denn er war den Anstrengungen eines Heerzuges sehr abgeneigt. Auch wollte er seine Rolle bei der Vernichtung von Ermanerichs Sippe lieber im geheimen spielen. Doch dem ausdrücklichen Befehl des Kaisers konnte er nicht widersprechen.

Bald wälzte sich ein großer Heerzug nach Norden, gegen Breisach. Der schlaue Sibich hatte es geschickt eingerichtet, daß das Heer nicht durch das Lampartenreich zog, um Dietrich nicht mißtrauisch zu machen. Und später, im Breisgau, war nichts zu befürchten, da Eckehart keine Gefahr ahnte und daher auch keine Späher ausgesandt hatte. Schließlich wurde ihm aber doch gemeldet, daß ein großes Heer unter der kaiserlichen Fahne im Anmarsch sei.

Zu seinem und seiner Schützlinge Unglück war er jedoch zu dieser Zeit nicht in Breisach, sondern unterwegs im Land, um seinen Aufgaben als Landpfleger nachzukommen. Sofort eilte er zurück, um die beiden Harlunge zu warnen. Sie konnten aber nicht glauben, daß ihnen ihr Oheim den Krieg erklären wolle.

»Getreuer Eckehart, du hast sicher nur ein Gerücht gehört«, meinte Embrike. »Ich weiß, dich treibt nur die Sorge um uns. Aber bevor wir alle an eine Hinterlist des Kaisers glauben, müssen wir Genaues wissen. Drum halte Kundschaft und schicke uns Nachricht, was du siehst.«

Eckehart zog also los, um das Heer des Kaisers zu suchen. Heime hatte aber Ermanerich geraten, den Rhein nicht bei der allgemein benutzten Furt zu überqueren, sondern weiter flußabwärts. So blieben Embrike und Fritila ungewarnt. Als die beiden das kaiserliche Heer erblickten, versuchten sie noch im letzten Moment Widerstand zu leisten. Die Tore der Burg wurden fest verschlossen, der kleine Trupp von Bewaffneten besetzte die Wehrgänge, um den feindlichen Angriff abzuwehren.

Doch gegen das große kaiserliche Heer und gegen die Kriegskunst von Wittich und Heime, der beiden Anführer, konnten die beiden Knaben und ihre ungeübte Mannschaft nichts ausrichten. Die Männer kämpften zwar tapfer, doch fielen sie alle unter dem feindlichen Pfeilhagel. Als schließlich Ermanerichs Truppen das Burgtor sprengten, waren nur mehr Embrike und Fritila am Leben. Der Kaiser ließ sie beide in Fesseln legen und befahl, daß sie am nächsten Morgen ihren angeblichen Verrat am Galgen büßen sollten.

Als Wittich und Heime von diesem Befehl hörten, stürmten sie sofort gemeinsam in Ermanerichs Prunkzelt, um ihn zu einer Rücknahme des grausamen Urteils zu bewegen. Denn in beiden lebte noch der ehrenvolle Geist des wahren Rittertums, das sie am Hofe zu Bern erfahren hatten.

»Niemand weiß so gut wie wir beide«, rief Wittich dem Kaiser zu, »daß in Breisach keine gedungene Truppe gestanden ist. Wir haben nur gegen die kleine Schar der Getreuen der beiden Harlungenjünglinge gekämpft. Sie haben keinen Verrat begangen!«

Aber Ermanerich war von Mißtrauen verblendet und erfüllt von der Gier nach dem Harlungenhort. »Vielleicht steht ihr Heer anderswo. Und wenn sie bisher keinen Verrat geplant haben, werden sie dies sicher in Zukunft tun. Sie müssen sterben«, befahl er unbeugsam.

»Sibich ist ein widerlicher Schuft«, stellte Katharina entrüstet fest. Sie hatte undeutlich gemerkt, daß jemand auf die Terrasse gekommen war, und konnte sich in ihrer Empörung nicht mehr zurückhalten.

»Was sagst du? Ich will doch nur wissen, was die Ärzte im Kranken-

haus gesagt haben. Du warst wohl heute dort?« Andreas war über den
Ausbruch seiner Schwester riesig erstaunt, so kannte er sie gar nicht.

*»Der Bruch heilt zum Glück sehr gut, nächste Woche bekomme ich
einen anderen Gips. Aber ich soll noch immer nicht zu viel gehen. Weißt
du eigentlich, daß die alten Geschichten wie ein Kriminalroman sind?«*
Sie glaubte zu platzen, wenn sie nicht mit jemandem reden konnte.

*»Aber geh, einen Krimi mache ich mit Martin. Wir drehen noch heute
abend weiter.«* Andreas hatte wieder genug von seiner Schwester. Katharina mußte allein über ihre Geschichte nachdenken.

»Als ich Dietrich verließ, habe ich auch Ruhm und Ehre verlassen«,
klagte Wittich, als er mit Heime aus dem Zelt trat. Er beachtete gar
nicht, daß er von Heime in Unfrieden geschieden war, jetzt sah er in
ihm nur den vertrauten Gefährten von früher, der ihn verstehen
konnte. Und auch Heime war zutiefst empört über den Urteilsspruch
Ermanerichs.

»Wir sind zu Mördern und Gefährten von Mördern geworden, als
wir uns dem Kaiser und Sibich angeschlossen haben«, bestätigte er. In
seinem Gesicht arbeitete es, man sah ihm an, daß er schwere und unerfreuliche Gedanken hatte. »Wittich, wir wollen unseren alten Zwist
vergessen, wenn es dir recht ist. Ich weiß nun genau, daß ich unrecht
hatte, dir dein Schwert zu nehmen. Verzeih mir!«

Fassungslos starrte ihn Wittich an. Damit hatte der kühne Held
nicht gerechnet, allerdings freute er sich sehr über Heimes Schritt.
»Gerne verzeihe ich dir, laß uns in Zukunft gute Freundschaft halten!«
Mit einem festen Händedruck besiegelten beide den Bund. Doch nun
wandten sich die Gedanken der beiden Helden Dietrich zu, bei dem
sie die wahre Ritterschaft kennengelernt hatten. Und beide hatten den
gleichen Gedanken: Auch Dietrich ist in Gefahr, Ermanerich wird
Dietrich nicht verschonen. Jetzt beklagten beide zutiefst, daß sie dem
Kaiser den Treueeid geleistet hatten. Doch nun war es nicht mehr zu
ändern. Und ihre Ehre, die sie noch immer hochhielten, verbot ihnen,
den Eid zu brechen.

Am nächsten Morgen wurde das grausame Urteil vollstreckt. Dann drängte Ermanerich sofort zum Aufbruch, denn er wollte so schnell wie möglich den Ort seiner neuerlichen Schandtaten verlassen. In der Nacht hatten ihn schwere Träume gequält, in denen Harlung und seine beiden Söhne anklagend vor ihn traten. In Romaburg, so hoffte der Kaiser, würden diese Träume nicht wiederkehren. Sibich wollte zuerst nach dem Harlungenhort suchen, den die Eroberer nicht in der Burg gefunden hatten, doch mußte er sich dem Befehl des Kaisers beugen. So gab er Heime den Auftrag, nach dem Schatz zu suchen und ihn sicher nach Romaburg zu bringen. Heime fand auch wirklich bald das Gold. Es gelang ihm, einen Teil für sich selbst beiseite zu schaffen, denn er wollte für seine Beteiligung an diesem ruchlosen Verbrechen wenigstens eine Bezahlung haben. Beim Anblick des Goldes dachte er nämlich nicht mehr an seine Ehre.

Als Eckehart nach seiner vergeblichen Suche nach dem kaiserlichen Heer wieder in Breisach eintraf, fand er die Burg verwüstet und seine beiden Pfleglinge tot. Unter Tränen schaufelte er ihnen ein Grab, dann machte er sich auf den weiten Weg nach Bern. Auch er wußte, daß Dietrich das nächste Opfer von Ermanerichs Grimm sein werde, denn Dietrich und dessen Bruder Diether waren die letzten Blutsverwandten des Kaisers. Und nun schien es ihm klar, daß der Kaiser seine ganze Sippe ausrotten wollte.

Das Gerücht vom Tod der Harlunge und dem Fall von Breisach war Eckehart schon nach Bern vorausgeeilt. Dietrich hoffte zwar immer noch, daß die wilden Berichte übertrieben seien, daß sein Oheim nicht diese furchtbaren Verbrechen begangen habe. Als jedoch Eckehart die Gerüchte bestätigte, mußte er der Wahrheit ins Gesicht sehen. Auch ihn würde Ermanerich nicht verschonen. Dietrich verstand zwar nicht, warum der Kaiser plötzlich den Tod all seiner Anverwandten beschlossen hatte, trotzdem mußte er für sich, seinen Bruder und sein Reich Vorsorge treffen.

Bevor er aber mit größeren Rüstungen begann, sandte er Späher nach Romaburg. Er wollte Klarheit über die Absichten des Kaisers erlangen, um nicht als erster mit Kriegsvorbereitungen zu beginnen. Zum einen wollte er Ermanerich keine Handhabe bieten, gegen Bern vorzugehen. Und außerdem waren seine Schatztruhen – im Gegensatz zu denen des Kaisers – ziemlich geleert, er konnte es sich also nicht leisten, für längere Zeit ohne Not ein größeres Heer zu erhalten. Denn seine Gefährten allein und die Soldaten, die ständig in seinem Dienst standen, würden für die Abwehr eines großen kaiserlichen Heeres nicht ausreichen.

Dietrichs Vorsicht fand aber nicht die ungeteilte Zustimmung seiner Gefolgsleute. Vor allem Alphart und Wolfhart wollten gleich losschlagen, um den Tod der Harlunge zu rächen. Diese beiden hatten die Toten gekannt, außerdem verabscheuten sie Ermanerich und trauten ihm und Sibich alle Schlechtigkeit zu. Hildebrand jedoch bestärkte Dietrich in seinem bedachten Vorgehen. Rentwin aber zitterte dem Feldzug mit Ungeduld entgegen. Er erhoffte sich viele Gelegenheiten, seinen Mut und seine Umsicht zu beweisen. Dann, so meinte er, könnte er vielleicht doch um Künhilde freien.

In Romaburg aber residierte Ermanerich düster in seinem Palast, gequält von Alpträumen und verfolgt von den Geistern seiner Opfer. Seine Gesundheit litt unter seiner Schlaflosigkeit, er schlich wie ein Gespenst durch die Gänge des Palastes. Sibich hielt er von sich fern, da er ihn immer mehr fürchtete. Diese Entwicklung war dem Kanzler nun gar nicht recht. Denn er mußte fürchten, daß der Kaiser starb, bevor er noch gegen Dietrich ins Feld zog und damit den Racheplan, den Sibich geschmiedet hatte, vollendete.

Also suchte er sich einen Helfer, der Ermanerich gegen Dietrich aufstacheln sollte. Er fand ihn in Walther von Wasgenstein, der einen unbändigen Haß gegen Dietrich und dessen Gefährten in sich verbarg. Walther konnte nämlich nicht vergessen, wie er von Dietleib im Ringkampf besiegt worden war. Noch weniger konnte er aber die Verachtung aus seinem Gedächtnis streichen, die ihn Dietrich seither fühlen ließ. Auch machte er sich Hoffnungen, Ermanerich einmal zu beerben. Zwar war er mit dem Kaiser nur durch dessen erste Gemahlin verwandt, wenn aber Dietrich aus dem Weg geräumt war, blieb sonst niemand als Thronerbe übrig.

Walther hatte immer ungehinderten Zutritt zu seinem Oheim. Das nützte er für die Pläne aus, die er gemeinsam mit Sibich ausgeheckt hatte.

»Beim Zug gegen die verräterischen Harlunge haben wir das Lampartenreich umgangen. Warum eigentlich, mein Oheim?« fragte er eines Abends. »Fürchtet Ihr etwa Dietrich?«

»Natürlich nicht. Das war nur eine Vorsichtsmaßnahme, um unseren Feldzug nicht zu gefährden.« Ermanerich schien über Walthers Frage unwillig, trotzdem ließ der Ritter nicht locker.

»Stimmt es, daß Dietrich Euch keine Abgaben zahlt? Er glaubt wohl, daß er von gleich hohem Rang ist wie Ihr?«

»Schweig, ich will von Dietrich nichts hören«, herrschte ihn da der Kaiser an. Ihn peinigten die Geister der von ihm Ermordeten nun Tag und Nacht, neben jeder Säule, hinter jeder Türe glaubte er seine Söhne oder seine schöne Gemahlin zu sehen. Seine Hände zitterten, er konnte den Blick nicht mehr ruhig halten. Ein Gespräch über Dietrich ging über des Kaisers Kraft.

»Ihr habt recht, wir wollen nicht mehr über Dietrich sprechen. Die fahrenden Sänger berichten schon genug über seine Heldentaten«, sagte Walther geschmeidig. Er wußte, daß er mit dieser Bemerkung Öl ins Feuer schüttete. Denn trotz seiner Alpträume war Ermanerich noch immer darauf bedacht, als der größte Herrscher zu gelten. Und nun dachte er darüber nach, daß ihm Dietrich an Ruhm überlegen sei.

Einige Tage später ließ Walther wieder einige spöttische Bemerkungen über die Liebe der Bevölkerung zu Dietrich fallen, dann erinnerte er Ermanerich daran, daß der Berner sein letzter leiblicher Neffe sei. So trieb er den Stachel der Mißgunst immer tiefer in Ermanerichs Gedanken, bis dieser schließlich befahl, gegen Dietrich zu rüsten. Den letzten Anstoß hatte wie üblich Sibich gegeben, der scheinbar harmlos berichtete, wie sehr Dietrichs Gesellen nach Rache für die Harlungen verlangten.

Nun war es also soweit, der Krieg zwischen Ermanerich und Dietrich schien unvermeidlich. Der Kaiser befahl, daß die Söldner, die in Breisach für das kaiserliche Heer gekämpft hatten, wieder angeworben werden sollten. Die meisten von ihnen waren noch in der Umgebung von Romaburg, wo sie ihren Sold vertranken und verspielten. Sie waren gerne bereit, wieder in den Dienst des Kaisers zu treten. Denn er konnte ihnen ein reiches Handgeld bieten – der Harlungenhort war trotz Heimes Diebstahl noch immer groß genug für ein stattliches Heer.

Durch seine Späher hörte nun Dietrich von den Vorbereitungen Ermanerichs. Da wußte er, daß auch er rüsten müsse. Er sandte Boten zu all seinen Herzögen und Markgrafen, um ihnen vom Aufgebot des Kaisers gegen Bern zu berichten. Er forderte aber nicht die Hilfe, wie es sein gutes Recht gewesen wäre, sondern bat nur darum. Denn Dietrich wußte, daß ihm und den Seinen ein harter Kampf bevorstand, er wußte aber auch, daß seine Schatzkammern leer waren und er kein großes Heer besolden konnte.

Alle, denen er eine Botschaft geschickt hatte, kamen eilends herbei. Denn sie wußten alle, daß sie unter der Herrschaft des Kaisers ein hartes Leben hätten, sie liebten ihren König und waren bereit, für ihn zu kämpfen und zu sterben. Markgraf Helferich kam und fand seinen Sohn an der Spitze einer großen Schar von Gewappneten, die in unmittelbarer Nähe des Königs als seine Leibwache kämpfen sollten. Auch Dietleib kam aus der Steiermark, um an der Seite Dietrichs und Hildebrands zu kämpfen. Er wollte seine Dankesschuld für die Rettung seiner Schwester abtragen. So vergrößerte sich von Tag zu Tag Dietrichs Heer, doch war es im Vergleich mit der Streitmacht des Kaisers noch immer ein kleiner Haufen.

Da kam eines Tages ein Reiter auf einem schweißbedeckten Rappen in die Stadt gejagt. Es war Heime, der sein edles Pferd Rispe zu höchster Eile angetrieben hatte. Mit zögernden Schritten betrat er den Rittersaal, in dem er so oft in einer fröhlichen Runde gesessen war. Nun aber wurde ihm der Gang zu Dietrich zur Qual. Denn er kam als Unglücksbote.

»Wir sind in Zwist und Hader geschieden, Heime«, begrüßte ihn der König. »Doch soll alles vergessen sein, weil du jetzt, in der Stunde der Not, zu mir zurückkehrst.« Diese freundlichen Worte waren wie

Schwertstiche in Heimes Seele und machten ihm seinen Auftrag noch schwerer.

»Nicht als Freund und Gefährte komme ich zu dir, König des Lampartenreiches«, sagte er mit schleppender Stimme. »Mich schickt Kaiser Ermanerich, von dem ich Gut und Lehen erhalten habe und dem ich den Treueeid geschworen habe. Als sein Bote komme ich, um dir den Krieg anzusagen.«

Lähmende Stille lastete da über dem Rittersaal. Wohl hatten alle Gefährten Dietrichs gewußt, daß der Krieg unausweichlich war. Doch erschütterte alle, daß ausgerechnet Heime, ihr früherer Geselle, ihnen die Kriegserklärung überbrachte.

»Ich sehe, du willst zu deinem früheren Unrecht noch weitere Übeltaten fügen«, antwortete Dietrich mit kalter, leiser Stimme. »Geh also zu deinem kaiserlichen Herrn und berichte, daß wir wohlgerüstet sind. Geh und kämpfe gegen mich, der ich dich zum Ritter gemacht habe. Geh und kämpfe gegen deine früheren Gefährten, mit denen du hier in diesem Saal viele frohe Stunden verbracht hast. Geh!«

Und Dietrich drehte sich um und begann mit Hildebrand ein belangloses Gespräch. Auch alle anderen Recken im hohen Saal wandten sich von Heime ab. Dem schossen Tränen in die Augen, blindlings stolperte er hinaus. Ach, hätte er doch die Kraft gefunden, sich von Ermanerich loszusagen! Aber das Bewußtsein seiner Schuld machte ihm den Schritt zurück unmöglich.

Nun war also Krieg im Lampartenreich! Schon wenige Tage, nachdem Heime die Botschaft überbracht hatte, drangen die von Ermanerich gedungenen Söldnertruppen raubend und mordend in Dietrichs Land ein. Denn Sibich hatte den Kaiser bewogen, gegen Brauch und Sitte nicht in Romaburg auf die Rückkehr des Boten zu warten, sondern das Heer gleich an der Grenze zum Lampartenreich aufzustellen. Damit wollte er Dietrich nur wenige Tage zur Vorbereitung geben, da er hoffte, daß der König nichts von den Rüstungen in Romaburg wußte. Der oberste Heerführer war diesmal Walther von Wasgenstein, da weder Ermanerich noch Sibich Dietrich einstige Gefährten Wittich und Heime mit dieser Aufgabe betrauen wollten. Sie glaubten zu

Recht, daß die beiden nicht bereitwillig gegen Dietrich selbst kämpfen würden. Ermanerich und Sibich schlossen sich auch diesmal dem Heerzug an.

Dietrich wurde durch seine Späher von der Größe des kaiserlichen Heeres unterrichtet, das seiner eigenen Streitmacht weit überlegen war. Da kam ihm das Schicksal zu Hilfe. Man berichtete ihm, daß die feindlichen Truppen bei Milan lagerten. Sofort setzte Dietrich sein Heer in Marsch, er hoffte, daß er mit einer einzigen Schlacht die Entscheidung erzwingen könne. Trotz seiner großen persönlichen Tapferkeit und seiner Freude an Abenteuern haßte er diesen Krieg. Sein Volk litt schwer darunter, wie er wußte, außerdem scheute er noch immer den Kampf gegen den eigenen Oheim.

Diesmal gelang es Dietrich, Sibich zu überraschen, der im Lande der Lamparten wenig Unterstützung fand. Als sich Dietrich mit seinem Heer gegen Abend Milan näherte, ließ er in aller Stille ein Lager aufschlagen. Hildebrand ging mit Rentwin auf Kundschaft und kam mit guter Nachricht zurück: Die Feinde, so berichteten die beiden, lagerten unbesorgt in einem kleinen Tal, weit genug entfernt, daß sie die Lampartentruppen nicht hören konnten. Das Gelände sei günstig, um das kaiserliche Heer in aller Frühe zu überraschen.

Es gelang Dietrichs Getreuen, ihre Truppen in der Nacht heimlich bis in die Nähe des Feindes zu führen. Als der Morgen graute, schmetterten die Kriegstrompeten das Signal zum Angriff, die Banner mit dem lampartischen Löwen und Dietrichs Adler wurden entrollt, in einer riesigen Welle stürzten sich die Gewappneten auf das kaiserliche Söldnerheer. Dieses wurde von dem Angriff völlig überrascht, da niemand erwartet hatte, daß Dietrich so nahe sei.

Schon drang Dietrich, mit Hildebrand und Rentwin an seiner Seite, in das Lager ein. Dietleib stürmte ihm noch voran, die Schwerter hielten eine schauerliche Ernte unter den überraschten Feinden. Da ließ Walther von Wasgenstein zum Sammeln blasen, in höchster Eile scharten sich die kaiserlichen Truppen um ihre Anführer und leisteten den anstürmenden Feinden erbitterten Widerstand. Doch der Schwung, der Dietrich und sein Heer in das Lager geführt hatte, war nicht mehr zu bremsen. Auch kämpften Dietrichs Truppen für ihre eigene Heimat, sie wollten den Feind verjagen, der sie ohne Grund überfallen hatte. Seine Getreuen aber wollten Rache für die Harlunge. Die Söldner dagegen ergriffen die Flucht, als sie sahen, daß sie nicht mehr siegen und Beute machen konnten.

Aufatmend trafen nach einem vielstündigen Kampf Dietrichs Heerführer und Getreue in der Mitte des feindlichen Lagers zusammen. Wohl hatten ihre Truppen schwere Verluste erlitten, doch war ihnen trotzdem ein glänzender Sieg gegönnt. Viele Gefangene und ein großer Teil der Ausrüstung des kaiserlichen Heeres war in die Hände der Lamparten gefallen. Ein Ziel hatten sie aber nicht erreicht: Sie hatten Sibich und den Kaiser nicht gefangennehmen können. Gemeinsam mit Wittich, Heime, Walther von Wasgenstein und manchen anderen waren sie entkommen. Der Krieg war also noch nicht zu Ende, da Ermanerich seine schwere Niederlage sicher nicht hinnehmen würde.

Tatsächlich langte Ermanerich voll Rachegedanken in Romaburg ein, wo sich nach und nach seine überlebenden Berater und Heerführer einfanden. Sibich und Walther wäre es beinahe schlecht ergangen, denn der Kaiser machte die zwei für die schmähliche Niederlage verantwortlich und wollte sie in den Kerker werfen. Doch Sibich gelang es, den wütenden Herrscher zu beruhigen.

»Herr, Dietrich hat uns einmal überrascht, aber ein zweites Mal wird es ihm nicht gelingen. Wir werden ein noch größeres Heer aufbieten, dem der Lampartenkönig nichts entgegenstellen kann. Vergeßt nicht, daß der Harlungenhort Euch die Mittel gibt, diesen Krieg fortzusetzen. Dietrich dagegen hat nur mehr leere Schatzkammern.«

Ermanerich sah ein, daß für ihn noch nicht alles verloren war. Er gab unverzüglich den Befehl, in aller Herren Länder Truppen anzuwerben, um den Kampf fortsetzen zu können. Denn jetzt konnten auch die Geister seiner Opfer, die nachts sein Bett umstanden und ihn mit schrecklichen Träumen quälten, seine Entschlußkraft nicht mehr schwächen. Einer endgültigen Entscheidung zwischen Dietrich und ihm konnte er nicht mehr ausweichen, und er war gewillt, diese Entscheidung zu gewinnen.

Sibich hatte die Lage Dietrichs nur allzugut erkannt, als er von leeren Schatzkammern sprach. Sorgenvoll saß er mit seinen Gefährten und den Herzögen und Markgrafen, die ihm zu Hilfe gekommen waren, im hohen Saal zu Bern beisammen. Alle waren zwar dankbar über die Atempause, die ihnen ihr Sieg geschenkt hatte. Die Zukunft sah aber düster aus.

Da meldete sich Herzog Bertram von Pola zu Wort:

»Mein König, der Angriff des Kaisers bedroht nicht nur dich allein, sondern uns alle. Denn Ermanerich und Sibich sind schon lange neidisch auf deinen Ruhm, aber auch auf die Reichtümer unserer Besitzungen, die wir als deine Gefolgsleute verwalten. Wenn du diesen Krieg verlierst, gehen wir alle einer schweren Zeit entgegen. Erlaube mir daher, dir die Mittel für die Fortsetzung des Kampfes zu bringen. Du weißt, daß in meinen Schatztruhen große Reichtümer lagern, dieses Gold will ich nach Bern bringen.«

Gerührt umarmte Dietrich seinen treuen Herzog, der ihm eine schwere Last von der Seele genommen hatte. Hildebrand, Rentwin, Dietleib und noch einige andere Helden sollten Bertram begleiten, damit er sicher nach Pola und wieder zurück nach Bern gelange. Bereits am nächsten Morgen ritten sieben Helden mit den notwendigen Knechten aus Bern und kamen auch glücklich in kürzester Frist in die Hafenstadt Pola. In Bertrams Burg wurden sofort Lasttiere mit dem Schatz beladen, nach einer kurzen Ruhepause machten sich die Helden und ihre Begleitung wieder auf den Weg.

Sie hatten aber alle nicht mit der Verschlagenheit Sibichs gerechnet, der seine Späher fast überall hatte. Das fiel ihm leicht, denn mit dem Harlungengold konnte er für wichtige Nachrichten gut bezahlen. So erfuhr er auch, daß ein Goldschatz zu Dietrich unterwegs war. Dieses Gold wollte er haben, gleichzeitig sollten auch die Helden gefangengenommen werden, die den Schatz begleiteten. Ermanerich war für diesen Plan schnell zu gewinnen. Er sah ein, daß Dietrich verloren war, wenn er kein Geld für seine Truppen hatte. Mit den gefangenen Recken aber, so hofften Sibich und Ermanerich, konnte man den Berner endgültig zur Aufgabe zwingen.

Als Anführer der Schar, die Bertram und seine Truppe überfallen sollte, bestimmte Sibich Heime und Wittich. Die beiden einstigen Gefährten Dietrichs hatten es bei der Schlacht vor Milan verstanden, sich im Hintergrund zu halten und kaum in das Kampfgeschehen einzugreifen. Das aber hatte Sibich gemerkt. Und nun drohte er ihnen mit dem Verlust ihrer Güter und Lehen, wenn sie diesmal keinen Erfolg hätten. Damit zwang er sie zu einer Aufgabe, die beide von Herzen verabscheuten und lieber jemandem anderen überlassen hätten.

Wittich erinnerte sich an einen Platz, an dem die Schar auf dem Rückweg von Pola vorbeikommen mußte und der sich gut für einen Überfall eignete. Mit fünfhundert Mann legte er sich gemeinsam mit Heime in den Hinterhalt. Und Hildebrand und Bertram machten ihnen, ohne es zu wollen, ihr schändliches Tun leicht. Denn gerade an dieser Stelle, einem alten verfallenen Gemäuer, wollten sie eine kurze Rast machen. Sie hatten seit Stunden keinen Menschen mehr gesehen, dadurch fühlten sie sich jetzt sicher. Sie und ihre Tiere brauchten dringend Ruhe, so lagerten sie.

Nur Dietleib stieg nicht vom Pferd. Er war unruhig, er hatte das Gefühl, daß ihnen Gefahr drohe.

»Ich werde ein wenig kundschaften, ob auch wirklich alles ruhig ist«, sagte er zu Hildebrand und ritt zwischen das dichte Gesträuch. Er ritt zuerst aber in jene Richtung, in der sich keine feindlichen Truppen aufhielten. So konnte er seine Gefährten nicht warnen. Als er zurückreiten wollte, hörte er plötzlich Kampfeslärm. Vorsichtig lugte er hinter einem Busch hervor. Da sah er, daß alle Gefährten von kaiserlichen Söldnern niedergeworfen waren. Es war mindestens eine zehnfache Übermacht, die sich auf die Bewachung des Goldtransportes gestürzt hatte. Und dann sah er auch, wer die Truppe anführte.

Zuerst wollte sich Dietleib voll Haß auf Wittich und Heime in den Kampf stürzen. Dann aber siegte die Klugheit. Denn er merkte, daß er allein nichts mehr ausrichten konnte, daß auch er in Gefangenschaft geraten müßte, wenn er sich zeigte. So wendete er vorsichtig sein Pferd und ritt – zuerst langsam, damit man ihn nicht hören konnte, dann so schnell wie möglich – nach Bern zurück.

»Kommst du als Vorhut?« fragte Dietrich, als Dietleib schweißüberströmt den Palast betrat. Doch Dietleib sah ihn verzweifelt an.

»Alle sind gefangengenommen worden. Ein Trupp kaiserlicher Söldner lag beim verfallenen Kloster einen Tagesritt von hier im Hinterhalt. Und Wittich und Heime haben sie angeführt.«

Lähmendes, entsetztes Schweigen legte sich wie ein Leichentuch auf den Rittersaal. Damit war alles verloren. Dietrich war besiegt, bevor er noch ein zweites Mal in die Schlacht ziehen konnte.

»Was hast du am Nachmittag von einem Krimi gesagt? Liest du gerade einen?« Andreas kam leicht verlegen zu seiner Schwester, er brauchte wieder einmal ihre Hilfe. Und das war ihm immer peinlich.

»Nein, ich lese von alten Helden. Aber die Geschichten erinnern an einen Krimi. Warum?«

»Wir haben Probleme mit dem Schluß von unserem Film. Wir wissen nicht genau, wie der Detektiv den Mörder überführen soll. Kannst du uns vielleicht einen Rat geben?«

Katharina war geschmeichelt. Ohne ihre Hilfe ging es eben doch nicht!

»Erzähle mir genau, was ihr bis jetzt gemacht habt. Mir wird schon etwas einfallen.«

KAPITEL 10

Als Flüchtling bei Etzel

J etzt haben wir Dietrich, jetzt gehört der Sieg mir!« Sibich stand an einem Fenster des Palastes von Romaburg und rieb sich seine trockenen, dürren Hände. Er beobachtete, wie Wittich und Heime die gefangenen Anhänger Dietrichs in Fesseln in die kaiserliche Residenz brachten. Einige laute Befehle hallten durch den Hof, dann ergriffen Wachen die Gefangenen und schafften sie fort. Auf Ermanerichs Anordnung, der wieder einmal den Einflüsterungen Sibichs nachgegeben hatte, wurden sie in dunkle unterirdische Verliese gebracht, obwohl ihnen nach Brauch und Sitte ordentliche, helle Gemächer gebührt hätten.

Sibich kicherte unhörbar in sich hinein. Von oben hätte man den Eindruck gewinnen können, daß die Gefangenen in Wahrheit die Sieger waren, so stolz blieb ihre Haltung auch in Fesseln. Die beiden Anführer der siegreichen Schar schlichen dagegen weg wie geprügelte Hunde. Und Sibich freute sich darüber. Denn er haßte die beiden ehemaligen Gefährten des Berners, wie er alle verabscheute, die Dietrich schätzten. Der aufrechte, tapfere Gotenkönig war das genaue Gegenteil des verschlagenen Kanzlers, und deswegen beneidete – und haßte ihn Sibich, weil er ihm doch niemals ähnlich werden konnte.

Auch Ermanerich hatte von einem anderen Fenster aus beobachtet, wie die Gefangenen in den Palast geführt wurden. Nun war er fast am

Ziel seiner Wünsche. Niemand mehr machte ihm den Thron streitig, im Gegenteil, nun waren bald alle jene Länder unter seiner Herrschaft vereint, die einst sein Vater regiert hatte. Denn er wußte, daß sich Dietrich ohne das Gold und ohne seine wichtigsten Recken nicht lange auf dem Lampartenthron halten könnte. Dietrich würde wohl, so meinte der Kaiser, eine letzte verzweifelte Schlacht wagen, um seine Gefährten zu befreien. Und in dieser Schlacht mußte er fallen – wenn nicht im offenen Kampf, dann eben durch den Pfeil oder das Messer eines Mörders.

Zufrieden ließ sich der kaiserliche Bösewicht auf einem Stuhl nieder. Da war es ihm, als ob eine knöcherne Hand nach seinem Herzen griff und es zusammenpreßte. Er stieß einen lauten Schmerzensschrei aus, doch niemand kam, um nach ihm zu sehen. Sibich durfte nur mehr mit Genehmigung des Kaisers dessen Privatgemächer betreten. Walther von Wasgenstein ertränkte im Wein seinen Ärger über die verlorene Schlacht, wie er dies schon seit Wochen tat.

Die Palastwachen aber wagten sich nicht mehr in des Kaisers Räume. Einmal, noch vor der Schlacht bei Milan, hatte Ermanerich in einem Alptraum laut aufgeschrien. Als dann die Wachen zu ihm stürzten, hatte er sie wütend hinausgeworfen. Denn er wollte nicht, daß ihn jemand in seiner Schwäche und Hilflosigkeit sah. Nun war Ermanerich also ganz allein, wand sich in Schmerzen und verfluchte alle Menschen, am meisten aber Dietrich. Denn er suchte die Schuld für seine Qualen bei allen anderen, nur nicht bei sich selbst.

In ihrem Verlies bemühten sich indes die Gefangenen, guten Mut zu bewahren. »Der König wird uns sicher retten«, meinte Rentwin, dessen Vertrauen zu Dietrich ohne Grenzen war. Hildebrand stimmte ihm zu, um die Gefährten nicht niederzudrücken. Doch diesmal war er in seinem Innersten verzweifelt. Gegen die Bosheit des Kaisers und seines Kanzlers, die wie die Spinnen im Netz Dietrich auflauerten, sah er keine Hoffnung mehr. Wenn Ermanerich schon seinen eigenen Sohn und seine Neffen am Galgen hinrichten ließ, würde er kaum Milde gegenüber den Gefährten des Gotenkönigs walten lassen.

Inzwischen jagte Dietleib auf schnellstem Wege von Bern nach

Romaburg. Er hatte eine Botschaft Dietrichs an den Kaiser zu überbringen: Der König schlug einen Austausch der Gefangenen vor – die vielen hundert Mann, die das Lampartenheer bei der Schlacht von Milan gefangengenommen hatte, gegen die sieben Helden in Ermanerichs Hand. Aber der Kaiser lachte nur höhnisch auf, als er diesen Vorschlag vernahm:

»Dietrich mag mit seinen Gefangenen tun, was er will. Er mag sie durchfüttern bis zum Jüngsten Tag, wenn er genügend Essen für sie kaufen kann. Oder er mag sie aufknüpfen, wenn ihm der Sinn danach steht. Mir ist das gleichgültig. Die sieben Recken, die in meiner Gefangenschaft sind, werden jedenfalls gehängt! Sag dies dem Berner.«

Dieses harte Urteil wurde unter der Bevölkerung von Romaburg bekannt. Und da erhob sich ein deutliches Murren. Denn Dietrich war selbst bei den Untertanen Ermanerichs sehr beliebt, während der Kaiser und Sibich sich immer mehr den Haß der Menschen zugezogen hatten. Die Unruhe in der Stadt blieb dem schlauen Kanzler nicht verborgen. Deshalb ließ er sich beim Kaiser zu einer dringenden Unterredung melden.

»Herr, Eure Untertanen haben erfahren, welches Urteil Ihr über Hildebrand und die anderen Gefangenen gefällt habt. Und dieses Urteil hat große Unruhe beim Volk ausgelöst.«

»Sollen sie doch murren«, entgegnete Ermanerich schlecht gelaunt. »Wir haben ausreichend Truppen, da wird niemand wagen, etwas gegen den Kaiser zu unternehmen.«

»Nein, natürlich nicht, edler Herr«, erwiderte Sibich geschmeidig. »Doch derzeit müssen wir unsere Kräfte für die Auseinandersetzung mit Dietrich zusammenhalten. Ich schlage Euch deshalb vor, mit der Hinrichtung noch zu warten, bis Dietrich Euren Entschluß kennengelernt hat und eine Antwort schicken konnte. Einige Tage im Verlies kann den Gefangenen nur guttun, das bereitet sie gehörig darauf vor, was sie erwartet.«

Ermanerich kicherte bei dieser Bosheit Sibichs vor sich hin. »Gut«, meinte er. »Wenn Dietrich keine Antwort sendet, kann man beim Volk verbreiten lassen, daß er seine Helden im Stich läßt. Dann wird es ihm wohl nicht mehr so sehr anhängen. Und wenn Dietrich die sieben Gefangenen gewaltsam befreien will, kann niemand mehr etwas gegen die Vollstreckung des Urteils sagen.«

Also wartete der Kaiser, welche Entscheidung Dietrich treffen würde; insgeheim hoffte er, daß sich sein Neffe zu einem Krieg entschließen werde. Doch der Gotenkönig wußte genau, wie hoffnungslos jeder Versuch zur gewaltsamen Befreiung seiner Freunde war. Als ihm Dietleib die Antwort Ermanerichs gebrachte hatte, hatte er gar nichts gesagt, sondern nur tief sein Haupt gesenkt. In seinem Herzen hatte er diese Entscheidung befürchtet, aber nun traf ihn die Botschaft Dietleibs doch zutiefst.

Am nächsten Morgen versammelte er alle seine Getreuen in der großen Halle. Dietrichs Gefährten erschraken, als sie ihren König sahen. Sein Antlitz zeugte von einer durchwachten Nacht, tiefe Ringe lagen unter seinen Augen, harte Furchen durchzogen seine Wangen. Der strahlende blondlockige Gotenkönig, als der er noch in die Schlacht von Milan gezogen war, schien über Nacht um Jahre gealtert und war kaum mehr zu erkennen.

»Ich habe einen Entschluß gefaßt. Ich werde selbst zu Kaiser Ermanerich reiten und mich ihm zu Füßen werfen. Ich will ihm jede Genugtuung geben, die er verlangt. Er kann meine Bitte um Schonung meiner Gefährten dann nicht ablehnen.«

Nur Dietrich allein wußte, wie schwer ihm dieser Bittgang, diese Demütigung fiel, wie sehr er in der Nacht mit sich gerungen hatte. Doch sah er keinen anderen Weg, um seine Freunde zu retten. Und retten mußte er sie, wenn er jemals seines Lebens wieder froh werden wollte. Vergeblich versuchten die Gefährten, dem König diesen Plan auszureden. Besonders Alphart und Wolfhart drangen darauf, ihren Oheim Hildebrand und ihren Freund Rentwin mit Gewalt oder List zu befreien, ohne Ermanerich die Genugtuung eines Kniefalles zu geben. Als aber alle merkten, daß Dietrich in seinem Entschluß unbeugsam blieb, erklärten sie alle, daß sie mit ihrem König reiten wollten. Diese Entscheidung konnte wieder Dietrich nicht umstoßen.

So ritt ein Trupp von rund fünfzig Mann unter der Fahne des Lampartenreiches gegen Romaburg. Sie trieben die Pferde zu höchster Eile an, doch anders als sonst flogen diesmal keine fröhlichen Reden von einem zum anderen. Allen war das Herz zentnerschwer, alle fürchteten die Begegnung mit Ermanerich. Dieser erfuhr durch Sibichs Späher bald vom Nahen Dietrichs und der Gefährten. Da bekamen der Kaiser und sein Kanzler Angst. Denn das hatten sie nicht vorhergesehen, sie wußten nicht, was Dietrich vorhatte. Und eben diese Ungewißheit ängstigte sie.

Romaburg war voll Gewappneter, als Dietrich mit seinen Gefährten eintraf. Es war, als wollte Ermanerich dem Gotenkönig seine Macht und seine Stärke vor Augen führen. Doch dieser beachtete, ja sah nicht einmal die vielen Truppen. Im lag nur am Herzen, daß er so schnell wie möglich bei Ermanerich für seine gefangenen Gefährten bitten konnte. Doch der Kaiser ließ seinen Neffen absichtlich warten; dies hatte ihm Sibich geraten, der meinte, der Stolz des Berners könnte so gebrochen werden. Drei Tage lang mußte Dietrich auf den Stufen des Palastes ausharren, die Nächte verbrachte er mit seinen Gefährten in einer schlechten Herberge.

Schließlich ließ Ermanerich dem Gotenkönig sagen, daß er ihn mit sechs seiner Gefährten empfangen werde. Dietrich wählte zu diesem schweren Gang Dietleib, Alphart, Wolfhart, Wildeber, Isung, den Spielmann, Hornbogen und Siegstab. Dietrich bereitete die Siebenzahl einige Sorgen. Denn es war Ermanerich durchaus zuzutrauen, daß er die sieben jetzigen Gefangenen freiließ, dafür aber Dietrich und seine sechs Freunde in den Kerker werfen ließ. Von diesen Überlegungen sagte er aber nichts, sondern begab sich zum Palast. Vorher hatte er noch den anderen Gefährten aufgetragen, gut auf ihre Pferde und die wenige Habe zu achten, die sie nach Romaburg mitgenommen hatten.

Im Palast waren nicht nur die üblichen Wachen postiert, sondern zusätzlich mindestens zwei Hundertschaften Bewaffnete.

»Haltet euren Zorn in Zaum, auch wenn Ermanerich uns noch so sehr reizt. Mir scheint, er will uns zu einer Unvorsichtigkeit bewegen, um uns dann alle töten zu können«, flüsterte Dietrich den Gefährten zu. Und alle, selbst Alphart und Wolfhart, die beiden Heißblütigen, versprachen Ruhe und Vorsicht.

Im Thronsaal erwartete sie Ermanerich mit Sibich und noch fünf Beratern. Der Kaiser und sein Gefolge hatten sich in prunkvolle, von Gold starrende Gewänder geworfen – gleichsam um Dietrich seine Armseligkeit vor Augen zu führen. Denn der Gotenkönig und seine Gefährten trugen schlichte, einfache Gewänder; die Prunkgewänder waren verkauft worden, um die Soldaten zu bezahlen.

»Du wolltest mich sprechen, Dietrich, ich höre«, begann Ermanerich hochmütig. Er gönnte dem Berner nicht einmal einen Willkommensgruß.

Da warf sich Dietrich auf die Knie und sprach:

»Herr, in Eurer Gewalt sind sieben meiner Gefolgsmänner. Ihr kennt sie alle. Einer davon ist mein Waffenmeister Hildebrand. Euer Bruder, mein Vater, bestimmte ihn selbst zu meinem Lehrer und Berater. Ein anderer ist Herzog Bertram von Pola, der meinem Vater und mir immer ein treuer Gefährte war. Rentwin und die anderen vier haben mich seit langem auf allen meinen Fahrten und Abenteuern begleitet, so auch zum Kampf gegen Herzog Rimstein von Gerisheim. Ihr habt sie gefangengenommen, weil sie mir im Krieg, den Ihr selbst mir erklärt habt, treu zur Seite gestanden sind, wie es ihnen ihr Eid gebot.

Herr, ich bitte Euch und flehe Euch beim Gedächtnis Eures Bruders an: laßt die Gefangenen frei. Nehmt Euren Urteilsspruch zurück, denn den Tod am Galgen haben sie mit ihrer Treue nicht verdient. Ich bin bereit, für meine Gefährten in Gefangenschaft zu gehen oder Euch sonst eine Genugtuung zu geben. Aber seid ein großmütiger Herr und laßt sie frei!«

Atemlose Stille lastete über dem Thronsaal, als Dietrich geendet hatte. Ihm selbst und seinen sechs Begleitern standen Tränen in den Augen. Sibich ließ seine Augen unruhig hin und her schweifen, da er genau bemerkte, wie sehr Dietrichs Rede die anderen Berater des Kaisers beeindruckt hatte. Die fünf wandten sich mit gefalteten Händen an Ermanerich, als wollten sie sich den Bitten des Gotenkönigs anschließen.

Nur Ermanerich selbst schien unbeeindruckt. Reglos saß er in seinem Thronsessel und schaute über den knienden Dietrich hinweg, als hätte er ihm gar nicht zugehört. Sein hageres Gesicht, in dem viele schlaflose Nächte und der ständige Kampf mit den Geistern seiner Opfer tiefe Spuren hinterlassen hatten, war unbewegt. Minutenlang saß er so still und ließ Dietrich vor sich knien. Nicht einmal Sibich, der ihn doch so gut kannte, konnte erahnen, welch furchtbarer Plan sich in Ermanerich formte.

Nach minutenlangem, lastendem Schweigen begann der Kaiser endlich mit hohler Stimme zu sprechen:

»Du willst also die Freiheit für deine Gefährten, die es ebenso wie du gewagt haben, ihr Schwert gegen mich, den Kaiser, zu erheben. Dafür gebührt ihnen ebenso wie dir der Tod. Berufe dich nicht auf meinen Bruder, denn er hat immer in mir den Kaiser geachtet. Du aber hast nach meinem Thron gestrebt, du hast also das gleiche Verbrechen begangen wie meine eigenen Söhne und die Harlunge, diese verbrecherischen Knaben.

Du bietest dich mir als Ersatz für die Gefangenen an. Doch was soll mir das nützen? Soll ich hier in Romaburg einen unnützen Esser durchfüttern? Soll ich dich in einem Kerker festhalten und darauf warten, daß einer deiner Gefährten wahnwitzig genug ist, deine Befreiung zu versuchen?

Nein, das alles bringt meiner Herrschaft keine Vorteile. Aber«, und jetzt wandte sich Ermanerich zum ersten Mal voll Dietrich zu, »du hast mir eine andere Genugtuung geboten. Und die wirst du mir geben!« Ermanerich Stimme wurde schneidend, Haß und Hohn sprachen aus seinem Gesicht.

»Deine Gefährten erhalten die Freiheit, falls du dein Land verläßt. Da darfst nichts mit dir tragen als deine Rüstung und deine Waffen. dein Pferd mußt du am Zügel führen und zu Fuß gehen, bis du die Grenze des Lampartenreiches überschritten hast. Das ist meine Bedingung, und ich weiche nicht um Haaresbreite davon ab. Doch ich bin großmütig: Wenn irgendeiner deiner Gefährten mit dir gehen will, kann er gehen, so wie du. Ich werde darüber wachen lassen, daß du diese Bedingung erfüllst, doch weder dir noch einem deiner Gefährten soll auf dem Weg in die Fremde irgendein Leid geschehen.«

Hohnlachend warf sich Ermanerich im Thronsessel zurück und starrte Dietrich an, der während dieser Rede vom Boden aufgesprungen war. Dietrichs Hand zuckte zum Schwert, doch mitten in dieser Bewegung riß er sich zusammen. Denn er merkte, daß Ermanerich schon die Wachen herbeiwinken wollte, um ihn gefangenzunehmen. Schwer atmend blickte der Gotenkönig um sich. Seine sechs Gefährten sahen ihn totenbleich an, sie schienen wie versteinert. Ermanerichs fünf Berater starrten ihren Herrn ungläubig an, als könnten sie es nicht fassen, daß ein menschliches Gehirn eine solche Grausamkeit ersinnen konnte. Selbst Sibich schien fassungslos, eine leise Angst machte sich auf seinem Gesicht breit. Nun merkte er, daß Ermanerich ihm an Tücke weit überlegen war, er begann nicht nur um seine Rache zu fürchten, sondern auch um sein Leben.

Dietrich aber nahm sich mit aller Kraft zusammen. Sein Antlitz schien zu versteinern, seine Züge waren wie aus Marmor gemeißelt. Nein, er wollte Ermanerich nicht die Genugtuung geben, daß er seinen Schmerz, seine Wut, seine Hilflosigkeit zeigte. Denn er war tatsächlich hilflos wie noch niemals in seinem Leben. Er dachte an sein Volk, an sein Reich. Doch er wußte genau, daß er seinen Untertanen nicht helfen konnte, wenn er blieb. Denn wieder und wieder würde Ermanerich das Lampartenreich mit Krieg überziehen, würde die Menschen unter seiner Herrschaft dafür büßen lassen, daß sich ihr König nicht unterwarf. Und seine gefangenen Gefährten würden am Galgen enden.

Nach einer schier endlosen Pause antwortete Dietrich:

»Gut, ich nehme Eure Bedingung an. Ich verspreche hier und vor Zeugen feierlich, daß ich mein Land verlassen werde, zu Fuß, mein Pferd am Zügel, mit meiner Rüstung und meinen Waffen als einzige Habe. Ihr wißt, daß ich mein Wort immer halte. Nun laßt die Gefangenen frei. Wenn sie es wünschen, sollen sie mit mir in die Verbannung gehen können.«

Schon wollte ihm Ermanerich erwidern, daß er keine Bedingungen zu stellen habe, daß die Gefangenen erst frei würden, wenn er das Lampartenreich verlassen habe. Doch ein Blick auf Dietrich, ein zweiter auf die Berater überzeugte den Kaiser, daß er den Bogen nicht überspannen dürfe. Es wäre zu gefährlich, wenn er sich auch alle seine Berater zu Feinden machte. So erklärte er mit einer Stimme, der man die Bemühung um Geschmeidigkeit anhörte:

»Damit bin ich einverstanden. Ich werde die Gefangenen zu dir schicken, damit sie mit dir nach Bern zurückkehren können. Ich will meine Milde sogar noch weiter treiben und dir drei Tage geben, um in Bern deine Angelegenheiten zu regeln. Doch gebe ich dir einen Trupp Bewaffneter mit, der die Erfüllung meiner Bedingung beobachten und dich bis zur Grenze deines Reiches begleiten wird. Wer von deinen Gefährten mit dir gehen will, mag gehen, die anderen können in meine Dienste treten. Doch nun ist genug gesprochen, morgen verläßt Ihr alle Romaburg. Ich hoffe, dich nie wieder in meinem Leben zu sehen.«

»Ein letztes Wort noch«, sagte Dietrich schneidend. »Ich erwarte meine Gefährten unverzüglich im Hof des Palastes. Euch aber mag dieser Sieg glücklich machen und Euch ruhige Nächte und friedliche Träume schenken.« Mit diesen Worten drehte sich Dietrich um und verließ den Thronsaal. Seine sechs Freunde folgten ihm wortlos.

Bei Dietrichs höhnischem »Glückwunsch« war Ermanerich aufgesprungen und streckte die Hände gegen den Gotenkönig aus, als wollte er ihn festhalten. Dann sank er langsam wieder in seinen Thronsessel zurück. Wie ein Sieger sah er jetzt wahrlich nicht aus. Das stellten auch seine Berater nach einem scheuen Blick in sein Antlitz fest.

»Holt die Gefangenen«, sagte der Kaiser leise, kaum hörbar. Dann verließ er mit schleppenden Schritten den Thronsaal.

Katharina schüttelte den Kopf. Sie verstand Dietrich überhaupt nicht mehr. Wieso war er zu Ermanerich geritten? Hatte er nicht Angst gehabt, daß ihn dieser Schuft umbringen würde?

»Na ja, Angst hat er sicher gehabt. Aber ein Mord an einem König, noch dazu in aller Öffentlichkeit, wäre gegen die Spielregeln gewesen«, meinte der Großvater auf eine entsprechende Frage.

»Wieso Spielregeln. Krieg und Mord und Hinrichtung sind doch kein Spiel!«

»Du kannst es meinetwegen auch Gesetz nennen oder Völkerrecht. Tatsache ist aber, daß es nicht nur innerhalb eines Staates immer Regeln gegeben hat, die das Zusammenleben geordnet haben, sondern auch zwischen den Staaten. Anders war es zu gefährlich und auf die Dauer auch nicht sehr sinnvoll.

Das ist ein bißchen wie beim Sport: Wenn eine Mannschaft gegen die Regeln spielt, wird sie vielleicht am Anfang gewinnen. Aber dann wird niemand mehr mit ihr spielen wollen. Und wenn ein Land immer wieder die geschriebenen oder ungeschriebenen Regeln gebrochen hat, dann haben die Nachbarn ihm den Krieg erklärt. Außerdem hat niemand mehr Handel mit diesem Land getrieben. Das war dann nämlich für die anderen Länder zu gefährlich. Und Handel hat jedes Land gebraucht.

Und auch ein Mord an einem rechtmäßigen König war für einen anderen König sehr gefährlich. Dann hätte ja jemand aus seiner eigenen Umgebung auch auf die Idee kommen können, ihn umzubringen. Gekrönte Könige waren deshalb meistens unantastbar. Ausnahmen bestätigen allerdings diese Regel.«

»Aber Ermanerich hat sich doch nicht immer an die Regeln gehalten?«

»Natürlich sind sie oft gebrochen worden. Aber die guten Herrscher, die ihrem Land und ihrem Volk Frieden und Wohlstand gebracht haben, haben die Spielregeln im großen und ganzen gehalten. Natürlich ist es nicht immer geglückt, selbst wenn sich ein Herrscher bemüht hat.«

Die Sache mit den Regeln sah Katharina ein. Aber daß jemand wie Ermanerich sie sich einfach zurechtbiegen konnte, ging ihr gegen den Strich.

Bleich von den vielen Tagen im dunklen Verlies, aber mit strahlenden Gesichtern kamen Hildebrand und die anderen sechs Gefangenen in den Hof. Die Wachen hatten ihnen nur gesagt, daß sie zu ihrem König gebracht würden. Nun glaubten sie, daß es Dietrich durch eine List gelungen war, sie zu befreien. Schon wollte Hildebrand den König voll Dankbarkeit umarmen, da sah er dessen blasses, versteinertes Gesicht.

»Was ist geschehen?« fragte der Waffenmeister angstvoll. Und auf eine Handbewegung Dietrichs begann Dietleib zu erzählen. Er berichtete von seiner Flucht während des Überfalls, von seinem Ritt zu Ermanerich, von den Bedingungen des Kaisers und schließlich von Dietrichs Unterwerfung unter diese Bedingungen. Hildebrand wollte auffahren, doch Dietrich unterbrach ihn:

»Schweig, mein treuer Hildebrand. Was geschehen ist, ist geschehen. Ich konnte euch sieben nicht anders retten, und auch für mein Volk ist es besser, wenn ich gehe. Ermanerich wird sicher kein gütiger Herrscher sein, doch den Menschen bleiben wenigstens neuerliche Kriege erspart. Kommt in die Herberge, unseres Bleibens darf hier nicht länger sein.«

In der Herberge aber machte Hildebrand zuerst seinem Herzen mit einer Flut von Verwünschungen und Flüchen gegen Ermanerich und Sibich Luft. Dann aber sagte er – und jetzt sah ihm Dietrich an, daß Widerspruch sinnlos wäre:

»Ich gehe mit dir, mein König, und wenn es sein muß, bis zum Ende der Welt!«

Und auch die anderen Gefährten versicherten Dietrich, daß sie ihn nicht allein in die Verbannung gehen lassen wollten. Auch wollte keiner in den Dienst des heimtückischen Kaisers treten. Nur Dietleib mußte schweigen. Denn sein Vater hatte ihm die Verantwortung für die Steiermark und die Obsorge für Künhilde übertragen, da konnte und durfte er nicht dem Berner in ein ungewisses Schicksal folgen.

»Wohin aber wirst du gehen, mein König?« fragte Rentwin besorgt. Er konnte sich Dietrich nicht anders als in einem königlichen Palast vorstellen, in den er von seinen Abenteuern und Kriegszügen immer wieder zurückkehrte. Wo aber konnte er als armer Flüchtling, der nur seine Waffen und seine Rüstung hatte, eine Bleibe finden? Wie würde er sich wohl seinen Lebensunterhalt sichern?

»Wir ziehen zu König Etzel«, schlug da Hildebrand vor. Er wußte, daß der Hunnenkönig Dietrich und die Gefährten aufnehmen würde, da er damit seine Kriegsmacht verstärken konnte. Außerdem war Etzel dem Berner noch immer sehr wohlgesinnt, denn er hatte dessen Hilfe im Kampf gegen die Wilzen nicht vergessen. Dietrich stimmte geistesabwesend diesem Vorschlag zu. Ihm war es gleichgültig, wohin ihn das Schicksal verschlug, wenn er aus seinem geliebten Bern weichen mußte.

Als die Helden am nächsten Tag die Herberge verließen, um den Rückweg anzutreten, waren alle Straßen und Steige verstopft mit Bewaffneten. Denn Ermanerich hatte eine Truppe von fünftausend Mann aufgeboten, um den Gotenkönig zu begleiten und dann in Bern jede Unruhe im Keim zu ersticken. Auch wollte er Dietrich deutlich vor Augen führen, wie ernst es ihm mit seinen Bedingungen war.

»Hei, seht nur, welche Angst der Kaiser vor uns hat!« rief Alphart belustigt aus. Tatsächlich erschien es fast lachhaft, daß ein solches Heer einen Trupp von fünfzig Mann bewachen sollte. Doch in Bern zeigte sich, daß Ermanerichs Furcht vor Unruhen nicht unbegründet war. Als bekannt wurde, daß Dietrich und seine Gefährten die Stadt und das Land verlassen mußten, rotteten sich die Menschen unter lautem Wehklagen vor dem Palast zusammen. Die Bewaffneten hinderten sie aber daran, in die Residenz einzudringen und Dietrich zu beschwören, er möge doch bleiben.

Nun hatte Dietrich die traurige Pflicht, alle Vorbereitungen für seine Verbannung zu treffen. Dabei mußte vor allem für die Frauen und Kinder jener Helden gesorgt werden, die schon Familie hatten, aber trotzdem Dietrich folgen wollten. Hildebrand sandte einen Boten nach Garda zu Frau Ute, damit sie alles zur Aufnahme dieser Unglücklichen vorbereite. Auch Rentwin sandte einen Boten zu seinem Vater, um ihn von den Vorfällen zu unterrichten und ihn zu bitten, daß er Frau Ute beistehen möge. Dann wurde noch ein umsichtiger Ritter bestimmt, der den Zug der Frauen und Kinder führen sollte.

Am dritten Tag aber zog Dietrich mit seinem Bruder Diether und mehr als fünfzig seiner Getreuen zu Fuß los, in die harte Zeit der Verbannung. Tausend Mann der kaiserlichen Truppe begleitete zu Pferd die Flüchtlinge, die anderen blieben auf Befehl Ermanerichs in Bern, um dort für Ruhe und Ordnung zu sorgen. Es war ein trauriger Zug,

der Bern verließ, begleitet vom Wehklagen der zurückbleibenden Bevölkerung.

Dietrich und seine Helden atmeten auf, als sie das Lampartenreich
verließen. Denn nun wurden sie ihre unliebsame Begleitung los. Dietleib, der sie so lange wie möglich begleitet hatte, trennte sich nun von
ihnen, um in die Steiermark zurückzukehren. Doch versprach er, so
bald wie möglich Etzel und seinen Vater Biterolf im Hunnenreich zu
besuchen. Dann zog die Schar weiter an die Donau, wo sie in Bechelaren bei Markgraf Rüdiger einkehren wollten. Sie wußten, daß ihnen
dieser treue Freund eine Herberge bieten würde, in der sie sich von
den Anstrengungen der langen Reise erholen konnten.

All die Tage sprach Dietrich kaum das Notwendigste, sein Gesicht
blieb umdüstert und traurig. Ihn drückte nicht nur seine eigene Verbannung, er wußte auch nicht, wie ihn Etzel empfangen würde. Denn
nun war er nicht mehr der tatkräftige Freund, der dem Hunnenkönig
mit einer Schar von Kriegern zu Hilfe eilen konnte. Nun brauchte er
selbst Hilfe. Ein einziger Lichtblick erhellte von Zeit zu Zeit die
dunklen Gedanken des Königs. Er hoffte, daß er Herrat wiedersehen
würde. Denn er hatte das schöne Mädchen trotz der langen Trennung
nicht vergessen können. Doch dann schalt er sich im geheimen einen
Toren, daß er überhaupt an Herrat dachte. Vielleicht hatte sie längst
einen Gemahl gefunden. Außerdem, so redete sich Dietrich ein, hatte
er als König in der Verbannung gar nicht das Recht, an Liebe zu denken.

Rüdiger war sehr erstaunt, als der Trupp unter der Führung Dietrichs schweigend, mit hängenden Köpfen auf seine Burg einritten. Er
hatte zwar schon Gerüchte über Auseinandersetzungen zwischen
Dietrich und dem Kaiser gehört, das ganze Ausmaß des Unglücks
kannte er aber noch nicht. Doch nahm er gerne die Flüchtigen auf
und bestärkte auch Dietrich in seiner Absicht, bei Etzel Schutz und
dort wenigstens für einige Zeit eine neue Heimat zu finden.

»Der Hunnenkönig spricht oft von dir, König Dietrich, und erin-
nert sich voll Dankbarkeit an deine Hilfe gegen die Wilzen. Er wird
euch sicher bei sich aufnehmen. Inzwischen will ich dich, Dietrich,

und deine Gefährten mit dem Nötigsten ausrüsten. Denn meine Augen können nicht mit ansehen, wie du nur mit deiner Rüstung und ohne irgendeinen Knecht reisen mußt.«

Und wirklich versorgte Rüdiger, dessen Güte und Milde in allen Landen gepriesen wurde, die Verbannten mit Festgewändern, er gab ihnen Knechte zur Bedienung und sorgte in jeder Weise für sie. Nach einer Woche hatten sich Mensch und Tier wieder soweit erholt, daß sie den Marsch ins Hunnenland fortsetzen konnten. Zur Begleitung gab der Markgraf jedem der Verbannten zwei Knechte mit, die für sie sorgen sollten. Ferner übergab er Dietrich einen Beutel voll Gold. Dietrich wollte diese reiche Gabe ablehnen, doch Rüdiger meinte nur: »Nimm es als Darlehen an, König Dietrich. Du hast mein Land gesehen und weißt, wie reich es ist. Ich schädige mich also nicht selbst durch diese Gabe, die du mir zurückgeben wirst, wenn du kannst. Vielleicht bin einmal ich auf deine Hilfe angewiesen.«

So ermöglichte es Rüdiger dem König und dessen Gefährten, als Helden und nicht als arme Bettler vor Etzel zu erscheinen. Der Hunnenkönig war durch seinen Markgraf bereits von der bevorstehenden Ankunft der Berner unterrichtet worden. Wie Rüdiger vorausgesagt hatte, nahm er die Flüchtigen huldvoll auf. Gleich am ersten Abend wurde ein großes Festmahl veranstaltet, um die Ankunft Dietrichs in der Etzelburg zu feiern. Wie leuchteten da die Augen des Gotenkönigs auf, als auch Herrat an dem Fest teilnahm. Sie war noch schöner, als er sie in Erinnerung hatte.

Am Abend des Festes flogen erstmals seit der Unterredung mit Ermanerich in Romaburg wieder Scherzreden zwischen Dietrich und seinen Gefährten hin und her. Wohl brannte der Verlust von Bern in allen wie eine offene Wunde, die Schmach und die Demütigung, die sie durch Ermanerich erlitten hatten, war nicht vergessen. Doch das Leben ging weiter, sie mußten sich dem neuen Dasein stellen. Auch wollte niemand Etzel verletzen, der sie so freundlich aufgenommen hatte.

Des Nachts besprachen Etzel und Helche im königlichen Schlafgemach, wie sie Dietrich helfen konnten. Der Hunnenkönig hatte die feste Absicht, ihm ein Heer zur Verfügung zu stellen, damit er sich sein Reich zurückerobern konnte. Doch im Augenblick brauchte Etzel selbst Hilfe. Denn Waldemar, ein Bruder des Wilzenkönigs Oserich – und damit ein Oheim Helches –, hatte die Herrschaft über die Reussen gewonnen. Nun bemühte er sich, auch die Wilzen, die seit dem Tod ihres Königs führerlos waren, hinter sich zu versammeln. Er wollte gegen Etzel Krieg führen und so das Werk vollenden, an dem sein Bruder gescheitert war.

Wie schon einmal, konnte Etzel gegen die vereinigten Heere von Reussen und Wilzen nur mit Dietrichs Hilfe auf Erfolg hoffen. So bat der Hunnenkönig am nächsten Morgen seinen Gastfreund um Beistand; gleichzeitig versprach er, dem Berner nach einem Sieg über die Reussen ein Heer zu geben, damit er den Kampf gegen Ermanerich aufnehmen könne. Dietrich und seine Gefährten waren gerne zu dem Kriegszug bereit. Denn Dietrich war es nur recht, wenn er sich die Hunnen verpflichtete.

So zogen sie bald los, um dem Reussenkönig zuvorzukommen und den Kampf in sein eigenes Land zu tragen; durch diese Eile waren aber noch nicht alle Hunnenhäuptlinge in der Etzelburg eingetroffen. Dadurch hätte sich diese List fast gegen die Berner und die Hunnen gerichtet. Denn nach wenigen Tagen Aufenthalt im Land der Reussen meldeten die hunnischen Späher, daß vor ihnen ein riesiges Heer stehe. Waldemar war es nämlich schon gelungen, sich mit den Wilzen zu vereinigen. Am nächsten Tag begann die Schlacht.

Etzel selbst kommandierte mit Biterolf die Mitte seiner Schlachtreihe, Rüdiger den rechten und Dietrich den linken Flügel; dort standen auch alle seine Gefährten. Waldemar stürzte sich sofort mit beträchtlicher Übermacht auf die Mitte des Heeres. Denn sein Plan sah vor, Etzel zu fangen; dann konnte er den Frieden diktieren. Die hunnischen Reiter auf ihren flinken kleinen Rossen kämpften wie wahre Helden. Ein Pfeilhagel ging auf ihre Feinde nieder und forderte viele Opfer, denn im Gebrauch von Pfeil und Bogen hatten es die Hunnen zu wahrer Meisterschaft gebracht. Trotzdem brachte die Übermacht der Reussen und Wilzen die Hunnen zum Weichen, bald waren sie auf der Flucht und rissen den rechten Flügel unter der Führung Rüdigers mit sich.

Dietrich von Bern aber stand dem Sohn Waldemars gegenüber, der auch Dietrich hieß. Das Schlachtenglück war auf seiten des Berners und seiner Genossen. Eckesachs und die anderen Schwerter der Rekken hielten eine blutige Ernte. Schließlich traf Dietrich von Bern mit dem Reussen-Dietrich zusammen. Nach einem furchtbaren Kampf besiegte der Gotenkönig seinen Widersacher, doch tötete er ihn nicht, sondern nahm ihn gefangen.

Da schien sich das Glück gegen den Berner zu wenden. Denn Waldemar, der Etzel und die Hauptmacht des hunnischen Heeres nicht erreicht hatte, ließ von der Verfolgung ab, um wenigstens Dietrich von Bern in seine Gewalt zu bekommen. Er warf sich deshalb mit allen seinen Truppen in das Schlachtgetümmel rund um den Gotenkönig.

Als Dietrich den Reussenkönig nahen sah, richtete er sich hoch im Sattel von Falke auf. Mit einem Blick stellte er fest, daß seine Mannen der Übermacht unterliegen mußten. »Zurück!« rief er mit donnernder Stimme über das Schlachtfeld. Und wirklich gelang es seinen Mannen und den Hunnen an seiner Seite, sich bis zu einer hunnischen Grenzbefestigung durchzuschlagen. Dietrich, der Reusse, mußte mit ihnen mit.

Tagelang harrten die Helden in der gut befestigten Burg aus, doch zeigte sich keine Hilfe. Sie hatten nur wenige Vorräte in der Befestigung vorgefunden, deshalb fürchtete Dietrich, daß sie der Hunger zur Übergabe zwingen würde. Da beschloß Alphart, in einem kühnen Handstreich den Ausbruch zu wagen. Er wollte Hilfe von den Hunnen holen. In finsterer Nacht schlich er sich mit Rentwin zu den Zelten der Belagerer, und während Rentwin die Zelte anzündete, entkam Alphart unbemerkt. Er traf bald auf Rüdiger, der im Auftrag Etzels auf der Suche nach Dietrich war. Der Markgraf führte ein großes Hunnenheer herbei, und bald waren die Belagerten wieder frei. In den Kämpfen hatte allerdings Dietrich schwere Verletzungen erlitten, die ihn für längere Zeit aufs Krankenlager warfen.

Etzel aber wollte nach dem unglücklichen Feldzug nicht wieder gegen die Reussen vorrücken, zumal Dietrich noch nicht imstande war, das Heer anzuführen. Doch nahm ihm Waldemar die Entscheidung ab, da er zur Befreiung seines Sohnes mit einem großen Heer herbeizog. Der Hunnenkönig mußte also ausrücken, diesmal führten Rüdiger und Biterolf die beiden Flügel. Aber wieder leuchtete ein unglücklicher Stern über Etzel: Er erlitt eine noch schwerere Niederlage; die Abwesenheit Dietrichs machte sich zum Nachteil der Hunnen bemerkbar.

Dietrich hatte in der Etzelburg aber auch keine Muße, um seine Wunden zu pflegen. Denn der Reussen-Dietrich war durch die Unachtsamkeit seiner Wachen entkommen. Ungeachtet seiner Wunden setzte ihm der Berner nach. Die große Schnelligkeit Falkes ließ ihn bald den Flüchtigen erreichen. Nach einem harten Kampf konnte der geschwächte Gotenkönig den Reussen-Dietrich auch besiegen und töten, doch hatte er dabei neue Wunden erlitten.

So mußte der Rachefeldzug gegen die Reussen aufgeschoben werden, bis die Helden genesen waren. Dann aber hielt Etzel nichts mehr zurück. Der Hunnenkönig wußte nämlich genau, daß die zweimalige Niederlage sein Ansehen bei den anderen Völkern schwer geschädigt hatte. Wenn es ihm nun im dritten Feldzug nicht gelang, die Reussen entscheidend zu schlagen, war zu befürchten, daß viele Völkerschaften rund um das Hunnenreich bei Etzel reiche und leichte Beute vermuteten und einen Krieg begannen. Mit dem Feldzug gegen die Reussen wollte Etzel Auseinandersetzungen an allen Grenzen seines Reiches zuvorkommen.

Diesmal wurden die Vorbereitungen besonders sorgfältig getroffen. Nach einem mehrtägigen Marsch stieß das Hunnenheer schließlich auf die Reussen. Da entspann sich eine Schlacht, die drei Tage dauerte. Die schwersten Kämpfe hatte Dietrich zu bestehen, der wieder den linken Flügel befehligte. Mehr als einmal schien es, als ob die Reussen durch die Schlachtlinie Dietrichs brechen würden, denn sie warfen ihm ihre stärksten Kräfte entgegen. Und mehr als einmal war Dietrich in höchster Lebensgefahr, denn durch den Helm Hildegrim war er für die Gegner leicht zu erkennen. Nun bewährte sich, daß nicht nur Hildebrand, sondern auch Rentwin immer an der Seite des Königs kämpfte. Viele gefährliche Schwerthiebe konnte der junge Held abwehren, mehr als einmal schützte sein Schild Dietrich vor einem heimtückischen Pfeil.

Am Abend des dritten Tages aber befand sich das Heer der Reussen in wilder Flucht. Waldemar lag tot auf dem Schlachtfeld, die meisten anderen Heerführer waren gleichfalls tot oder schwer verwundet. Dietrich und Etzel setzten den Fliehenden nach. In der Hauptstadt des Reussenlandes mußten schließlich die Ältesten – sie führten die Staatsgeschäfte, da es keinen König mehr gab – der vollständigen Unterwerfung zustimmen. Die Reussen mußten einen hohen Tribut zahlen und Geiseln stellen, die an den Hof Etzels als Unterpfand für den Frieden gebracht wurden.

Der glänzende Sieg, an dem Dietrich und seine Gefährten den größten Anteil hatten, wurde in der Etzelburg mit einem siebentägigen Fest gefeiert. Am ersten Tag schon verkündete Etzel, daß Dietrich den größten Anteil der Beute bekommen sollte, die aus dem Reussenland mitgebracht worden sei. Dietrich nahm den Schatz, den er sich redlich verdient hatte, auch dankbar an. Nun war er wenigstens imstande, seine Knechte und Diener selbst zu belohnen und mußte nicht immer auf die Großzügigkeit Etzels bauen. Auch gab er noch während des Festes Prunkgewänder für sich und seine Gefährten in Auftrag, denn bisher waren die Verbannten gar armselig von der wilden Pracht der Hunnen abgestochen.

Am letzten Abend des Festes, als alle schon müde von den vielen Spielen und Turnieren, aber auch von den üppigen Festessen waren, geschah etwas Seltsames. Plötzlich öffnete sich die Türe zu der großen Halle, in der die Helden feierten. Mit unhörbaren Schritten trat eine hochgewachsene, reich gekleidete Frau herein. Ihr Gesicht war hinter einem Schleier verborgen. Die Frau warf sich dem Hunnenkönig zu Füßen und bat ihn:

»Rette mich! Mir folgt ein schrecklicher Zauberer auf den Fuß. Er nennt sich der Wunderer, und er will mich verschlingen. Denn eine böse alte Frau, die in die Zukunft sehen kann, hat einst eine Weissagung gemacht. Der Wunderer, so behauptete sie, werde unbesiegbar, wenn er mich verschlingt.« Mit diesen Worten warf sie den Schleier zurück und enthüllte ein Antlitz von makelloser Schönheit.

»Wer bist du?« frage Etzel ganz erstaunt.

»Ich bin Frau Sälde«, antwortete die Frau. »Ich habe die Gabe, die Gedanken der Menschen lesen zu können. Auch kann ich Helden, die für eine gute Sache kämpfen, unschlagbar machen. Der Wunderer weiß dies, deshalb glaubt er auch an die Weissagung. Doch er kämpft immer nur für das Böse, daher kann und will ich meine von Gott gegebene Kraft nicht bei ihm einsetzen. Doch wir haben schon zu lange gesprochen. Horch, man hört schon die wilden Hunde des Zauberers. Ich flehe dich an, König Etzel, die Tore deiner Burg zu schließen!«

»Die Tore meines Palastes stehen immer offen, denn jeder Hilfesuchende soll zu mir kommen können. Aber wir werden dich gegen den bösen Zauberer verteidigen.«

»Darf ich mir selbst den Helden aussuchen, den ich als den Tapfersten erkenne?« fragte Frau Sälde in fliegender Hast. Denn das Hundegebell klang schon ganz nahe. Etzel nickte. Da wandte sich die schöne Frau an Dietrich:

»Willst du mich schützen?«

»Gerne, und ich danke dir für dein Vertrauen. Ich habe schon von dir gehört und weiß, daß du immer nur Gutes tust. Der Zauberer soll dich nicht überwältigen.«

Dietrich hatte noch kaum ausgeredet, da stürmten fünf geifernde und bellende Hunde in den großen Saal der Etzelburg. Sie wollten sich sofort auf Frau Sälde stürzen, doch Dietrich stieß sie hinter sich und zog Eckesachs. Ein Hund nach dem anderen fiel seinen Schwerthieben zum Opfer. Als die Hunde schon tot am Boden lagen, trampelte auch der Zauberer in den Saal. Er war viel größer als die meisten Menschen, hatte einen langen Bart und trug ein seltsames Kettenhemd. Bewaffnet war er mit einem Streitkolben, der mit scharfen Spitzen rundum besetzt war.

»Du hast meine Tiere getötet, du bist deshalb des Todes«, schrie er mit schrecklicher Stimme und stürzte sich auf Dietrich. Geschickt wich jedoch der Berner dem furchtbaren Hieb mit dem Streitkolben aus, der ihn sicher getötet hätte. Er nahm Eckesachs in beide Hände und versuchte, den Wunderer mit voller Wucht zu treffen. Der verteidigte sich kraftvoll, Blitze sprühten aus Dietrichs Schwert, wenn es mit dem Streitkolben zusammenprallte. Lange wogte der Kampf hin und her, Dietrichs Gewand war an vielen Stellen aufgerissen und blutüberströmt. Denn der Gotenkönig hatte ja keine Rüstung zu seinem Schutz, da die Helden zu der Feier ihre Festgewänder trugen.

Schon fürchteten alle, daß Dietrich seinem Gegner unterliegen werde. Da holte er weit aus, Eckesachs pfiff durch die Luft – und mit einer tiefen Wunde in der Brust stürzte der Zauberer zu Boden. Dietrich hatte den Kampf siegreich beendet. Schwer atmend beugte er sich über den Wunderer, der noch atmete. Doch sah jeder, daß er zu Tode getroffen war.

»Heißt du etwa Dietrich?« fragte er mit schwacher Stimme. Und als der Gotenkönig nickte, flüsterte der Zauberer:

»Nun hat sich mein Schicksal erfüllt. Denn mir wurde geweissagt, daß nur ein Held namens Dietrich mich besiegen könne.« Nach diesen Worten sank sein Haupt zurück – er war tot.

Dietrich aber schwankte leicht, denn der Kampf hatte ihn viel Kraft gekostet. Auch schwächte ihn der große Blutverlust. Da stürzte Herrat zu ihm, um ihn zu stützen.

»Erlaubt mir, meine Tante, daß ich für den Helden sorge und seine Wunden verbinde. Denn ich fürchte, daß er sonst große Schmerzen leiden muß. Schließlich ist er erst vor kurzem in den Kämpfen mit den Reussen verletzt worden.«

Helche gab gerne ihre Zustimmung zu diesem Liebesdienst, und Dietrich ließ sich von Herrat aus dem Saal führen. Er wollte sich nicht eingestehen, wie angenehm ihm die Nähe des freundlichen Mädchens war. Doch dachte er bei sich, daß der Kampf auch seine guten Seiten hatte. Denn Herrat hatte ihn all die Zeit, die er schon bei Etzel weilte, kaum beachtet. Dietrich hatte diese Kühle darauf zurückgeführt, daß er nun ein armer Flüchtling sei. In Wahrheit fürchtete Herrat, daß sie ihr Herz verraten würde, wenn sie zu oft mit dem Berner sprach. Ihr war schon seit langem bewußt, daß sie Dietrich heiß und innig liebte.

»Wie lange wird eigentlich dein Videofilm dauern, wenn er fertig ist?« fragte Katharina ihren Bruder, der gerade hungrig und sehr schmutzig aus dem Wald zurückgekommen war.

»Ich habe keine Ahnung, wahrscheinlich so eine halbe Stunde. Aber das kann ich erst nach dem Schneiden sagen. Martin meint außerdem, wir müssen noch viel mehr drehen, damit wir wirklich nur die besten Szenen verwenden können.«

»Na, dann erfindet doch noch eine Liebesgeschichte dazu. Jeder ordentliche Krimi hat auch ein Liebespaar!«

»Vielleicht, wir werden sehen. Bärbel kommt jedenfalls schon übermorgen zurück, da haben wir noch Zeit, uns etwas Gutes zu überlegen«, erklärte Andreas, bevor er in die Küche verschwand, um sich ein dick belegten Brot zu richten.

Katharina ärgerte sich ein bißchen, daß nun Bärbel vielleicht doch noch zu Filmehren kommen sollte. Aber andererseits hatte sie selbst es leichter. Sie mußte für ihre Liebesgeschichte in ihrem Video nicht auf eine Hauptdarstellerin warten.

KAPITEL 11

Die Rabenschlacht

D ank der aufopfernden Pflege der schönen Herrat heilten Dietrichs Wunden, die er im Kampf mit dem Wunderer erhalten hatte, schon bald. Aber während der Pflege hatten sich die beiden besser kennengelernt, als dies im höfischen Leben sonst möglich gewesen wäre. Und beide wußten nun genau, wie groß ihre Liebe war. Doch keiner sprach das erste Wort: Dietrich hatte Angst, daß er als landloser Flüchtling von Etzel und Helche, die die Verantwortung für Herrat innehatten, zurückgewiesen werde. Herrat wieder meinte, daß der berühmte Held wohl kaum Gefallen an einem Mädchen, wie sie es war, finden würde; denn sie schätzte ihren Liebreiz und ihr freundliches Wesen viel zu gering ein.

Rentwin beobachtete mit Sorge und viel Verständnis seinen König. Er wußte genau, wie sich Dietrich jetzt fühlte, denn auch er hatte nicht gewagt, Künhilde seine Liebe zu gestehen. Und damals war er wenigstens noch ein geachteter Ritter und Gefährte des Königs von Bern. Jetzt, so dachte er, war seine Liebe überhaupt hoffnungslos. Er besprach sich mit den Gefährten, die gleichfalls Dietrichs Liebe zur schönen Nichte von Königin Helche erkannt hatten. Aber keiner wagte es, mit Etzel darüber zu sprechen.

Dies war allerdings auch nicht notwendig, denn der Hunnenkönig und seine Gemahlin wußten sehr genau, was in Dietrich vorging. Sie waren über die Entwicklung sogar sehr zufrieden, denn eine Vermählung Dietrichs mit Herrat würde die Bande noch fester knüpfen, die Dietrich am Hof des Hunnenkönigs festhielten.

So rief Helche ihre Nichte eines Tages zu sich in ihr Schlafgemach, um mit ihr über eine mögliche Heirat zu sprechen. Die Königin ahnte zwar, daß Herrat dem Berner nicht gleichgültig gegenüberstand, doch wollte sie Gewißheit. Denn sie wollte das Mädchen nicht zu einem so folgenschweren Schritt wie eine Ehe zwingen.

»Ich habe bemerkt, liebes Kind«, begann die Königin, »daß Dietrich von Bern seinen Blick wohlgefällig auf dir ruhen läßt, sooft er dich sieht. Ich bin sicher, er ist in heißer Liebe zu dir entbrannt, doch wagt er seine Gefühle nicht öffentlich kundzutun. Vielleicht glaubt er, daß er als König ohne Land nicht das Recht hat, um die Liebe eines Mädchens zu werben.«

»Oh, liebe Tante«, rief da Herrat beglückt aus, »ich liebe Dietrich von ganzem Herzen. Es ist mein innigster Wunsch, seine Gemahlin zu werden. Doch dachte ich, daß ich viel zu schlicht und unbedeutend für einen so großen Helden bin.«

»Also habt ihr beide euch ganz unnötig die Herzen schwer gemacht. König Etzel wird mit Dietrich reden, sicher wird schon bald Hochzeit gefeiert.«

Und so war es auch. Als Dietrich vernahm, daß Herrat ihn liebte und daß Etzel und Helche eine Heirat befürworteten, war er das erste Mal seit seiner Vertreibung aus Bern wieder glücklich. Und mit ihm freuten sich alle seine Gefährten. So wurde mit den Hochzeitsvorbereitungen begonnen, die mehrere Wochen in Anspruch nahmen. Denn Etzel wollte, daß diese Hochzeit mit all dem Prunk gefeiert werde, den sein Hof aufbieten konnte. Damit wollte er Dietrich, aber auch seine Frau ehren, da sie ja Mutterstelle an der Braut vertrat.

Zu den Feierlichkeiten fanden sich die Anführer der verschiedenen Hunnenstämme aus dem ganzen weiten Reich ein. Jeder brachte wertvolle und prächtige Gaben. Dietrich wunderte sich, daß alle Geschenke so genau seinen und Herrats Bedürfnissen entsprachen; er wußte nämlich nicht, daß Helche mit Etzels Zustimmung Boten in die verschiedenen Himmelsrichtungen des Hunnenreiches gesandt hatte, die jedem der Häuptlinge das richtige Geschenk vorschlagen mußten. Helche kannte die Hunnen gut genug, um zu wissen, daß sie sonst Geschenke gebracht hätten, mit denen ein abendländischer König nicht viel anfangen könnte.

Zur großen Freude Dietrichs, aber auch Rentwins, kam Dietleib mit seiner Schwester aus der Steiermark zu den Hochzeitsfeierlichkeiten. Künhilde hatte darauf bestanden, in das Hunnenreich zu reisen, weil sie ihre Mutter endlich wiedersehen wollte. Dietleib ahnte aber, daß sie sich auch nach Rentwin sehnte, den sie noch immer insgeheim liebte. Tatsächlich hoffte Künhilde, daß Rentwin in der entspannten Stimmung des Festes endlich von seinen Gefühlen reden würde.

Da Dietrich und Herrat Christen waren, traute sie zuerst ein christlicher Priester, dann wurde die Hochzeit auch nach hunnischer Sitte geschlossen. Beide gaben dazu ihr Einverständnis, um Etzel nicht zu kränken. Die Hochzeitsfeierlichkeiten dauerten zwei Wochen. Viele Schafe und Rinder mußten dafür ihr Leben lassen, die königlichen Vorratskammern wurden geplündert, edler Wein floß in Strömen. Alle waren sich einig, daß es das schönste und fröhlichste Fest war, das sie je erlebt hatten. Nur Künhilde war ein wenig enttäuscht, weil ihr Rentwin noch immer nicht seine Liebe gestanden hatte. Doch gab sie die Hoffnung nicht auf, da sie noch einige Zeit in der Etzelburg bleiben wollte.

Etzel hatte einen ganzen Flügel seines riesigen Palastes für die Frischvermählten und Dietrichs Gefährten herrichten lassen. Dort konnte der Gotenkönig mit seinen Getreuen leben, wie wenn es sein eigener Palast wäre. Doch wußten alle, daß sie jederzeit bei Etzel hoch willkommen waren. In den ersten Wochen nach der Hochzeit bemühte sich Herrat mit Unterstützung der Königin, ihre Gemächer mit möglichst vielen abendländischen Gegenständen zu schmücken, um Dietrich das Gefühl der Heimat zu vermitteln.

Tatsächlich war Dietrich auch in den ersten Wochen nach den Hochzeitsfeierlichkeiten sehr glücklich. Die Frau, die er heiß liebte, war an seiner Seite, seine vertrautesten Gefährten waren um ihn. Die

Zeit wurde ihm nicht lang, denn wenn er sich nicht im Gebrauch der Waffen übte oder mit Etzel durch das Land ritt, lernte er bei Herrat vieles über die hunnischen Sitten und Gebräuche; Herrat, die ja schon lange bei ihrer Tante lebte, kannte sich darin sehr gut aus und konnte Dietrich gar manchen wunderlichen Brauch erklären.

Doch immer öfter bemerkte Herrat, daß ihr Gemahl in ruhigen Augenblicken traurig vor sich hin sah. Manchmal erschien er mitten in einem Gespräch ganz geistesabwesend, als ob er an etwas anderes denke. Und immer öfter hatte er auch schwere Träume, die ihn des Nachts laut aufstöhnen ließen.

»Mein edler Herr und Gemahl«, sagte sie eines Abends zu Dietrich, »ich merke deutlich, daß dich schwere Sorgen drücken. Willst du mir deinen Kummer nicht anvertrauen, denn schließlich bin ich vor Gott und den Menschen deine Gemahlin, die alles mit dir teilen will.«

»Ach, Herrat, mich drückt die Sehnsucht nach Bern, mich drückt die Sorge um meine Untertanen, die jetzt hilflos Ermanerich und Sibich ausgeliefert sind. Ich weiß nicht, wie ich ihnen helfen und wie ich wieder meinen Thron erobern kann. Der Hunnenkönig hat mir zwar ein Heer versprochen, aber jetzt ist nicht mehr die Rede davon. Ich weiß jedoch, daß ich nicht untätig hier in der Etzelburg sitzen kann, wenn Ermanerich mein Land verwüstet und mein Volk unterdrückt. Denn ich fühle mich noch immer als König und Beschützer des Lampartenreiches, auch wenn mich mein Oheim vertrieben hat.«

Als Herrat diese Worte hörte, wurde sie sehr traurig. Denn sie erkannte nun, daß das friedliche Leben an Etzels Hof, wie sie es in den letzten Wochen geführt hatten, vorbei war. Gleichzeitig war sie aber auch stolz auf ihren Gemahl. Sie bewunderte sein Pflichtbewußtsein, das ihn nicht zur Ruhe kommen ließ.

Tatsächlich hatte Dietrich auch recht, sich um das Schicksal der Menschen im Lampartenreich Sorgen zu machen. Wenn man nämlich den Gerüchten glauben konnte, die bis zur Etzelburg drangen, wurde die Bevölkerung schwer unterdrückt und mußte viel höhere Abgaben als früher zahlen. Schuld daran war wieder einmal Sibich, der seine Vertrauensstellung bei Ermanerich wieder hatte festigen können. Ermanerich selbst, so behaupteten jedenfalls die Gerüchte, sei nur mehr ein Schatten seiner selbst. Aus dem Palast in Romaburg höre man Nacht für Nacht furchtbare Schreie, dies sei der Kaiser, der von den Geistern der von ihm Ermordeten gequält werde. Walther von Wasgenstein, den viele für den Nachfolger Ermanerichs angesehen hatten, sei verstoßen worden.

Herrat nahm sich nun vor, mit ihrer Tante zu sprechen. Sie ahnte, daß Dietrich keine Ruhe finden könne, wenn er noch lange mehr oder weniger untätig in der Etzelburg bleiben müsse.

Helche aber, die in ihrer Obsorge für die Menschen am Hof ihres Gemahls das meiste sah und hörte, kam ihrer Nichte zuvor:

»Ich habe mit meinem Gemahl gestern über die Zukunft Dietrichs gesprochen«, sagte sie eines Morgens. »Wir glauben, es ist an der Zeit, daß der König sein Versprechen hält und dem Berner ein Heer zur Verfügung stellt. Denn jetzt ist es hier im Hunnenreich so friedlich wie schon lange nicht, jetzt können wir unsere Krieger ohne Furcht vor Kämpfen innerhalb unserer Grenzen ins Lampartenreich ziehen lassen. Ich vermute, daß Dietrich an seinem Plan festhält, daß er heim in sein Reich möchte?«

»Oh, edle Tante, du nimmst mir einen schweren Stein von der Seele. Denn mein Gemahl grämt sich von Tag zu Tag mehr, weil er den Menschen in seinem Königreich nicht gegen den schurkischen Sibich beistehen kann. Er wünscht sich nichts so sehr wie ein Heer, um wieder nach Bern zurückkehren zu können.«

Noch am gleichen Abend verkündete Etzel seine Absicht, nun endlich sein Versprechen einzulösen und ein Heer für Dietrich aufzustellen. Da brach unbeschreiblicher Jubel in der großen Halle aus, denn alle Gefährten Dietrichs hatten die Worte gehört. Um der Form Genüge zu tun, fragte der Gotenkönig seine Gefährten, ob sie alle mit in den Kampf ziehen wollten. Wie er erwartet hatte, wollte sich keiner ausschließen. Auch Dietleib bot seine Hilfe an, die Dietrich in Erinnerung an die gemeinsamen Abenteuer gerne annahm. Mit Etzels Erlaubnis erklärte Biterolf, daß er unterdessen in seinem Lehen nach dem Rechten sehen werde. Künhilde aber sollte mit ihrer Mutter in der Etzelburg bleiben.

Nun herrschte ein frohes Treiben und Werken unter Dietrichs Gefährten. Jeder sah sorgsam seine Rüstung und seine Waffen nach, in Scheinkämpfen wurden die Pferde wieder an die abendländische Art des Kampfes gewöhnt. Aus allen Teilen des Hunnenlandes zogen Truppen herbei. Und der Hunnenkönig sorgte für ausreichende Vorräte, da im verarmten Lampartenland nicht ausreichend Nahrung für das ganze Heer zu finden war.

Scharf und Ortwin, die beiden Söhne des hunnischen Königspaares, aber sollten wie während des Zuges gegen die Wilzen in der Etzelburg bleiben. Doch als sie hörten, daß der gleichaltrige Diether, Dietrichs jüngerer Bruder, am Feldzug teilnehmen dürfe, ließ es ihnen keine Ruhe. Sie bestürmten ihre Eltern, daß sie mit Dietrich reiten wollten. Helche zögerte lange, ihre Einwilligung zu geben. Denn sie erinnerte sich an einen Traum, den sie vor längerer Zeit gehabt hatte. Darin hatte sie den sagenhaften Vogel Greif gesehen, der ihre beiden Söhne aus dem Garten der Etzelburg raubte. In ihrem Traumbild hatte er die beiden Knaben auf einen Hügel gebracht, dort hauste ein Drache. Dieser zerriß Ortwin und Scharf. Diesen Traum hatte die Königin fast schon vergessen, doch nun erinnerte sie sich daran. Und er erschien ihr wie ein böses Omen, daher wollte sie die beiden Söhne nicht ziehen lassen.

Doch Etzel sprach für sie. Er machte seiner Gemahlin klar, daß die beiden Jünglinge niemals die Herrschaft im Hunnenreich übernehmen könnten, wenn sie sich nicht frühzeitig an die Strapazen eines Feldzuges gewöhnten. Er fand es sogar von Vorteil, wenn sie ihre ersten Erfahrungen unter dem Schutz Dietrichs machten, da sie dadurch viel von den abendländischen Sitten und der abendländischen Art der Feldzüge lernen konnten. In einem Punkt jedoch war auch Etzel hart: Seine Söhne sollten am Kampf selbst nicht teilnehmen. Der Hunnenkönig wußte zu genau, wie wenig der Verlauf einer Schlacht vorherzusehen war und wie groß die Opfer waren, die selbst bei einem siegreichen Feldzug zu beklagen waren.

Dietrich, an den sich nun Scharf und Ortwin wandten, wollte sie gerne mitnehmen. Er versprach dem Hunnenkönig, daß er auf die beiden Knaben wie auf seine Augäpfel achten wolle. Er hatte auch schon bei sich beschlossen, daß er seinen Bruder nicht der Gefahr einer Schlacht aussetzen werde, Ortwin und Scharf könnten daher mit Diether hinter der Frontlinie bleiben.

»Ich verpfände mein Leben dafür, daß den Jünglingen nichts geschehen wird«, sprach Dietrich. »Die Sorge um die Sicherheit meines eigenen Bruders mag dir eine zusätzliche Sicherheit dafür sein, daß deine Söhne treu behütet werden.« Etzel war mit dieser Regelung einverstanden, und so konnte auch Helche ihre Zustimmung nicht länger verweigern. Doch jedesmal, wenn sie ihre beiden Söhne ansah, traten ihr nun Tränen in die Augen. Als schließlich der Augenblick des Abschiedes gekommen war, umarmte die Königin ihre Kinder so fest, als wolle sie sie nie mehr loslassen.

Ein ungeheurer Heerzug nahm nun seinen Weg von den weiten Ebenen des Hunnenlandes in das Lampartenreich. Dietrich war der Oberbefehlshaber, ihm unterstanden direkt seine Gefährten und die abendländischen Ritter. Rüdiger befehligte die Scharen der Hunnen, Dietleib bekam den Befehl über die hunnischen Hilfstruppen. Diesmal zog Dietrich nicht entlang der Donau, sondern durch die Steiermark. Dort blieb Biterolf zurück, dafür schlossen sich ihnen zahlreiche Gefolgsleute Dietleibs an.

Wieder einmal waren die Gerüchte viel schneller gewesen als der Heerzug selbst. Die Nachricht, daß Dietrich unterwegs war, um das Lampartenreich zurückzugewinnen, löste an vielen Orten Freude aus. Viele Fürsten, die unter der Herrschaft Ermanerichs und seines Kanzlers litten, wollten sich Dietrich anschließen. So kam Bertram von Pola, der nach kurzem Aufenthalt bei den Hunnen wieder in sein Herzogtum zurückgekehrt war. Er wahrte Dietrich noch immer die Treue und konnte nicht vergessen, daß auch er zu den sieben Gefangenen gehört hatte, für die Dietrich sein Reich geopfert hatte. Am Rhein, wo er im Verborgenen lebte, hörte auch der getreue Eckehart die Kunde vom Feldzug. Er sammelte eine Schar um sich und zog in Richtung des Lampartenreiches.

Auch in Romaburg wurde bekannt, daß Dietrich an der Spitze eines riesigen Heeres in Richtung Italien zog. Als er das erste Mal davon hörte, ließ sich Sibich eilends bei Ermanerich melden. Denn er ahnte, daß nicht nur der Kaiser Ziel dieses Feldzuges war, sondern auch er selbst. Sibich fürchtete um sein Leben, er fürchtete, seine zusammengerafften Reichtümer zu verlieren, er hatte auch Angst, daß seine Macht schwinden könne.

»Herr, Ihr hättet Dietrich von Bern seinerzeit nicht ziehen lassen sollen«, erklärte er dem Kaiser. »Nun kommt er mit großer Macht an der Spitze eines Heeres. Man sagt, daß er sein Reich wiederhaben will.«

Doch Ermanerich, der eine noch schlechtere Nacht als gewöhnlich gehabt hatte, wollte zuerst nichts hören. »Das ist ja nur ein Altweibergeschwätz«, meinte er abfällig. »Du glaubst doch nicht ernsthaft, daß ihm Etzel seine Krieger geliehen hat. Welcher König täte das schon? Auch ich würde niemandem ein Heer leihen.«

Aber in diesem Augenblick trat der Anführer der kaiserlichen Leibwache herein, der gleichfalls von Dietrichs Zug ins Lampartenreich gehört hatte. Nun mußte Ermanerich die Botschaft doch ernst nehmen. Und obwohl er Nacht für Nacht von den Ermordeten träumte und daher keine wirkliche Ruhe fand, obwohl er am Tag nur zusammengekauert in seinem Thronsessel saß und an nichts mehr Freude hatte, wollte er Dietrich die Rückkehr in sein Reich doch nicht gönnen. Er befahl, daß unverzüglich das größte Heer aufgestellt werde, das nur möglich sei. Dann entschied er, daß nach Wittich und Heime gesandt werde. Die beiden früheren Gefährten des Berners sollten das Heer anführen.

Doch die beiden weigerten sich nachdrücklich, direkt gegen Dietrich oder seinen Bruder Diether zu kämpfen. Sie wollten sich ihren Pflichten als Lehensmänner des Kaisers zwar nicht entziehen, doch baten sie darum, nur gegen jenen Teil des Heeres eingesetzt zu werden, in dem ausschließlich Hunnen kämpften. Diese Weigerung, den Oberbefehl zu übernehmen, rief einen furchtbaren Wutanfall Ermanerichs hervor. Er schrie so laut und so lange, bis er einen Herzanfall

bekam und halb bewußtlos in seinen Thronsessel zurücksank. Sibich aber versuchte ihn zu beruhigen.

»Ihr tut Euch selbst keinen guten Dienst, mein Herr, wenn Ihr den beiden die Heerführung aufzwingt. Wenn sie nicht mit dem Herzen und ihrer Überzeugung bei der Sache sind, werden sie gegen Dietrich nie einen Erfolg erzielen. Wenn sie dagegen die hunnischen Truppen in Schach halten, ist ein großer Teil des feindlichen Heeres fast unschädlich gemacht.«

Schließlich sah Ermanerich ein, daß er Wittich und Heime nicht gegen ihren Willen die Heerführung aufzwingen könne. Deshalb wollte er selbst den Oberbefehl übernehmen, der Anführer seiner Leibwache, Theobald, sollte die Truppen dann in die Schlacht führen. Denn dieser Mann war Ermanerich treu ergeben und hatte schon in vielen Schlachten seinen Mut bewiesen, bevor er die Führung der kaiserlichen Leibwache übernommen hatte. Nun begann in Romaburg ein hurtiges Rüsten, denn die Berichte aus dem Norden, aus dem Lampartenreich, besagten, daß Dietrich schon ganz nahe sei.

Das Heer des Gotenkönigs war wirklich schon bis in die Nähe von Bern gelangt. Alle Städte öffneten ihrem rechtmäßigen Herren die Tore, denn die kaiserlichen Besatzungstruppen waren gegen die Übermacht der heranziehenden Heerscharen machtlos. Da übergaben sie lieber freiwillig ihre Stellungen. Und je näher Dietrich nach Bern kam, desto eiliger hatten es Ermanerichs Söldner mit der Flucht. Sie wußten ja ganz genau, daß sie von der Bevölkerung keine Hilfe zu erwarten hatten.

In Bern aber läuteten alle Glocken, als sich Dietrichs Heer der Stadt näherte. Nachdem die Bürger gemerkt hatten, daß die kaiserlichen Soldaten heimlich die Stadt verlassen hatten, zogen sie freudig Dietrich entgegen. Denn Dietrichs einstige Residenzstadt hatte unter der Unterdrückung besonders gelitten. Die Steuern, die Sibich eintreiben ließ, waren viel höher als anderswo. Kein Fest hatte den grauen Alltag unterbrochen, Handel und Gewerbe lagen darnieder, da kaum mehr fremde Ritter in die Stadt kamen. So war der Jubel unter den Bernern über die Rückkehr ihres rechtmäßigen Königs unbeschreiblich groß.

»Großvater, Söldner waren doch Männer, die für einen fremden Herrscher in den Krieg gezogen sind und dafür Geld bekommen haben?« Katharina brauchte wieder einmal Auskünfte, sie verstand gar nicht, wieso die Menschen früher so merkwürdig gehandelt hatten.

»Ja, das stimmt. Früher waren viele Menschen entsetzlich arm. Und viele junge Burschen sind unter die Soldaten gegangen, weil sie nicht verhungern wollten. Bei einem Heer haben sie wenigstens zu essen bekommen. Und auch das Handgeld hat viele gelockt, weil die Menschen üblicherweise kaum Geld zu sehen bekommen haben. Da haben dann viele nicht daran gedacht, daß sie im Krieg getötet werden können oder daß sie unschuldige Menschen töten werden.«

»Und gibt es bei uns heute noch Söldner?«

»Nein, in Europa ist das schon ein paar Jahrhunderte vorbei. Aber ich habe den Eindruck, daß du diese Menschen verurteilst?«

»Na ja, ich kann mir nicht vorstellen, daß jemand in einen Krieg zieht, um Geld zu verdienen. Und richtig finde ich das auch nicht.«

»Es ist auch falsch. Aber du mußt auch die Zeit und die Situation der Menschen berücksichtigen, die wegen ihrem Sold zu den Soldaten gegangen sind. Sonst bekommst du ein ganz falsches Bild von der Geschichte.«

Katharina war diesmal mit dem Großvater nicht sehr zufrieden. Krieg führen ist immer falsch, dachte sie. Das war auch schon vor fünfhundert oder tausend Jahren nicht richtig.

Nur kurze Zeit konnte Dietrich in seiner früheren Residenz bleiben, denn ihm wurde gemeldet, daß das kaiserliche Heer immer näher rücke. Ermanerich selbst begleitete seine Truppen, da er sich davon eine Stärkung des Kampfesmutes erhoffte. Auch Sibich durfte nicht in Romaburg bleiben, obwohl ihm dieser Kriegszug noch unheimlicher war als frühere. Er wußte nämlich, daß sich der getreue Eckehart mit den Truppen Dietrichs vereint hatte; Eckehart aber war nur über die Alpen gezogen, um den Mörder seiner beiden Schützlinge zu fangen.

Doch bevor Dietrich Bern verlassen konnte, mußte er noch für die Sicherheit von Ortwin, Scharf und Diether sorgen. Er ließ die drei Jünglinge in der Obhut von Ritter Elsan zurück, der mit ihm aus dem

Hunnenreich nach Italien gezogen war. Doch der Ritter war schon zu alt, um selbst an der Schlacht teilnehmen zu können, so sollte er Bern und die drei Königssöhne hüten.

»Ihr wißt, daß ich euren Eltern mein Leben für eure Sicherheit verpfändet habe«, sprach Dietrich ernst zu den beiden Etzel-Söhnen. »Wenn euch etwas zustößt, bin ich des Todes. Ich bitte euch daher mit Nachdruck, den Anweisungen Elsans Folge zu leisten. Er wird nichts Unbilliges von euch verlangen.« Ortwin und Scharf versprachen Gehorsam, denn sie wollten weder Dietrich noch ihren Eltern Kummer bereiten.

»Reite nur zu in die Schlacht«, beruhigte auch Diether seinen Bruder. »Wir werden getreulich unsere Residenz hüten und dir damit den Rücken freihalten. Schließlich sind wir ja keine Kinder mehr, die nicht wissen, was sie tun können.«

Dietrich lächelte über den Eifer der drei Jünglinge, die sich tatsächlich als die Bewahrer von Bern fühlten. Dann aber ritt er eilig los, da ihm Kundschafter mitgeteilt hatte, daß Ermanerichs Heer schon in der Nähe sei. Unweit der Stadt Raben habe der Kaiser Stellung bezogen, dort werde es also vermutlich zur Schlacht kommen.

Am Abend fand die Vorhut einen geeigneten Platz für ein Nachtlager. Am nächsten Morgen, das wußten alle, würde der Kampf beginnen. Als nun der Morgen graute, wollte Dietrich einen Kundschafter zu einem befestigten Hügel senden, da man von dort einen guten Überblick über Raben und damit auch über das kaiserliche Heer hatte. Doch zögerte der König, einen seiner Recken vorzuschicken. Denn er befürchtete, daß auch Ermanerich Späher gerade dorthin senden werde, da dies die einzige größere Erhebung in weitem Umkreis war.

»Mein König, laß mich zum Hügel reiten. Ich werde mich schon meiner Haut wehren, wenn ich Feinde zu Gesicht bekomme«, rief da der heißblütige Alphart. Zuerst wollte Dietrich nicht zustimmen, weil diese Aufgabe nicht nur Mut und Kraft verlangte, sondern auch Besonnenheit. Und besonnen war Alphart nur selten. Doch schließlich gab der König den dringenden Bitten seines Gefährten nach. Alphart nahm einen Schild und einen Helm ohne Wappenzier, um nicht sofort erkannt zu werden, und machte sich auf den Weg.

Als nun Hildebrand hörte, welche gefährliche Aufgabe sein Neffe übernommen hatte, wurde ihm angst und bang. Er wollte ihm heimlich nachreiten, um ihn von der Ferne zu beschützen. Deshalb bat auch er einen anderen Ritter um Schild und Helm, denn Alphart sollte ihn nicht in der gewohnten Rüstung sehen und daran erkennen. Auch machte der alte Recke einen Bogen, um nicht aus der Richtung von Dietrichs Lager zum Hügel zu gelangen.

Schon bald aber bemerkte der sorgfältig spähende Alphart den Ritter, den er wegen der fremden Waffen nicht als seinen Oheim erkannte. Er ritt gegen ihn los, da er in ihm einen Feind vermutete; mit einem einzigen Stoß seines Speeres warf er Hildebrand vom Pferd. Schon zog Alphart sein Schwert, um dem vermeintlichen Feind den Todesstoß zu geben, da rief Hildebrand auf:

»Halt ein, Alphart, ich bin dein Oheim Hildebrand!«

»Du lügst«, meinte Alphart verächtlich. »Mein Oheim ist in unserem Lager an der Seite des Königs.« Und wieder hob er sein Schwert. Da nahm Hildebrand den Helm ab und gab sich zu erkennen. Dem Waffenmeister war nun klar, daß Alphart keinen Schutz brauchte, sondern sich gut selbst verteidigen konnte. Mit einer letzten Mahnung, daß er bald seine Beobachtungen melden sollte, ritt Hildebrand zurück ins Lager.

Doch hatten inzwischen auch Ermanerichs Streiter den Kundschafter auf dem Hügel entdeckt. Mit achtzig Mann ritt Herzog Wölfing aus dem Geschlecht der Wülfinge los, um den feindlichen Späher gefangenzunehmen. Alphart erkannte das Wappen und rief laut:

»Du treuloser Verwandter, dein Platz sollte auf der anderen Seite sein. Doch da du Dietrich die Treue gebrochen hast, bist du des Todes.« Und mit einem mächtigen Satz brachte er sein Streitroß neben den Herzog, ein gewaltiger Hieb mit dem Schwert – und Wölfing sank tot zu Boden. Da schrien seine Begleiter auf und drängten sich gegen Alphart, um Rache für ihren Anführer zu nehmen. Gegen den tapferen jungen Helden waren sie aber hilflos. Einer nach dem anderen fiel unter den furchtbaren Hieben Alpharts vom Pferd, von den achtzig Söldnern in Wölfings Begleitung konnten nur acht entkommen.

Die eilten sofort zum Kaiser, um ihm die Nachricht von Wölfings Tod und von dem gefährlichen Recken auf dem Hügel zu bringen.

»Weh«, rief da Ermanerich, »wenn alle Gefolgsmänner Dietrichs so kämpfen, sind wir verloren. Wer befreit uns von diesem Unhold?« Und sein Blick fiel auf Wittich, der sich auch wirklich auf den Weg zu dem Hügel machte. Heime begleitete ihn. Die beiden Ritter waren sicher, daß sie es mit einem einzelnen leicht aufnehmen konnten, mochte dieser auch noch so tapfer sein.

Alphart machte auf dem Hügel einen letzten Rundblick und wollte dann zu Dietrich zurückkehren, da er die Stellung des feindlichen Heeres genau erkannt hatte. Doch als er sich eben auf sein Pferd schwang, kamen Wittich und Heime den Abhang heraufgeritten. Sie wußten nicht, wen sie vor sich hatten, Alphart erkannte sie jedoch sofort.

»Ihr Verräter«, rief er ihnen mit donnernder Stimme entgegen. »Ihr seid des Todes.« Und er stürmte gegen sie los, daß sie kaum Zeit hatten, ihre Schilde zum Schutz in die Höhe zu reißen. Heime nahm Rispe etwas zurück, denn Alphart schien gerade auf ihn loszudonnern. Da, eine geschickte Bewegung des Pferdes und – Wittich flog aus dem Sattel. Denn im letzten Moment hatte Alphart das Ziel seines Angriffs geändert und hatte Wittich überrascht. Mit einem Satz sprang Alphart aus dem Sattel, im gleichen Augenblick war auch Wittich wieder auf den Beinen. Alphart warf seinen Schild weg, ergriff mit beiden Händen das Schwert und drang auf Wittich ein. Die Wucht des Angriffs war so groß, daß nicht einmal Wittichs vortreffliche Waffen standhalten konnten.

»Heime, hilf mir!« rief Wielands Sohn in höchster Not. Heime hatte sich, wie es die Ritterehre vorschrieb, aus dem Kampf herausgehalten, da niemals mehrere Ritter gegen einen einzelnen kämpfen durften. Doch dieser Hilfeschrei ließ ihn Ehre und Ritterschaft vergessen, er dachte auch nicht mehr an sein Gelöbnis, nicht gegen Dietrich und seine Gefährten zu kämpfen. Auch er warf den Schild weg, nahm Nagelring in seine zwei Hände und schlug von hinten auf den jungen Wülfling ein. Dadurch bekam auch Wittich wieder Luft, Mimung sauste auf den schon schwer verletzten Gegner nieder. Alphart strauchelte und sank tödlich getroffen zu Boden.

»Ihr Feiglinge«, hauchte er. »Verflucht seien eure Seelen!« Dann sank sein Haupt zu Boden – er war tot.

Heime und Wittich sahen stumm zur Erde nieder. Dann nahmen sie dem Toten den Helm ab und erkannten, wen sie erschlagen hatten – Alphart, den fröhlichen jungen Helden, mit dem sie oft an einer Tafel gesessen waren, mit dem sie so viele Abenteuer gemeinsam bestanden hatten. Die beiden Krieger, die schon in mancher Schlacht gekämpft hatten, sanken nun weinend und verzweifelt zu Boden.

»Ich wollte, ich wäre tot. Meine Ehre, mein Stolz sind dahin«, murmelte Wittich verzweifelt. Doch nun war keine Zeit für Trauer, denn eben ging die Sonne auf, die Trompeten aus Ermanerichs Lager riefen zur Schlacht. Mit unbeholfenen, müden Bewegungen bestiegen die beiden ihre Pferde und ritten ins Tal, neuem Unheil entgegen.

Schon hatten sich die beiden Heere in Schlachtordnung aufgestellt. Grell tönten die Trompeten, dann erzitterte die Erde vom Hufschlag Zehntausender Pferde. »Für Dietrich, für das Lampartenreich!« riefen die Mannen des Berners. Mit kühnem Schwung rasten sie dem kaiserlichen Heer entgegen und brachten es im ersten Anprall auch zum Wanken. Doch bald standen die Kaiserlichen wieder fest, und nun begann ein furchtbares Ringen Mann gegen Mann.

Dietrichs Recken und die Hunnen kämpften mit dem Bewußtsein, daß das Recht auf ihrer Seite stand. Doch auch die kaiserlichen Truppen schlugen sich wacker, erhofften sie sich doch reiche Belohnung von Ermanerich, wenn sie den Berner besiegten. Stundenlang wogte die Schlacht, einmal war diese Seite im Vorteil, einmal jene. Der Tod hielt eine furchtbare Ernte, das Schlachtfeld war rot von Blut. An der Spitze seiner Truppen aber ritt Dietrich unermüdlich die Schlachtreihe auf und ab, ermunterte seine Gefährten und half jenen, die in höchster Bedrängnis waren. Ihm zur Seite wehrte der treue Rentwin viele Hiebe ab, die dem König galten.

Da, nach vielen Stunden des Kampfes, nahte die Entscheidung. Wildeber, der das Lampartenbanner trug, preschte voran. Ein riesiger Recke aus dem kaiserlichen Heer schlug den Helden vom Pferd, das Banner stürzte – doch im letzten Augenblick ergriff es Dietrich. »Mir nach«, rief er mit weithin dröhnender Stimme. Und in einer letzten gewaltigen Anstrengung stürmten seine Truppen nach vorne, zum kaiserlichen Lager. Der Schwung riß auch die Hunnen mit, die von den Truppen unter der Führung Wittichs hart bedrängt worden waren.

Die bisher geordneten Reihen der kaiserlichen Truppen löste sich auf, alle Mann strebten in wilder Flucht in Richtung Raben, denn dort hofften sie auf Rettung. Doch versperrten ihnen Hunnnen, die unter der Führung Rüdigers das Schlachtfeld umgangen hatten, den Weg. Da löste sich das kaiserliche Heer vollends auf, jeder war nur mehr auf seine eigene Rettung bedacht.

Die Gefolgsleute Dietrichs verfolgten die fliehenden Feinde, allen voran Eckehart, der nach Sibich suchte. Denn ihn beherrschte nur der Gedanke an Rache für die Ermordung der Harlunge. Da sah er einen kleinen Trupp eilig vom kaiserlichen Lager wegreiten. Diesen Mann kannte er doch? Eckehart stürmte los, seine Begleitung hinter ihm her. Sibich war gefangen!

Doch bevor die Truppen Dietrichs und die Hunnen die Verfolgung fortsetzen und auch Ermanerich gefangennehmen konnten, fiel dichter Nebel ein. Man konnte nicht mehr zwischen Freund und Feind unterscheiden, ein weiterer Ritt ins Ungewisse hätte nur die Verluste im Lampartenheer vergrößert. So ließ Dietrich zum Sammeln blasen, um seiner Truppe eine Atempause zu gönnen. Der Nebel hatte Ermanerichs Heer vor der vollständigen Vernichtung bewahrt.

Mit Bedauern hatte Dietrich diesen Befehl gegeben und insgeheim über den Nebel geschimpft. Doch wußte er noch nicht, daß dieser Nebel ihm noch viel Ärgeres angetan hatte, als nur den Abbruch der Verfolgung von Ermanerich. Denn er hatte auch die drei Jünglinge Diether, Scharf und Ortwin gegen deren Willen auf das Schlachtfeld gebracht.

Als Dietrich sie verlassen hatte, waren die drei gehorsam in der Residenz bei Elsan geblieben. Am nächsten Morgen aber wollten sie ein wenig ausreiten, da ihnen die Zeit in der Stadt zu lange wurde. Elsan wollte ihnen anfangs die Erlaubnis dazu verweigern, doch schließlich gab er ihren Bitten nach. Gemeinsam mit ihnen ritt er vor die Stadt, um die Pferde zu tummeln. Denn mehr hatten die drei Königssöhne wirklich nicht im Sinn.

Da ihre Pferde schneller waren als das Roß von Elsan, entfernten sie sich eine kleine Strecke von ihrem Beschützer, doch blieben sie immer in Sichtweite. Da fiel plötzlich jener Nebel ein, der sich in der Folge bis nach Raben zog. Diether, Scharf und Ortwin wollten sofort umkehren, doch verfehlten sie im undurchsichtigen Grau der Nebelschwaden den Weg. Anstatt sich Bern wieder zu nähern, kamen sie immer weiter von der Stadt ab. Nach stundenlangen Irrwegen näherten sie sich schließlich einem kleinen Hügel.

»Wir wollen dort hinaufreiten, vielleicht ist dort oben die Sicht klarer«, meinte Diether. »Mir tut es schon in der Seele leid, daß wir diesen Ausritt unternommen haben. Ich fürchte, Elsan wird sich große Sorgen um uns machen.« Keiner der drei Jünglinge ahnte, daß sie bis in die Nähe des Schlachtfeldes gekommen waren. Unbekümmert ritten sie also auf den Hügel, hinauf – auf jenen Hügel, auf dem Alphart unter den Schwerthieben von Wittich und Heime den Tod gefunden hatte.

Oben angekommen, entdeckten sie den Leichnam ihres Freundes. »Wer kann das getan haben?« rief Diether klagend. Dann hob er den Toten an und entdeckte, daß Alphart auch im Rücken schwere Wunden hatten. »Er wurde von zwei Seiten angegriffen. Diese Feiglinge, einer allein wagte sich nicht an den Helden.«

Bevor sie aber noch weitersprechen konnten, hörten sie durch den Nebel den langsamen Schritt eines Pferdes, das den Hügel heraufkam. Sofort schwangen sie sich wieder auf ihre Pferde, denn es konnte ja ein Feind nahen; noch immer aber wußten die drei Jünglinge nicht, daß sie auf dem blutigen Schlachtfeld standen und daß das Heer des Kaisers auf der Flucht war. Der Nebel verschluckte nämlich alle Geräusche.

Da tauchte ein großes schwarzes Pferd aus den Schwaden auf, darauf saß ein Ritter in pechschwarzer Rüstung. »Wittich«, rief Diether erstaunt und wütend auf. Es war wirklich Wielands Sohn, erkenntlich an seiner Helmzier, den es wie mit unsichtbaren Seilen zurück auf den Hügel trieb.

»Du Verräter, sprich dein letztes Gebet. Du bist der Mörder unseres Freundes.«

Mit diesen Worten drang Diether mit gezücktem Schwert auf Wittich ein, die beiden Söhne Etzels folgten ihm. Vergeblich wollte Wittich, der die drei nicht erkannte, aber wohl ihre Jugend bemerkte, sie beruhigen. Vergeblich versuchte er dem Kampf auszuweichen. Selbst als er den Hügel hinabritt, folgten sie ihm durch den dünner werdenden Nebel. Da mußte sich Wittich nun doch dem Kampf stellen, wenn er nicht selbst sein Leben verlieren wollte. Und obwohl er sich noch vor kurzem den Tod gewünscht hatte, wehrte sich doch alles in ihm, von der Hand von drei Jünglingen zu fallen.

Der Kampf währte nur kurz. Denn die drei Königssöhne waren weder der Fechtkunst Wittichs gewachsen, noch konnten ihre Rüstungen seinen Waffen widerstehen. Einer nach dem anderen sank entseelt zu Boden. Da schien Wittich erst zu erkennen, was er getan hatte. Oben lag Alphart, der unter seinen Streichen gefallen war. Und hier stand er vor den Leichen von drei Jünglingen, die ihm niemals gewachsen waren. Er nahm ihnen die Helme ab, um zu erkennen, wer vor ihm lag. Entsetzt fuhr er zurück. Denn jetzt erst erkannte er, daß er den Bruder Dietrichs und die beiden Söhne des Hunnenkönigs erschlagen hatte. Wie von Furien gehetzt wendete er Schemming, um diesen Ort des Schreckens zu verlassen.

Inzwischen lichtete sich der Nebel immer mehr, und Dietrich konnte endlich das Schlachtfeld überblicken. Was er sah, trieb ihm fast die Tränen in die Augen. So weit der Blick auch reichte, lagen überall Tote und Verwundete, Freund und Feind nebeneinander. Dietrich hatte zwar gesiegt, doch um welchen Preis!

Müde wandte er sich an Hildebrand und befahl, daß die Verwundeten versorgt werden sollten. Er selbst wollte am Ort des Nachtlagers feststellen, wer von seinen Helden noch unter den Lebenden weilte. Auch mußte die Verfolgung Ermanerichs fortgeführt werden, da sich Dietrich darüber im klaren war, daß sonst die hohen Blutopfer vergeblich waren. Da nahte sich ihnen ein Reitertrupp, voran Eckehart, hinter ihm ein gefesselter Mann auf einem Pferd.

»Sieh her, mein König, wen ich hier mit mir führe«, rief er schon von weitem Dietrich zu. »Jetzt können meine Schützlinge in Frieden ruhen, denn ihr Mörder wird die gerechte Strafe erleiden.«

Da wimmerte Sibich auf: »König Dietrich, ich habe große Schätze in meinem Haus in Romaburg, die will ich Euch geben. Auch kann ich ein gutes Wort beim Kaiser einlegen, damit er Euch die Rückkehr gestattet. Nur laßt mich am Leben und gebt mich nicht in die Hand dieses Menschen!«

Doch Dietrich antwortete ernst: »Wende dich nicht an mich um Hilfe. Wenn du jetzt mit dem Leben büßt, ist es nur die gerechte Strafe für all die Untaten, die du in den letzten Jahren begangen hast. Dein Tod war schon beschlossen, bevor wir den Feldzug begonnen haben.«

Damit wandte sich Dietrich ab, Eckehart aber befahl seinen Begleitern, unverzüglich einen Galgen zu errichten. Denn Sibich sollte so enden, wie die Harlunge und der jüngste Sohn von Ermanerich.

Inzwischen sammelten sich die Überlebenden am Ort des Nachtlagers. Es kam noch ein stattliches Heer zusammen, und alle waren begierig, die Verfolgung fortzusetzen. Als aber Dietrich den Blick über seine Getreuen schweifen ließ, verdüsterte sich sein Antlitz. Denn gar zu viele vertraute Gesichter waren nicht mehr dabei. So waren außer Wildeber auch Dietleib und Isung, der Spielmann, gefallen, Bertram von Pola war schwer verletzt und würde die Nacht kaum überleben. Auch die Hunnen hatten zahlreiche Verluste zu beklagen. Da war es kein Trost, daß die Zahl der Toten im kaiserlichen Heer noch viel größer war.

Plötzlich weiteten sich Dietrichs Augen vor Schreck. Denn er sah Elsan heranreiten, doch war er allein, ohne seine Schützlinge. Verzagt berichtete der alte Ritter, wie sie zu viert ausgeritten waren, wie aber der Nebel seine Schutzbefohlenen verschluckt hatte. Er hatte sie den ganzen Tag gesucht, doch keine Spur gefunden. Bevor noch Dietrich ein Wort erwidern konnte, kam Helferich von Tuskan herangeritten.

»Ich habe die drei gefunden«, sagte er mit leiser, schmerzerfüllter Stimme. »Sie sind alle drei tot. Sie liegen am Fuße des Hügels dort. Und oben liegt der Leichnam von Alphart. Er wurde von hinten erschlagen.«

Jeder Blutstropfen wich aus Dietrichs Gesicht, sein Antlitz glich einer Totenmaske. Wortlos schwang er sich auf Falke und ritt in die angegebene Richtung. Als er seinen toten Bruder und die Leichen der beiden Söhne Etzels sah, stieg er vom Pferd und kniete nieder. Dann nahm er die drei toten Jünglinge in den Arm und drückte jedem einen Abschiedskuß auf die bleiche Stirn. Seine Gefolgsleute standen im Kreis um ihn, alle waren stumm und wie erstarrt. Schließlich riß sich Dietrich los, stieg wieder auf Falke und ritt den Hügel hinan. Dort lag Alphart, von dem sich der König ebenfalls mit einem Kuß auf die Stirne verabschiedete.

Dann machte er einen verzweifelten Blick rund um sich. Im Westen ging gerade blutrot die Sonne unter, doch auch im Osten leuchtete es wie von einem Sonnenuntergang. Denn Raben brannte. Die flüchtenden Truppen des Kaisers hatten die Stadt in Brand gesteckt, damit sie nicht mit all ihren Schätzen Dietrich in die Hände fiel.

»Fürwahr, ich habe einen herrlichen Sieg errungen«, sprach da Dietrich mit spröder, gebrochener Stimme. »Drei Jünglinge, für die ich mit meinem Leben gebürgt habe, liegen tot auf dem Schlachtfeld. Viele der besten meiner Gefährten ließen für mich ihr Leben. Ich blicke auf eine brennende Stadt. Und jener, der dieses Blut und diese Qualen auf dem Gewissen hat, ist entkommen. Doch ich will wenigstens den Mörder der drei Knaben finden. Denn ich weiß, daß sie Wittich zum Opfer gefallen sind. Solche Wunden kann nur Mimung schlagen.«

Da sah er von weitem einen Ritter in schwarzer Rüstung auf einem schwarzen Pferd. Dietrich konnte ihn nicht erkennen, doch sein Gefühl sagte ihm, daß dies Wielands Sohn sei. Mit einem Satz war der

König auf Falkes Rücken und galoppierte los, auf der Suche nach dem Mörder seines Bruders.

Tatsächlich war Wittich auf das Schlachtfeld zurückgekehrt. Er wußte selbst nicht, was ihn dazu trieb. Er hatte sich selbst auch nicht erklären können, warum er zu dem Hügel zurückgeritten war. Bevor er aber sich noch umsehen konnte, erkannte er Dietrich, der vom Hügel herab auf ihn losstürmte.

»Stell dich dem Kampf, Wittich. Kämpfe wie ein Mann, nicht wie ein Feigling gegen Knaben!« rief, nein, donnerte ihm Dietrich zu. Da wußte Wittich, daß der Berner die drei Toten gefunden hatte. Eine unsagbare Furcht überfiel ihn plötzlich, lähmte jeden Gedanken, außer den an Flucht. Der Ekel, den er vor sich selbst und seinen Taten empfunden hatte, war wie erloschen, der Tod, den er sich vor kurzem noch gewünscht hatte, erschien ihm jetzt furchtbar. Immer näher kam Dietrich herangaloppiert, schon hörte Wittich den Hufschlag Falkes. Da riß er Schemming herum und raste los. Er wußte nicht, in welche Richtung er ritt, er wollte nur dem Feind hinter sich entkommen.

»Lauf, Schemming, lauf, ein letztes Mal«, rief er seinem Pferd zu und trieb es noch mehr an.

»Falke, laß ihn nicht entkommen«, flüsterte Dietrich, und sein Schimmel streckte sich zu einem noch schnelleren Galopp.

Da hörte Wittich ein wildes Brausen und Rauschen.

»Das Meer«, fuhr es ihm durch den Kopf. Geradewegs stürmte er auf die Klippe zu, die steil zum Meer abfiel. »Wachhilde, ich komme«, rief er seine Ahnin. Ein Satz, ein Sprung – und Pferd und Reiter waren in den Wogen verschwunden.

Im letzten Augenblick zügelte Dietrich sein Pferd. Schwer atmend blieb Falke am äußersten Rand der Klippe stehen. Dietrich warf einen Blick zu den rauschenden Wellen. Von Wittich und seinem Rappen war keine Spur zu entdecken, doch war es Dietrich, als ob er zwei bleiche Frauenarme und ein schönes Frauenantlitz erblicke. Da wußte er, daß Wittich von seiner Ahnfrau in die Tiefen des Meeres geholt worden war.

»Heulst du gerade?« fragte Andreas neugierig.

»Nein, warum?« schnüffelte Katharina mit belegter Stimme. Sie hatte tatsächlich mit den Tränen gekämpft, weil Dietrich schon wieder vom Unglück verfolgt war.

»Na, du schaust so aus«, meinte der große Bruder eher gleichgültig.

»Mir ist nur eine Fliege ins Auge gekommen«, wehrte Katharina ab. »Willst du etwas Besonderes?«

»Ja. Bärbel macht heute eine Grillparty für alle, die beim Video mitmachen. Sie hat dich auch eingeladen, du warst ja immerhin die Leiche. Willst du mitkommen?«

Das Mädchen überlegte einen Augenblick. Nach dem traurigen Ende der Rabenschlacht wäre vielleicht eine kleine Unterhaltung gut.

»Ja, meinetwegen«, sagte sie gnädig. »Du brauchst mich auch nicht im Handwagen hinzuführen, ich kann schon recht gut gehen.«

KAPITEL 12

Heimkehr nach langer Zeit

Verzweifelt ritt Dietrich zurück zu der kleinen Schar, die noch immer um die Leichen der drei Jünglinge stand. »Wittich ist entkommen. Er hat sein Pferd ins Meer getrieben, und dort nahm ihn seine Ahnfrau Wachhilde auf«, sagte er mit gebrochener Stimme. Mit unbeholfenen Bewegungen, wie ein uralter Mann, glitt er von Falkes Rücken und setzte sich neben die Toten. Seine Getreuen standen mit tief gesenkten Köpfen um ihn. Keiner sprach ein Wort. Denn es gab nichts mehr zu sagen. Der Sieg hatte Dietrich und seinen Verbündeten außer Kummer und Schmerz nichts gebracht.

Schließlich stand der König wieder auf.

»Wir wollen die Toten begraben. Dann reite ich zurück zu Etzel, um ihm mein Leben als Sühne für seine beiden Söhne anzubieten. Ich kann keinen von euch, meine wenigen überlebenden Getreuen, bitten, mit mir zu kommen. Denn mit mir ist es zu Ende, der Hunnenkönig wird mir niemals verzeihen, daß ich auf seine Söhne nicht besser geachtet habe. Und selbst wenn er mir verzeiht, bin ich auf ewig ein Flüchtling. Ich werde nicht zulassen, daß nochmals ein Held meinetwegen sein Leben verliert.«

»Ich komme mit dir, mein König«, sagte da Elsan. »Ich werde Etzel erklären, wieso Scharf und Ortwin gemeinsam mit Diether aufs Schlachtfeld gelangt sind. Dich trifft keine Schuld!«

»Auch ich werde bei Etzel für dich sprechen«, sagte da Rüdiger, der nach einem Rundgang über das Schlachtfeld zur Gruppe um Dietrich gestoßen war, mit erloschener Stimme. »Der König wird auf meine Stimme hören, denn auch ich habe mein Liebstes verloren. Mein Sohn Nudung ist gleichfalls auf dem Schlachtfeld geblieben. Ich bin sicher, Etzel wird dich wieder aufnehmen, wenn du bei ihm bleiben willst.«

Bevor noch Dietrich antworten konnte, kam Eckehart mit einigen Gefolgsleuten.

»Der Galgen für Sibich ist errichtet. Soll das Urteil vollstreckt werden?« fragte er den König. Und Dietrich nickte. Denn Sibich hatte den Tod vielfach verdient. Dietrich wußte genau, daß er der böse Geist seines Oheims war, daß er Ermanerich immer wieder dazu gebracht hatte, nur auf die schlechten und verderblichen Stimmen in seinem Inneren zu lauschen.

Eckehart ging, um das furchtbare Werk der Gerechtigkeit zu vollenden. Die überlebenden Gefährten Dietrichs aber scharten sich um ihren König, um ihm zu versichern, daß sie mit ihm ins Hunnenreich reiten wollten. Keiner wollte zurückbleiben, um vielleicht bei einem anderen Herrscher sein Glück zu suchen. Dietrich war durch diese unwandelbare Treue seiner Gefolgsleute seltsam gerührt, aber auch wie beschämt. Denn er hatte den Eindruck, daß er seinen Gefährten nichts mehr geben könne, daß ihn das Glück endgültig verlassen habe.

Die ganze Nacht saß Dietrich wachend und unbeweglich neben dem offenen Grab, das für Alphart, Diether, Ortwin und Scharf gegraben worden war; denn die vier Opfer Wittichs sollten eine gemeinsame Ruhestätte finden. Sein ganzes bisheriges Leben zog am Gotenkönig vorbei. Vergeblich suchte er eine Erklärung dafür, warum das Schicksal gerade ihn so grausam behandelte, warum gerade er seinen Freunden und Vertrauten Unglück bringen müsse.

Am Morgen wurden die vier feierlich bestattet. Dann ließ Dietrich zum Aufbruch blasen. Die Stadt Raben, in der es da und dort noch immer brannte, betrat er nicht. Er befahl nur, daß die Bevölkerung geschont werden sollte, da die Bewohner ja keine Schuld an seinen schweren Verlusten hatten. Die Fürsten, die sich Dietrichs Kriegszug angeschlossen hatten, sollten aber seinen Rückzug nach Bern decken. Dietrich glaubte zwar nicht, daß Ermanerich nach der verlorenen Schlacht noch genug Truppen hatte, um ihm nachzueilen. Doch wollte er keine Vorsichtsmaßnahme versäumen.

Tatsächlich verschwendete Ermanerich keinen Gedanken an eine Verfolgung Dietrichs, er war vielmehr froh, sein nacktes Leben gerettet zu haben. Sein Heer war in völliger Auflösung und Unordnung. Jeden Augenblick fürchtete der Kaiser, hinter sich die Trompeten der Feinde zu hören, denn er war sicher, daß Dietrich ihn neuerlich angreifen würde. Kundschafter hatten ihm über das Schicksal von Sibich berichtet; Ermanerich war überzeugt, daß ihm das gleiche Los beschieden sei, wenn er in Dietrichs Hände fiele.

Am nächsten Morgen, eben als auf dem Feld vor Raben die vier Toten begraben wurden, ließ Ermanerich Theobald zu sich rufen. Der Anführer der Leibwache hatte die Schlacht unverletzt überstanden und schien dem Kaiser jetzt die einzige Stütze. Denn über den Verbleib von Wittich und Heime konnte er nichts erfahren, die anderen lebenden Anführer aber waren nicht fähig, ohne genaue Befehle zu handeln.

»Ich übergebe dir nun für immer den Oberbefehl über mein Heer«, sprach Ermanerich. »Du wirst mich sicher nach Romaburg bringen, es soll dein Schaden nicht sein. Denn wenn wir auch die Schlacht verloren haben, so lagern doch in der Residenz noch ausreichend Schätze, um dich fürstlich zu belohnen. Wenn du mir weiter treu dienst, wirst du in die Schar meiner Berater aufgenommen.«

Mit dieser Erklärung hatte sich Ermanerich einen sicheren und fähigen Verbündeten gemacht. Theobald liebte den Kaiser ebensowenig, wie die anderen Großen des Reiches. Er hatte aber erlebt, daß dessen Günstlinge zu hoher Macht und großem Reichtum gelangten. Danach stand ihm der Sinn, da er das unstete Leben eines Abenteurers, das er durch viele Jahre geführt hatte, nun für immer hinter sich lassen wollte. So gelobte er Ermanerich neuerlich die Treue und schwor bei sich selbst, den Kaiser so lange wie möglich am Leben und bei annehmbarer Gesundheit zu erhalten. Dadurch schien ihm seine Zukunft gesichert.

Inzwischen zog ein sehr viel kleinerer Heerzug als noch vor einigen Tagen wieder in Richtung Bern. Denn Dietrich wollte persönlich der Bevölkerung seinen Entschluß mitteilen, daß er zurück zu Etzel müsse. Auch wollte er jenen seiner Getreuen, die eine Familie hatten, nochmals ein Wiedersehen ermöglichen. Er redete den Familienvätern gut zu, daß ihre Pflichten gegenüber Frau und Kindern den Vorrang vor ihrer Treue ihm gegenüber habe. Wirklich entschieden sich einige, im Lampartenreich zu bleiben, nachdem ihnen der König auch die Sorge für das Land ans Herz gelegt hatte.

Dann ging es wieder in Richtung des Hunnenlandes. Auch diesmal führte sie die Fahrt durch die Steiermark, denn Dietrich wollte persönlich Biterolf die Nachricht vom Tod Dietleibs überbringen. Die Reise war für alle noch schmerzlicher als jene, als sie zum ersten Mal und auf Befehl Ermanerichs das Land verlassen mußten. Diesmal, so schien es allen, hatte sie nicht ein unbarmherziger Kaiser besiegt, sondern das noch viel unbarmherzigere Schicksal.

Als Biterolf vom Tod seines Sohnes hörte, übermannten ihn Schmerz und Reue. Er hatte, so schien es ihm, viel zu wenig von Dietleib gehabt, da er ihn ja schon als kleines Kind im Stich gelassen hatte. Aber nun war es für Reue zu spät. So wollte er wenigstens für die Zukunft seiner Tochter sorgen, die mit so großer Liebe an ihrem Bruder gehangen war. Deshalb schloß er sich Dietrich für die Fahrt zu Etzel an, er mußte schließlich auch die Nachfolge für sein Lehen sicherstellen. Denn er wollte wieder in die Dienste des Hunnenkönigs treten, da er noch immer Heldentaten und Abenteuer suchte, die er seiner Meinung nach in der Steiermark nicht finden konnte.

Als sich der traurige Zug nach einer langen Fahrt durch das Hunnenland der Etzelburg näherte, blickte Helche aus dem Fenster ihrer Kemenate. Und sie sah die Pferde ihrer beiden Söhne, die im Zug mitgeführt worden waren. Die Sättel waren leer, die Satteldecken blutverschmiert. Da wußte sie, daß ihr furchtbarer Traum Wahrheit geworden war, daß ihre Söhne nicht aus der Schlacht zurückgekehrt waren.

Voll Grimm und Haß auf Dietrich, der ihrer Meinung nach sein Versprechen nicht gehalten hatte, stürmte sie in die große Halle zu ihrem Gemahl. Bevor sie aber noch ein Wort sagen konnte, trat Rüdiger ein, der immer freundliche, gütige Markgraf. Grau war sein Gesicht vor Kummer und Anstrengung, tiefe Falten furchten seine Wangen.

»Mein König«, begann er Etzel zu berichten, »wir haben bei Raben am Meer eine große Schlacht geschlagen. Dein und Dietrichs Heer haben den Sieg davongetragen. Doch unsere Verluste waren furchtbar. Auch deine beiden Söhne und Diether sind unter den Toten. Die drei Jünglinge haben sich bei einem Ausritt im Nebel verirrt und sind, ohne es zu wollen, auf das Schlachtfeld gekommen. Da sind sie auf Wittich gestoßen. Und er hat sie getötet.«

Mit erstickter Stimme hatte Rüdiger diese letzten Sätze geflüstert. Der Markgraf konnte nicht weitersprechen, da ihn der Schmerz über alle Verluste übermannte. Etzel aber sprang von seinem Sitz auf und schrie laut: »Dafür muß Dietrich sterben! Er hat mit seinem Leben für die Sicherheit von Ortwin und Scharf gebürgt, jetzt soll er mir sein Leben für das meiner Söhne geben!«

»Halt ein, mein König«, flehte da Rüdiger. »Dietrich ist am Tod der drei Jünglinge schuldlos. Hier kommt Ritter Elsan, in dessen Obhut sie in Bern geblieben sind. Er wird dir alles genau berichten. Doch ich bitte und beschwöre dich, denk nicht nur an deine eigenen Verluste. Dietrich hat seinen jungen Bruder verloren. Und auch mein Sohn Nudung ist auf dem Schlachtfeld geblieben«, schloß er mit tränenerstickter Stimme.

Und nun begann Elsan, der hinter Rüdiger die hohe Halle betreten hatte, seinen Bericht. Er erzählte vom Ausritt und betonte, daß die drei wirklich nur die Pferde bewegen wollten. Dann berichtete er vom heimtückischen Nebel, der alles eingehüllt und jedes Geräusch verschluckt hatte. Und auch er flehte für Dietrich, der durch den Tod der drei jungen Fürstensöhne und durch den Verlust so vieler guter Freunde schwer geschlagen sei.

Da trat Dietrich selbst mit schweren, schleppenden Schritten herein. Helche erschrak, als sie den Gotenkönig sah. Schon nach seiner Vertreibung aus Bern war er der Königin als gebrochener, tief gebeugter Mann erschienen. Doch nun bewegte er sich wie ein Geist, den nichts mehr mit dieser Erde verbindet.

»Etzel, deine Söhne sind tot. Nimm mein Leben dafür, wenn dies deinen Schmerz lindern kann.« Und er warf sich vor Etzel auf die Knie, bereit, den Todesstoß hinzunehmen.

Helche aber eilte zu ihm, hob ihn auf und umarmte ihn.

»Wir wissen, daß du am Tod unserer Söhne keine Schuld trägst. Das Schicksal hat es so gewollt, das hat mir schon mein Traum gezeigt. Ich verzeihe dir! Auch mein Gemahl wird dir, so bin ich sicher, verzeihen und dich wieder bei uns aufnehmen, wenn du hier bleiben willst.«

Etzel stimmte nach kurzem Überlegen seiner Gemahlin zu. Ihn trieb nicht nur die Überzeugung, daß Dietrich den Tod seiner Söhne tatsächlich nicht zu verantworten hatte, und die Freundschaft zum Gotenkönig. Auch Klugheit brachte ihn dazu, auf jede Rache zu verzichten. Denn er wußte, daß die Ritter Dietrichs für ihn eine wertvolle Hilfe sein könnten; wenn er aber Dietrich tötete, säte er nur Feindschaft und Haß. Selbst Rüdiger wäre dann nicht mehr der getreue und sichere Gefolgsmann wie jetzt.

So fand Dietrich wieder eine Bleibe in der Etzelburg. Herrat freute sich unsäglich darüber, denn nun konnte sie auf ruhige und glückliche Jahre mit ihrem Gemahl hoffen. Wenn auch jetzt noch der Schmerz in Dietrich jedes Gefühl überschattete, so wußte sie doch, daß die Zeit diesen Schmerz zumindest mildern würde.

Die nächsten Tage brachten vor allem für Etzel viel Arbeit. Denn er mußte große Änderungen in der Heerführung vornehmen, da viele seiner Anführer auf dem Feld vor Raben geblieben waren. Auch mußte der Abzug jener Truppenteile vorbereitet werden, die üblicherweise auf wichtigen Stützpunkten im weiten Hunnenland für Ruhe sorgten, die aber auch am Heerzug nach Italien teilgenommen hatten. Da ließ sich Biterolf beim Hunnenkönig melden.

»Mein König«, begann er, »wie du weißt, ist mein einziger Sohn tot. Er hat das Lehen, das du ihm und mir gegeben hast, gut verwaltet. Doch nun suche ich einen Nachfolger für ihn. Wenn du damit einverstanden bist, will ich nämlich weiter als dein Heerführer in der Etzelburg bleiben, da ich denke, daß ich dir hier bessere Dienste erweisen kann. Auch plagt mich die Sorge um Künhilde. Wohl kann sie noch einige Zeit bei ihrer Mutter bleiben, doch wird es Zeit, sie zu vermählen.«

Bevor noch Etzel antworten konnte, schaltete sich Dietrich, der in der großen Halle mit dem Hunnenkönig Verschiedenes besprochen hatte, in die Unterhaltung ein. Denn ihm war ein Gedanke gekommen, wie Biterolfs Wünsche erfüllt werden konnten und gleichzeitig einem Freund geholfen wurde.

»Ich weiß einen Ritter, der würdig und fähig ist, an Dietleibs Stelle dein Lehen zu verwalten, Biterolf. Es ist Rentwin, mein junger Gefährte. Ich habe ihn vielfach erprobt und ihn treu und tapfer im Kampf sowie vernünftig und weise bei Beratungen gefunden. Er wäre auch der geeignete Gemahl für Künhilde, da ich sicher bin, daß sich die beiden seit Künhildes Befreiung aus Laurins unterirdischem Palast lieben.«

Biterolf war mit diesem Vorschlag einverstanden, da auch er Rentwin als mutigen und besonnenen jungen Mann kennengelernt hatte. Und auch Etzel hatte keinen grundsätzlichen Einwand, doch wünschte er, daß Künhilde zuerst gefragt werde, ob sie Rentwin auch zum Manne nehmen wolle. Denn er hatte sich geschworen, daß er niemals eine Frau gegen deren Willen zu einer Ehe zwingen werde.

»Ich werde erkunden«, meinte da Dietrich, »ob die beiden jungen Leute wirklich in Liebe zueinander entbrannt sind. Meine Gemahlin Herrat mag mit dem jungen Mädchen sprechen, ich werde dann die feierliche Brautwerbung vornehmen.«

Und so geschah es auch. Herrat stellte bald fest, daß sich Künhilde nichts sehnlicher wünschte, als die Gemahlin Rentwins zu werden. Also ließ der Gotenkönig Rentwin zu sich rufen, um ihm die guten Nachrichten mitzuteilen. Es tat Dietrich zwar leid, seinen Freund ziehen zu lassen. Doch freute er sich gleichzeitig, daß wenigstens einer seiner engsten Gefährten mit seiner Hilfe Glück und Wohlstand erringen konnte.

»Rentwin, ich habe dir eine traurige Mitteilung zu machen«, begann Dietrich, denn er wollte den jungen Mann ein wenig necken. »Du wirst schon bald die Etzelburg und mich verlassen müssen.«

»Warum, mein König«, rief da Rentwin bestürzt aus. »Bist du mit mir nicht mehr zufrieden?«

»Ganz im Gegenteil«, begütigte Dietrich. »Dir winkt vielmehr ein großes Glück und eine wichtige Aufgabe. Biterolf will weiter als Heerführer am Hofe des Hunnenkönigs bleiben. Deshalb muß nach dem Tod Dietleibs jemand anderer sein Lehen in der Steiermark verwalten. Ich habe dich dafür vorgeschlagen. Und noch ein zweite gute Nachricht: Wenn du willst, wird dich Künhilde als deine Gemahlin begleiten. Sie liebt dich, wie sie meiner Gemahlin gestanden hat. Und ich glaube, auch dein Herz ist ihr zugetan.«

Minutenlang konnte Rentwin vor Freude und Überraschung nicht antworten. Diese Wendung seines Schicksals hätte er sich in seinen kühnsten Träumen nicht erhofft. Nach der Rückkehr in die Etzelburg war er vielmehr der Ansicht, daß nun Künhilde für ihn auf immer und ewig unerreichbar bleibe, denn als Gefährte eines landlosen, flüchtigen Königs hielt er sich nicht für würdig genug. Als er schließlich seine Sprache wiederfand, dankte er dem König von Herzen dafür, daß er Etzel diese Vorschläge gemacht hatte.

Also wurde wieder in der Etzelburg die Hochzeit eines abendländischen Ritters vorbereitet. Diesmal waren die Feiern aber viel schlichter als bei Dietrich. Denn nun heiratete ja nicht ein König, sondern ein einfacher Ritter, auch wenn er schon bald als Herr der Steiermark große Bedeutung erlangen konnte. Vor allem aber war die Trauer um die vielen Gefallenen und der Schmerz wegen des Verlustes der Heimat noch zu frisch und gegenwärtig, um Freude an großen Feiern aufkommen zu lassen. Doch sorgte Dietlinde mit tatkräftiger Unterstützung durch Helche dafür, daß Künhilde eine wohlgefüllte Brauttruhe erhielt.

Während dieser Vorbereitungen wurde ein Bote in die Steiermark gesandt, um einige steirische Ritter zu holen. Sie sollten an der Hochzeit ihres neuen Herrn teilnehmen und dann das junge Paar heimgeleiten. Und so geschah es auch. Die Hochzeit wurde für alle doch noch ein wunderschönes Fest, denn Braut und Bräutigam strahlten vor Glück und Liebe. Der Abschied war dann zwar schmerzlich, aber Dietrich versprach Rentwin einen Besuch. Auch Künhilde nahm sich vor, immer wieder zu ihren Eltern zu reisen.

Nun erhofften sich alle Helden eine Zeit der Ruhe und des Friedens, um mit den schmerzlichen Ereignissen der jüngsten Zeit fertig zu werden. Doch schon wartete neuer Kummer auf den Hunnenkönig und die Helden, die in der Etzelburg lebten. Helche, die gütige Königin, die immer das Wohl der Menschen an ihrem Hof im Sinne hatte, begann zu kränkeln. Sie konnte den Tod ihrer beiden Söhne nicht überwinden. Die besten Ärzte wurden an Helches Krankenbett gerufen, doch vergeblich. Nach mehrmonatigem Siechtum verstarb sie in den Armen ihres Gemahls.

»Wo war eigentlich die Etzelburg?« fragte Katharina, die bereits mit sicheren Schritten und ohne Krücken zu ihrem Großvater ins Zimmer kam. »Was sagst du, wie gut ich schon gehen kann?«

»Was willst du jetzt? Bewunderung für deine Fortschritte oder Auskünfte über die Etzelburg?«

»Beides natürlich!«

»Also gut. Du machst wirklich sehr gute Fortschritte, und mit einem leichteren Gips wirst du dich wie neu geboren fühlen. Und ob es die Etzelburg wirklich gegeben hat, weiß man nicht. Die Hunnen haben kaum feste Anlagen gebaut, sie waren ein Nomadenvolk. Man weiß von ihnen nur durch Berichte aus der damaligen Zeit und durch Grabfunde. Aber ihre Anführer werden irgendwo im heutigen Ungarn sicher eine Art Hauptstadt gehabt haben. Zufrieden?«

»Nicht ganz. Wer war eigentlich Etzel? Hat er wirklich gelebt?«

»Das schon. Bekannt wurde er in der Geschichte unter dem Namen Attila. Und weil er immer wieder große Kriegszüge gemacht hat, auch in das

heutige Italien, ist er ›Attila, die Geißel Gottes‹ genannt worden; man hat nämlich geglaubt, daß die Hunneneinfälle eine Strafe Gottes waren. Warum er in den Sagen als gütiger und freundlicher König dargestellt wird, weiß niemand genau.«

Katharina fand das alles sehr merkwürdig. Vielleicht waren die Hunnen zu den Sängern, die als erste die Sagen erzählt hatten, besonders freundlich und nett gewesen.

Dietrich litt mit seinem Freund, dem Hunnenkönig. Und wieder überkam ihn das Gefühl, daß er allen Menschen in seiner Umgebung nur Unheil und Kummer bringe; sein Schmerz wurde dadurch noch größer. Auch Herrat war durch den Tod ihrer Tante tief getroffen. Für sie begann außerdem jetzt eine schwere Zeit, denn sie mußte Helches Aufgaben in der Etzelburg übernehmen. Die Hoffnung auf eine friedliche Zeit mit ihrem Gemahl war dahin.

Auf Drängen seiner Fürsten erklärte sich Etzel bereit, wieder um eine Frau zu freien. Es mußte nach dem Tod der beiden Königssöhne Ortwin und Scharf vor allem die Erbfolge gesichert werden, wenn nicht das Hunnenreich wegen Streitigkeiten um den Thron auseinanderfallen sollte. Etzels Wahl fiel auf Kriemhild, die Witwe des Nibelungenkönigs Siegfried und Schwester der drei Burgundenkönige Gunther, Gernot und Giselher. Die Königin lebte am Hof ihrer Brüder in Worms, ihre Schönheit und Tugend wurde überall gerühmt.

So sandte also Etzel den Markgrafen Rüdiger in das Burgundenland am Rhein, denn Rüdiger kannte die drei Könige und auch Kriemhild. Diese wurde auch wirklich Etzels Frau und herrschte viele Jahre an seiner Seite. Doch schließlich brachte sie Tod und Verwüstung über die Etzelburg und alle, die dort lebten (siehe »Die Nibelungen).

Während all dieser Jahre brachten immer wieder Boten und fahrende Ritter Nachrichten aus Romaburg. Ermanerich lebte noch immer, doch war er nur mehr dem Namen nach Kaiser. Er war vielmehr ein kranker, von den Geistern der Vergangenheit geschüttelter Greis, dessen Angstschreie Nacht für Nacht durch die weiten Räume der Residenz in Romaburg hallten. Der wahre Herrscher war Theobald, der im Namen seines Herrn dem Volk drückende Steuern auflud und mit diesem Geld eine mächtige Truppe unterhielt. Solange Ermanerich lebte, das hatte sich Dietrich geschworen, wollte er nicht zurück in sein Reich. Denn er fürchtete neue Kämpfe.

Doch nachdem Kriemhild ihre Rache vollendet und sie selbst von Hildebrands Hand den Tod gefunden hatte, hielt es Dietrich nicht mehr länger in der verwaisten Etzelburg. Die letzten Gefährten, die noch bei ihm im Hunnenland gelebt hatten, waren Opfer der Rache Kriemhilds an ihren Brüder und an Hagen geworden, nur Hildebrand lebte noch.

»Wir wollen aufbrechen, Herrat«, sprach er deshalb zu seiner Gemahlin. »Ich bin der Kämpfe am Hofe des Hunnenkönigs müde und möchte hier nicht zum Greis werden. Ich fürchte, daß neue Kämpfe auf Etzel warten, denn nun wird der Streit um seine Nachfolge ausbrechen. Doch jetzt kann ich ihm nicht mehr zur Seite stehen, denn alle meine Gefährten außer Hildebrand sind tot. Bist du bereit, mit mir ins Lampartenreich zu fahren? Dort werden wir, wenn Gott es fügt, wieder meine alte Heimat finden können.«

»Ich gehe mit dir, mein Herr, wohin du immer willst«, antwortete ihm Herrat. »Schon lange wünsche ich mir, das Lampartenreich kennenzulernen. Ich bin sicher, daß dir nun endlich eine ruhige, friedliche Zeit beschieden ist. Denn Ermanerich ist alt und krank. Wenn er aber stirbt, bist du der einzige Erbe für den Kaiserthron und kannst auch wieder im Lampartenreich herrschen. Laß uns bald aufbrechen.«

Auch Hildebrand war dafür, die Etzelburg zu verlassen. Er hatte sich dort niemals heimisch gefühlt, nun war sie ihm aber direkt verhaßt. Auch sehnte er sich, seine Gemahlin Ute und seinen Sohn Hadubrand wiederzusehen. Zwar wußte er von fahrenden Rittern und Sängern, die immer wieder an den Hof Etzels gekommen waren und Nachrichten aus dem Abendland gebracht hatten, daß die beiden lebten und bei guter Gesundheit waren. Doch hatte Hildebrand sie zum letzten Mal nach der Rabenschlacht gesehen.

So nahmen die drei Abschied von Etzel, dem es in seinem Schmerz gleichgültig war, was um ihn geschah. Immerhin raffte er sich dazu auf, Dietrich ein Geleit von Knechten und Gewappneten mitzugeben, damit er nicht das Opfer von Räubern werde. Der Gotenkönig hatte beschlossen, auf dem Weg nach Italien Rentwin und Künhilde in ihrem Lehen in der Steiermark zu besuchen. Rentwin hatte all die Jahre das Lehen mustergültig verwaltet und es zu hohem Ansehen und Wohlstand gebracht. Dietrich bedauerte keine Minute, daß er seinen Gefährten für diese Aufgabe vorgeschlagen hatte. Auch Künhilde lebte noch immer getreulich an der Seite ihres Gemahls und war Mutter von zwei Söhnen und zwei Töchtern.

Dietrich war jedoch keine lange Rast bei Rentwin vergönnt. Denn schon zwei Tage nach seiner Ankunft kam ein Bote auf einem schweißüberströmten Pferd in den Burghof geritten.

»Ermanerich ist tot. Der Kaiser ist vor wenigen Tagen in Romaburg gestorben. Sein Ende soll entsetzlich gewesen sein. Bis zum Schluß quälten ihn die Erinnerungen an seine Untaten, starke Schmerzen ließen ihn immer wieder verzweifelt aufschreien«, berichtete der Bote.

Nun wußte Dietrich, daß er nicht länger säumen durfte, wenn er sein Reich wieder erlangen wollte. Denn Theobald würde wohl alles versuchen, um sich selbst die Kaiserkrone aufs Haupt zu setzen. Zu lange schon war er gewohnt, die Macht in Händen zu halten, als daß er jetzt freiwillig zurücktreten würde.

Also machte sich Dietrich auf, um in schnellen Tagesmärschen Bern und dann Romaburg zu erreichen. Und wieder, wie in ihrer beider Jugendtage, begleitete ihn Rentwin, der sich durch keine Vorhaltungen zurückweisen ließ. Dietrich war insgeheim sehr froh, diesen Gefährten aus früheren, fröhlichen Tagen bei sich zu wissen. Herrat, so wünschte es der König, sollte bei Künhilde auf den Ausgang der Auseinandersetzungen warten, damit sie keiner Gefahr ausgesetzt sei. Doch sie wehrte sich energisch dagegen.

»Ich habe vor dem Priester geschworen, in guten und in bösen Tagen treu an deiner Seite zu stehen. Du gehst jetzt vielleicht in Kampf und Gefahr und kannst dabei sicher meine Unterstützung und meinen Zuspruch brauchen. Deshalb werde ich mit dir reiten und dir helfen, so gut ich kann.«

Die kleine Schar erreichte in wenigen Tagen Bern. Dorthin war schon vor einiger Zeit die Nachricht vom Ableben des Kaisers gedrungen, doch schien dies den Bürgern kein Grund, auf eine bessere Zukunft zu hoffen. Alle befürchteten nämlich, daß sich jetzt Theobald zum Kaiser krönen lassen werde. Denn als einziger Verwandter Ermanerichs lebte jetzt nur noch Walther von Wasgenstein in Romaburg. Der aber hatte nicht die Absicht, einen Zwist mit Theobald zu beginnen, solange der Oberbefehlshaber ihm die Mittel für sein angenehmes Leben gab. An eine Rückkehr Dietrichs wagte aber niemand zu denken, denn zu lange schon war der König aus seinem Reich verbannt.

Als nun Dietrich, begleitet von seiner Gemahlin und seinen wenigen Getreuen, in Bern eintraf und ihn die Bürger erkannten, brach in der ganzen Stadt bald unbeschreiblicher Jubel aus. Die Nachricht verbreitete sich schnell im ganzen Land, und alle Fürsten, die Dietrich als den rechtmäßigen Herrn anerkannten, kamen, um ihm zu huldigen. Die Söldner, die für Theobald Bern unter Kontrolle halten sollten, merkten sehr bald, daß ihre Zeit abgelaufen war. Sie verließen heimlich die Stadt, Dietrich konnte daher kampflos die Burg mit den Truppen seiner Getreuen besetzen. Er zog auch wieder in seine Residenz ein, die er in einem traurigen Zustand vorfand. Denn der Anführer der Söldner hatte darin gehaust und auf die Schätze im Inneren wenig Bedacht genommen.

Während nun Dietrich wieder die Führung des Lampartenreiches übernahm und gleichzeitig seine Gemahlin mit seiner Residenzstadt vertraut machte, zog es Hildebrand mit unwiderstehlicher Macht nach Garda, zu seine Frau Ute. Nicht weit entfernt von der Burg begegnete er einem Ritter in voller Rüstung. An dem Wappen auf dem Schild erkannte er, daß er seinen Sohn Hadubrand vor sich hatte, der noch ein Knabe gewesen war, als Hildebrand Abschied von der Heimat und der Familie genommen hatte.

»Heil dir, Hadubrand, mein Sohn«, rief da der alte Recke mit jugendlichem Eifer. »Das Glück ist mir hold, daß ich dich schon hier, vor der Burg treffe.«

»Ich heiße allerdings Hadubrand«, meinte da der junge Ritter bedächtig. »Mein Vater aber ist Hildebrand, der Waffenmeister von Dietrich von Bern. Er lebt mit dem König im Hunnenland.«

Hadubrand war nämlich längere Zeit von der heimatlichen Burg abwesend gewesen. Daher hatte er noch nicht die Nachricht von Dietrichs Heimkehr gehört. Nichts konnte den jungen Mann überzeugen, daß er wirklich seinen Vater vor sich hatte. Und als ihm Hildebrand einen Siegelring mit seinem Wappen zeigte, hielt er ihn gar für einen Dieb und Mörder.

So entbrannte ein furchtbarer Kampf zwischen Vater und Sohn. Die Schwerter blitzten im Sonnenschein, hell klang das Eisen auf den Schilden und Helmen. Das Schicksal ersparte aber diesmal Dietrich einen neuen Schmerz. Denn schließlich gelang es Hildebrand dank seiner größeren Erfahrung, seinen Sohn zu bezwingen. Wohl war der junge Mann noch immer mißtrauisch, doch erklärte er sich bereit, den alten Recken zur Burg Garda zu bringen. Und dort machte Frau Ute allen Mißverständnissen ein Ende.

Gerührt und beglückt schloß sie ihren Gemahl in die Arme, den sie so viele Jahre vermißt hatte. Doch machte sie ihm keinen Vorwurf wegen seiner langen Abwesenheit, da sie wußte, daß für Hildebrand der Dienst bei Dietrich immer an erster Stelle gestanden war. Auch Hadubrand umarmte seinen Vater, den er nun endlich erkannte. Der Abend vereinte die Familie und ihre Getreuen zu einem prächtigen Fest.

Schon bald aber mußte Ute wieder Abschied von ihrem Gemahl nehmen, weil Dietrich nach ihm sandte, damit sie gemeinsam nach Romaburg ziehen konnten. Hildebrand versprach jedoch, daß diesmal die Trennung nur von kurzer Dauer sein werde. Seinen Sohn nahm er mit, da Hadubrand an der Seite des Gotenkönigs für dessen Recht kämpfen wollte, falls dies notwendig war.

Die Zeit der schweren Prüfungen und der harten Kämpfe schien allerdings für Dietrich vorbei zu sein. Theobald merkte, daß alle Fürsten von ihm abfielen und sich dem rechtmäßigen Herrscher zuwandten. Mit seiner Söldnertruppe allein konnte er jedoch den Kampf gegen Dietrich nicht gewinnen, das wußte er als erfahrener Krieger genau. So machte er sich bei Nacht und Nebel heimlich davon. Er fürchtete die Rache der Bevölkerung von Romaburg und allen Landen, die er an Stelle von Ermanerich beherrscht und unterdrückt hatte.

Die Fürsten und eine Abordnung der Bürger von Romaburg zogen Dietrich entgegen, als er sich von Bern her näherte. Alle Glocken der Stadt läuteten bei seinem Einzug, eine jubelnde Menge stand an den Straßenrändern. Alle hofften, daß jetzt bessere Zeiten anbrechen würden als unter der Herrschaft von Ermanerich und Theobald. Noch am Tag seines Einzugs in der Stadt wurde ein großes Fest gefeiert, auch die nächsten beiden Tage waren erfüllt von Festlichkeiten und fröhlichen Spielen.

Dann nahte der Pfingstsonntag. Und an diesem Tag wurde Dietrich feierlich zum Kaiser gekrönt. Er gelobte, seinen Untertanen ein guter und gerechter Herrscher zu sein und allezeit für das Wohl des Reiches zu arbeiten. Rentwin, der an der Krönung teilnahm, erinnerte sich an einen Pfingstsonntag vor vielen Jahren. Damals war er zum Ritter geschlagen worden. Doch wie traurig war damals die Stimmung im Vergleich zu der Freude, die am jetzigen Pfingstsonntag herrschte!

Beim abendlichen Festmahl saß, wie auch in den letzten Tagen, die liebliche Herrat an der Seite ihres Gemahls. Viele Augen blickten auf die wunderschöne Kaiserin, die im Glanze ihres kaiserlichen Schmuckes wie ein Bild aus einer anderen, besseren Welt war. Der gute Wein löste bald die Zungen, es wurden Geschichten aus früheren Tagen erzählt. Der Erinnerung an die vielen Gefährten, die vom Tod hinweggerafft worden waren, war für Dietrich der einzige Wermutstropfen in der Festesfreude. Bald aber sollte er einen seiner alten Gefährten wiederfinden.

Heime, der nach der Rabenschlacht fluchtartig die Stätte des Grauens verlassen und auch nicht zu Ermanerich zurückgekehrt war, war nämlich nicht tot, wie alle glaubten. Er trieb sich vielmehr einige Jahre mit Räubern und Wegelagerern herum und überfiel viele Reisende, aber auch Gehöfte und Burgen. Seinen Gefährten erschien allerdings seltsam, daß er immer nur Gefolgsleuten von Ermanerich Schaden zufügte. Wenn einer seiner Spießgesellen einen Überfall auf einen freien Bauern oder gar einen Gefolgsmann von Dietrich vorschlug, lehnte er jedesmal ab. Und weil er der Stärkste und Wildeste in der Räuberbande war, weil er am besten kämpfen konnte und wie kein anderer Pläne für einen Raubzug entwarf, war er der unumstrittene Anführer und alle beugten sich seinem Wort.

Doch eines Tages verschwand er so plötzlich, wie er aufgetaucht war. Keiner aus seiner Bande wußte, was aus ihm geworden war. Einen Tag nach Heimes Verschwinden tauchte aber ein Ritter in voller Rüstung auf einem schwarzen Pferd in einem Kloster in den Bergen auf. Er nannte sich Ludwig und bat um Aufnahme in das Kloster. Dort wollte er für seine Sünden büßen. Er übergab seine Waffen, sein Pferd und einen reichen Schatz dem Abt und lebte von nun an als friedlicher Mönch.

Da tauchte plötzlich ein Riese in der Gegend auf, der alle Bauern quälte. Er stahl das Vieh von den Feldern, tötete harmlose Wanderer und war für alle eine furchtbare Heimsuchung. Als dieser Riese nicht länger in einer Höhle im Wald leben wollte, vertrieb er die Dienstleute des Klosters von einem Hof, von dem das Kloster mit Nahrungsmitteln versorgt wurde. Der Riese ließ sich dort nieder und wollte in dem bequemen Gebäude ein angenehmes Leben führen. An Nahrung mangelte es ihm nicht, da die Ställe voll mit Vieh waren, auch die Scheunen waren wohlgefüllt.

Der Abt schickte nun einige angstbebende Mönche zu dem Riesen, um ihn zum sofortigen Abzug aus dem Hof aufzufordern. Dieser Befehl erheiterte den Riesen ungemein. Er stieß ein dröhnendes Lachen aus und antwortete den Mönchen:

»Ihr habt mich zum ersten Mal seit langer Zeit unterhalten. Deshalb lasse ich euch in euer Kloster zurückkehren. Doch sagt dem Abt, daß ich hierbleiben will. Wenn ihm das nicht recht ist, will ich auch um diesen Hof kämpfen – aber nur mit einem von euch Mönchen. Der Abt mag mir einen wackeren Kämpen senden. Wenn ich unterliege, dann ziehe ich fort.«

Die Mönche liefen mit dieser Botschaft eilig ins Kloster zurück, froh, daß sie von dem gefährlichen Botengang mit dem Leben davongekommen waren. Als der Abt die Nachricht hörte, seufzte er tief auf. Er glaubte genau zu wissen, daß keiner seiner Mönche mit dem Riesen kämpfen würde. Denn keiner war stark und erfahren genug, um den wilden Mann zu besiegen. Doch als der Abt den Vorschlag des Riesen mit den ihm anvertrauten Mönchen besprach, meldete sich »Bruder Ludwig«.

»Ich werde den Kampf gegen den Riesen aufnehmen, wenn ich die Waffen und das Pferd bekomme, die ich bei meinem Eintritt in das Kloster Euch, mein Abt, übergeben habe. Seid unbesorgt, der Hof wird bald wieder von unseren Dienstleuten bewirtschaftet werden können.«

Als der Abt nun Heime – denn das war in Wahrheit der Klosterbruder – mit funkelnden Augen und voll Tatendrang vor sich stehen sah, bekam er es fast mit der Angst zu tun. Doch dann gab er ihm die Waffen und die Rüstung, die in einem tiefen Keller versteckt waren.

»Das Pferd mußt du dir aber selbst unter den Gäulen des Klosters heraussuchen. Ich kenne mich mit Pferden nicht aus und weiß nicht einmal, ob dein Roß noch lebt.«

Also ließ sich Heime alle Pferde zeigen. Es waren kräftige, wohlgenährte Tiere mit glänzendem Fell. Doch keines gefiel dem Ritter, in keinem erkannte er Rispe. Da wurde schließlich ein alter, magerer Klepper aus dem Stall getrieben, der den Kopf tief gesenkt hielt und mühsam zu stolpern schien. Heime ließ einen leisen Pfiff hören – und da war das Tier wie verwandelt. Es warf den Kopf empor, schaute um sich und trabte mit einem vergnügten Schnauben auf den Klosterbruder zu. Dann rieb er ihm immer wieder den Kopf an die Schulter, um ihn willkommen zu heißen. Die Mönche konnten kaum glauben, was sie sahen, doch Heime sagte nur:

»Das ist Rispe. Er mußt jetzt das beste Futter bekommen.«

Nach einigen Wochen war Rispe wieder so kräftig wie in seinen jungen Tagen, auch hatte Heime fleißig mit ihm geübt, um im Kampf gegen den Riesen bestehen zu können. Dann ritt er zum Hof, wo der wilde Mann hauste. Die Mönche blieben in der Kirche versammelt und lauschten ängstlich. Das hörte sich an wie Sturmgebraus und Donnergrollen, so heftig war der Kampf. Doch schließlich kam Heime unversehrt zurück, der Riese aber war tot. Heime legte seine Waffen und seine Rüstung ab und war wieder der bescheidene Bruder Ludwig. Allerdings ritt er von da an jeden Tag mit Rispe aus, das Pferd dankte es ihm mit großer Treue.

Die Geschichte des Kampfes wurde bald in der Gegend bekannt. Schließlich hörte auch Dietrich davon. Er ahnte gleich, daß dieser Mönch nur Heime sein könne. Aus Freude, einen Gefährten aus den alten Tagen wiederzufinden, vergaß er allen Groll und Ärger über Heime. Gemeinsam mit Hildebrand ritt er zu dem Kloster und verlangte, man möge ihm den »Bruder Ludwig« schicken.

Lange schauten sich Dietrich und Heime an. An beiden waren die Jahre nicht spurlos vorbeigegangen, beide waren grau geworden. Doch in beiden brannte noch der Wille, ihren Eid als Ritter zu erfüllen, auch wenn Heime einstmals auf diesen Eid vergessen hatte.

»Heime«, murmelte Dietrich mit erstickter Stimme.

»Mein König«, sagte Heime und wollte Dietrich zu Füßen fallen. Doch der fing ihn auf und umarmte ihn kräftig.

»Wir wollen wieder gute Gefährten und Freunde sein. Die Vergangenheit ist vorbei, wir wollen nur an die guten Tage denken, die wir gemeinsam erlebt hatten. Ich glaube, du hast deine Fehler genug gebüßt. Komm jetzt mit mir!«

Und so kehrte Heime an die Seite Dietrichs zurück. Dieser regierte weise sein Land und verhalf seinem Volk zu einem jahrelangen Frieden. Doch war die Freude über diese Jahre nicht ungetrübt. Hildebrand, sein treuer Waffenmeister, entschlief eines Tages in hohem Alter. Dietrich war über den Verlust sehr betrübt, doch gönnte er seinem Freund diesen friedlichen Tod. Schwerer jedoch traf ihn der Verlust von Herrat, die sich mit einer tückischen Krankheit angesteckt hatte, von der sie auch die besten Ärzte nicht heilen konnten. Von diesem Schlag erholte sich Dietrich nie mehr.

Mit den Jahren wurde er immer einsamer, er mied die Menschen, wo dies nur möglich war. Kein Kampf rüttelte ihn aus seiner Erstarrung, kein Abenteuer konnte ihn mehr reizen. Einzig an der Jagd hatte er noch Freude und zog immer wieder in seine geliebten Berge im Norden seines Reiches.

Eines Tages war er wieder zur Jagd geritten. Nach einem heißen Tag wollte er sich in einem Fluß erfrischen. Da sah er einen wunderschönen Hirsch, der langsam vor ihm zurückwich. Schon wollte ihm Dietrich zu Fuß nacheilen, da stand plötzlich ein rabenschwarzes, gesatteltes Pferd vor ihm. Dietrich schwang sich hinauf – und ward nie mehr gesehen.

Alljährlich aber, wenn die Herbststürme durch das Land toben, sehen Bauern die Wilde Jagd vorbeiziehen. Und an der Spitze der Geisterjäger reitet Dietrich von Bern, der im Gedächtnis der Menschen weiterlebt.

»Du darfst mir gratulieren, wir sind mit den Dreharbeiten fertig!« Andreas trampelte laut, strahlend und mit unbeschreiblich schmutzigen Schuhen in das Wohnzimmer. Er war ganz früh am Morgen in den Wald gegangen, weil Martin einige Szenen in der Morgendämmerung drehen wollte. Aber jetzt war es schon Nachmittag. Katharina merkte jetzt erst, daß sie ihren Bruder den ganzen Tag nicht gesehen hatte. Er war ihr auch nicht abgegangen.

»Wo warst du eigentlich den ganzen Tag?« fragte sie schwach interessiert.

»Natürlich im Wald, Mutti hat uns Brote mitgegeben. Jetzt ist Martin endlich zufrieden, er glaubt, daß unser Video wirklich super wird. Und, stell dir vor, er kennt jemanden mit einer tollen Ausrüstung, wo wir den Film schneiden können. Jetzt weiß ich endlich, was ich einmal werden will. Ich gehe als Techniker oder Kameramann zum Fernsehen.«

Andreas entdeckte ungefähr alle drei Wochen seinen neuen Traumberuf. Katharina nahm ihn deshalb nicht sehr ernst. Sie stand auf, um ihre

Bücher zusammenzusammeln. Jetzt erst fiel ihr auf, daß sie seit Tagen kaum mehr an ihren Gips gedacht hatte, außer während der Untersuchungen im Krankenhaus. Sie hatte einfach viel zuviel zu tun gehabt. Aber jetzt war sie auch mit ihrem Video im Kopf fertig. Und es gefiel ihr.

»Glaubst du, daß wir im Oktober für ein paar Tage herkommen?« fragte sie plötzlich. Andreas staunte.

»Das machen wir doch jedes Jahr, wie kommst du jetzt auf diese Idee?«

Aber Katharina antwortete nicht. Sie freute sich schon auf die Herbststürme, da wollte sie am Abend in den Wald gehen. Vielleicht kam auch hier die Wilde Jagd vorbei.

NACHWORT

Wer war Dietrich von Bern? Zunächst einmal der bekannteste und beliebteste Sagenheld des Mittelalters im deutschen Sprachgebiet. Von keiner anderen Sagenfigur aus dieser Zeit sind so viele Geschichten und Abenteuer überliefert. Es ist durchaus möglich, daß manche der Sagen unabhängig von Dietrich entstanden sind – etwa die Geschichten um Laurin oder die Erzählung vom Wunderer – und daß Dietrich erst später in diese Sagen hineingenommen wurde.

Denn die Sagen wurden damals ja nicht aufgeschrieben, sondern mündlich überliefert. Sie wurden von fahrenden Sängern auf den Burgen oder an langen Winterabenden in den Bauernhäusern erzählt. Da war es wahrscheinlich einfacher, über jemanden zu berichten, von dem alle Zuhörer schon gehört hatten. Denn Dietrich war so bekannt wie heute die Hauptfiguren einer der vielen beliebten Fernsehserien.

In diesen Sagen steckt, wie in jeder Sage, aber auch ein wahrer Kern. Mit »Dietrich« ist nach Ansicht der meisten Wissenschaftler der germanische Ostgotenkönig Theoderich der Große gemeint, der von 454 bis 526 gelebt und dreiunddreißig Jahre lang im heutigen Italien regiert hat. Während seiner Regierung erlebte das Land nach vielen Jahrzehnten andauernder Kriege eine friedliche Zeit. Auch kulturell bedeuteten diese Jahrzehnte eine Hochblüte. Nach dem Tod Theoderichs herrschte bald wieder Krieg und Elend, deshalb blieb seine Regierungszeit als »Goldenes Zeitalter« in Erinnerung, er selbst wurde zum »Großen«.

Mit der geschichtlichen Wahrheit wird in den Sagen aber ebenso unbekümmert umgegangen wie mit geographischen Tatsachen. So haben sich Theoderich und Attila nie kennenlernen können, weil Attila bereits ein Jahr vor Theoderichs Geburt gestorben ist. Ebensowenig war er der König des »Lampartenreiches«, also des Langobardenreiches. Denn zu Lebzeiten von Theoderich lebte der germanische Volksstamm der Langobarden noch im heutigen Ungarn und zog erst 568 nach Oberitalien. Auch die jahrzehntelange Auseinandersetzung mit Ermanerich ist eine Erfindung der Sänger. Denn es gab zwar einen Ostgotenkönig Ermanerich, der starb aber schon um das Jahr 375.

Allerdings hatte Theoderich jahrelange Kämpfe zu bestehen, und zwar mit dem germanischen Söldnerführer Odoaker. Dieser hatte 476 den letzten weströmischen Kaiser Romulus Augustus abgesetzt und sich zum Herrscher über Italien gemacht. Seine Residenz war aber nicht mehr Rom (= Romaburg), sondern Ravenna, das »Raben« der Sage. Auf Befehl des oströmischen Kaisers, der in Konstantinopel regierte, marschierte Theoderich mit seinen Ostgoten in Italien ein, besiegte Odoaker in einigen Schlachten und belagerte mehr als zwei Jahre Ravenna. Aus dieser Belagerung, die 493 mit dem Sieg Theoderichs endete, wurde in der Sage die »Rabenschlacht«.

Theoderich war also ein sehr erfolgreicher Herrscher. Es ist verwunderlich und auch unklar, weshalb er dann in der Sage zu dem vom Schicksal verfolgten König wurde, der zwar Schlachten gewann, aber daraus keinen Vorteil für sich ziehen konnte. Sicher spielt die lange Zeitspanne eine Rolle, während der die Sagen vor allem erzählt wurden, da damals kaum jemand lesen und schreiben konnte. Die älteste deutsche Handschrift aus dem Kreis der Dietrichsagen, die uns bekannt ist, stammt etwa aus dem Jahr 840, dann gibt es wieder eine Lücke in der Überlieferung bis ins 12. Jahrhundert. Das heißt natürlich nicht, daß in dieser Zeit die Sagen nicht aufgeschrieben wurden, die Handschriften sind aber verlorengegangen.

Vielleicht ist der Grund für diese Umformung der wahren geschichtlichen Ereignisse aber auch ganz einfach. Es mag den Sängern interessanter erschienen sein, von Abenteuern zu berichten und Mitgefühl für einen guten, aber glücklosen Helden zu erwecken, als einfach von einer langen und friedlichen Regierungszeit zu erzählen. Den wahren Grund wird man sicherlich niemals erfahren. Aber das tut den Sagen, die Jahrhunderte überdauert haben, keinen Schaden.